Hermann Wohlgschaft

Unsterbliche Paare

BAND 1

Hermann Wohlgschaft

Unsterbliche Paare

Eine Kulturgeschichte der Liebe

BAND 1

Von der Antike
bis zur Renaissance

echter

DANK

Werner Kittstein hat die Entstehung des Buches von Anfang an sehr hilfreich begleitet. Ihm danke ich für viele Anregungen und weiterführende Literaturhinweise. Marianne Hermann sei gedankt für das Mitlesen des Manuskripts, Johannes Pflug für das Erstellen der PDF-Datei, Joachim Böhm, Anni Eschenbach, Judith Jäger, Katharina Maier, Sigrid Pflug und Gretl Uhl für Beratung in wichtigen Details.

Besonderer Dank gilt den Bezirkskliniken Schwaben, der Sparkasse Günzburg-Krumbach, der Karl-May-Stiftung Radebeul und der Priesterinitiative Augsburg für die Unterstützung des Projekts.

Günzburg, im Mai 2015
Hermann Wohlgschaft

Bibliografische Information der Deutschen Nationalbibliothek

Die Deutsche Nationalbibliothek verzeichnet diese Publikation in der Deutschen Nationalbibliografie; detaillierte bibliografische Daten sind im Internet über http://dnb.d-nb.de abrufbar.

www.echter-verlag.de

Umschlaggestaltung
Peter Hellmund, Würzburg

Druck und Bindung
CPI books – Clausen & Bosse, Leck

ISBN
978-3-429-03851-9

Inhalt

Kapitel V

Die Zeit der Ritter und der Minnesänger 171

Kapitel VI

Die Poesie der Liebe im 12./13. Jahrhundert 199

Doch alle Lust will Ewigkeit,
will tiefe, tiefe Ewigkeit.
Friedrich Nietzsche

Einführung

Wozu bin ich da? Hat mein Leben eine Bestimmung, ein Ziel? Hat es ein erstrebenswertes, *gemeinsames* Ziel, das mich mit anderen verbindet? Welcher Lebensentwurf könnte passen zu diesem Ziel?

Worauf kommt es an, wenn mein Leben gelingen soll? Wie kann ich gut leben, schon heute und hier? Was finde ich reizvoll und spannend, verlockend und schön? Was verleiht meinem Herzen Flügel und lässt meine Seele singen und tanzen? Was macht mich lebendig, was erfüllt mein Leben mit Sinn?

Manche verstummen und resignieren, wenn sie nach dem Sinn ihres Lebens fragen. »Alles ist egal. Denn alles fängt nur an, um aufzuhören.« Diese Worte legt die dänische Bestsellerautorin Janne Teller in ihrem preisgekrönten Jugendbuch ›Nichts: Was im Leben wichtig ist‹[1] einem halbwüchsigen Schuljungen namens Pierre in den Mund. Es lohnt sich also nicht, folgert der Junge, irgendeine Aufgabe zu übernehmen und »irgendwas zu tun«.

Wie auch immer wir den umstrittenen Roman Janne Tellers und seine Aussageintentionen beurteilen wollen, so viel ist klar: Mit der Grundeinstellung ›Es droht ja ständig das Nichts‹ und ›Nichts ist wichtig‹ kann man nicht leben, jedenfalls nicht *wirklich* und nicht *sinnvoll*.

Was aber ist wichtig im Leben des Menschen? Was ist notwendig für mich? Auf diese Fragen gibt es sehr unterschiedliche Antworten. Was viele für wichtig halten, ist die Zufriedenheit, das Selbstvertrauen, das Ausleben der elementaren Bedürfnisse, des Geltungsdrangs oder des Sexualtriebs zum Beispiel. Manche finden sich gut, wenn sie bestaunt und bewundert werden. Viele legen Wert auf ihr äußeres Erscheinungsbild, auf persönliche Ausstrahlung und gewinnenden Charme, auf ein hübsches Gesicht und eine gute Figur.

Für andere ist es das Wichtigste, alles zu wissen und alles zu können. Wieder für andere ist es wichtig, sich selbst und die Welt optimal zu verstehen. Andere halten es für wichtiger, die Welt zu *verändern*. Die meisten freilich denken: Am wichtigsten sind innere Ruhe, seelisches Wohlbefinden, ein fröhliches Gemüt, verlässliche Freunde, der richtige Partner, die körperliche Gesundheit, gewiss auch die materiellen Ressourcen.

Was ist im Leben das Allerwichtigste? Viele meinen: Auf den Erfolg kommt es an, auf die Leistung, auf die berufliche Kompetenz, auf das Ansehen in der Öffentlichkeit, auf die Anerkennung durch die Gesellschaft. Und in neuerer Zeit, in der Fun-Gesellschaft, glauben nicht wenige: Am Wichtigsten sei es, das Leben zu genießen und möglichst lange sein Vergnügen zu haben. Doch solche Einstellungen greifen natürlich zu kurz. Sie führen nicht weiter, sie gehen (wenn sie nicht in einen größeren Sinn-Zusammenhang gestellt werden) am Leben vorbei und werden der Wirklichkeit in ihrer Fülle nicht gerecht.

1. Die Frage nach dem Sinn

Was gehört zu einem sinnvollen Dasein, zu einer gelingenden Existenz? Wichtig und wertvoll ist Vieles. Doch welcher Wert steht auf der Skala ganz oben? Hier, an der Prioritätenfrage, scheiden sich die Geister.

Ein Großteil der Menschheit würde der Ansicht wohl zustimmen: Das höchste Gut auf der Welt ist die Liebe. Die schönste Erfahrung, die es geben kann, ist das Glück zu lieben und geliebt zu werden.

Jeder will geachtet und geliebt sein. Was aber die Bereitschaft mit einschließen sollte, an sich selbst zu arbeiten, ein liebesfähiger Mensch zu werden, für andere einzustehen und Verantwortung in der Welt zu übernehmen – auch wenn es unter Umständen weh tut und einen hohen Preis verlangt.

Sind gute, sind liebevolle und sozial verantwortete Beziehungen also das Wichtigste im Leben? Erhält unser Leben seinen Wert durch die Verbindung mit anderen, uns vertrauten Personen? Angesichts der Tatsache, dass Freundschaften und Liebesbeziehungen sich abnützen und zerstört werden können, würde ich sagen: Das Wichtigste im Leben ist die Erfahrung von *Sinn*, das gewachsene Vertrauen in einen letzten Sinn, der nicht zerstört werden kann – auch dann nicht, wenn ich zerbrechen sollte an meiner Liebe, wenn ich scheitern sollte in meiner engsten und wichtigsten Du-Beziehung (oder wenn eine bestimmte, vorzugsweise gewünschte Liebesbeziehung überhaupt nicht zustande kommt).

Ich denke nun freilich: Diese beiden Annahmen – das Wichtigste sind *Beziehungen*, das Wichtigste ist der *Sinn* – schließen sich nicht aus, sondern bedingen sich wechselseitig. Denn irdische Freundschafts- und Liebesbeziehungen können, so sagen mir Herz und Verstand, nur dann von nachhaltiger Bedeutung sein, wenn sie eingebunden sind in einen *absoluten Grund* aller Liebe und aller Lebendigkeit: in einen geheimnisvollen, unverfügbaren Urgrund des Lebens, der uns immer schon trägt und den wir mit dem vielfach missbrauchten und geschändeten Namen ›Gott‹ bezeichnen.

Das heißt nun in biblischer Sicht (vgl. bes. Gen 1, 26f.): Menschliche Intimbeziehungen sind unendlich wichtig und unendlich kostbar, sofern sie teilhaben an der Unsterblichkeit, an der unendlichen Tiefe und Weite einer universalen – und personalen – göttlichen Liebe. Diese ist *in sich selbst Beziehung.* Nichts Anderes will die christliche Trinitätslehre nach meinem Verständnis sagen: Die göttliche Liebe ist in sich selbst Beziehung. Sie nimmt unsere wichtigen menschlichen Beziehungen letztlich mit hinein in die göttliche Absolutheit und Vollkommenheit.

Wozu also bin ich da? Zuinnerst bin ich überzeugt: Ich bin in der Welt, um zu lieben. Meine eigentliche Aufgabe, meine höchste Bestimmung, mein Lebenssinn ist es, in die Liebe zu Gott, in die Liebe zu den Menschen und zur Welt immer tiefer hineinzuwachsen. Die Suche nach dem endgültigen Sinn des Lebens bzw. dem bleibenden Sinn der Liebe ist also nicht zu trennen von der Suche nach Gott.

Deshalb bleibe ich bei der zentralen (von manchen Denkern verworfenen oder sehr kritisch gesehenen) These: Die menschliche Existenz bzw. die menschliche Liebe hat nur dann einen wirklichen Sinn, wenn sie einen absoluten, einen unendlichen, in der göttlichen Liebe begründeten Sinn hat.

Eine wesentliche Dimension der Liebe ist die Geschlechterbeziehung. Seit vielen Jahrzehnten bewegt und fasziniert mich die Tatsache, dass es das menschliche wie auch das außermenschliche Leben in zwei ›Ausgaben‹ gibt – der männlichen und der weiblichen. Die besondere Beziehung von Mann und Frau zählt deshalb seit langem zu meinen vorrangigen Themen. Ich habe viel dazu gelesen und viel darüber nachgedacht. Und schon zahllosen Brautpaaren habe ich als Seelsorger Glück und Segen gewünscht. Würde ich aber nicht an Gott glauben und würde ich nicht das Leben in der Unendlichkeit Gottes ersehnen, dann könnte ich im Grunde nur sagen: Das Glück in der zwischenmenschlichen Liebe ist ein gläsernes Glück – zerbrechlich und immer gefährdet.

Es ist ja auch nicht zu bestreiten: Die Freundschaft, erst recht die ›ewige‹ Liebe von Mann und Frau währt manchmal nur kurz. Der ›Himmel auf Erden‹ beschränkt sich, auch im günstigsten Falle, auf eine begrenzte Zeit, auf eine Reihe von Glücksmomenten. Ist das Liebesglück seinem Wesen nach also unbeständig? Fängt es nur an, um irgendwann aufzuhören? Spätestens mit dem Tod eines geliebten Du stellt sich unausweichlich die Frage: Gibt es eine Liebe, die bleibt? Eine Liebe, die trägt und durch nichts zerstört werden kann?

Konkreter gefragt: Könnte auch die Partner- oder Freundesliebe die Wechselfälle des Lebens und am Ende den Tod überdauern? Könnte die zwischenmenschliche Empathie und könnte speziell die Zuneigung, die tiefe Liebe eines bestimmten Menschen zu einem bestimmten Du, einem Seelenverwandten oder Lebenspartner, in den ›Himmel‹ hineingerettet werden? Ja, könnten die begrenzten, grundsätzlich unvollkommenen irdischen Liebesbeziehungen in der Ewigkeit Gottes zur Vollendung, zu ihrer je einmaligen Höchstform gebracht werden?

In früheren Büchern habe ich mich derartigen Fragen schon annähernd gestellt.[2] In den folgenden Buchkapiteln sollen der Wert von personalen Begegnungen, die Bedeutung von verlässlicher Liebe, die Möglichkeit des Misslingens, das Wesen der menschlichen Treue, die Erfahrung von Trennung und Zurückweisung, die Bedrohung der Liebe durch

Krankheit und Tod, die Sehnsucht nach unvergänglicher, nach *vollkommener*, von allen Defiziten befreiter Liebesgemeinschaft von Du zu Du – also das weite Themenfeld ›Liebe und Tod‹ – existenziell noch vertieft werden. Vorbildlich gelungene, aber auch sehr problematische oder auch völlig zerrüttete Partnerbeziehungen stehen im Fokus meiner Betrachtungen.

Vor dem Hintergrund der Frage nach dem *Sinn* des Lebens und dem *Sinn* der Liebe wird der Themenkreis ›Liebe und Tod‹ theologisch und literarisch noch weit perspektivenreicher als in meinen früheren Büchern beleuchtet werden: in einer ›Kulturgeschichte der Liebe‹, in einem geistesgeschichtlichen Aufriss von der vorchristlichen Antike bis hin zur Gegenwartsliteratur.

2. Freudvoll und leidvoll

Viele sagen: Es gibt sie nicht, die ewige Liebe. Oder gibt es sie doch? Als Studentenpfarrer, als Gemeindeleiter, als Klinikseelsorger durfte ich Familienkreise und viele Ehe- oder Freundespaare begleiten. Ich kenne jüngere und ältere Paare, die sehr glücklich miteinander sind, die einen gemeinsamen Weg gehen, einen Weg zum Reiferwerden, zum intensiveren Leben.

Vor einiger Zeit bin ich einem älteren Herrn begegnet, der seit Jahren die im Wachkoma liegende Ehefrau mit größter Hingabe pflegt – nicht um ein kirchliches Gebot zu erfüllen, nicht aus Pflicht, sondern aus wirklicher Neigung, in wahrhaftiger Liebe. Dieser Mann ist ein froher Mensch mit leuchtenden Augen.

Andererseits kenne ich Paare, die es sehr schwer miteinander haben, deren Partnerbeziehung längst tot ist, die nur formell noch zusammenleben oder die sich aus zwingenden Gründen getrennt haben. Als Seelsorger in der Psychiatrie begleite ich Menschen, die seelisch krank sind, die sich ängstigen vor der Zukunft, die im Leben keinen Sinn mehr entdecken. Nicht selten sind Beziehungsprobleme der tiefere Grund für die Misere. Fast täglich spreche ich mit Patienten, die gescheitert sind in ihrer Partnerbeziehung, die mit dem Verlust des Lebensgefährten oder dem Tod eines Angehörigen nicht zurecht kommen und die, womöglich nach einem Suizidversuch oder mitten in Suizidphantasien, in einer geschlossenen Psychiatriestation behandelt werden müssen.

Zwischenmenschliche Beziehungen – insbesondere von Mann und Frau – können eine Hauptquelle des Glücks, aber auch die Ursache von großem Leid und depressiver Erkrankung sein. Lieben und Leiden, Glück und Unglück sind nicht weit voneinander entfernt. In Goethes Trauerspiel ›Egmont‹ (1788), in Klärchens Lied, finden wir die bekannten Verse:[3]

Freudvoll
Und leidvoll,
Gedankenvoll sein,
Langen
Und Bangen
In schwebender Pein,
Himmelhoch jauchzend
Zum Tode betrübt;
Glücklich allein
Ist die Seele, die liebt.

Klärchens Liebe ist eine durchaus *glückliche* Liebe. Und doch ist sie leidvoll. Die Liebe, die Partnerbeziehung hat in

Klärchens Wertehierarchie den obersten Rang. Umso schlimmer der Verlust des Geliebten! Als sie erfährt, dass sie Egmont nicht retten kann, nimmt sie sich das Leben.

In ihrer Verzweiflung geht diese Frau in den Tod. Denkbar aber wären auch gänzlich andere, positive, lebensfreundliche Verhaltensweisen. Grundsätzlich ist zu fragen: Wenn der liebste Mensch mir genommen wird, wie gehe ich damit um? Wie kann ich trotzdem Ja zum Leben sagen? Wie kann ich sinnvoll weiterleben, wenn das Du, das ich liebe, nicht mehr da ist?

Verloren gehen, ›sterben‹ im übertragenen Sinn, kann ein Partner, ein Seelenfreund auch durch Untreue und Liebesentzug. Welchen Weg also kann ich gehen, wenn eine Liebesbeziehung – in der ich einen wichtigen oder gar den wichtigsten Inhalt meines Lebens sehe – zerbricht? Wohin dann mit meiner Not, meiner Ohnmacht oder Wut?

Könnte es im Fall der Trennung von einem geliebten Du einen Trost geben, der mich trägt und zuletzt sogar weiterbringt? Zu intensiverem Leben, zu größerer Reife, zu einem wachsenden Vertrauen? Vielleicht gar zu einer unvergänglichen, ewigen Liebe? Könnte es, als Ziel der ›Trauerarbeit‹, gelingen, eine neue, womöglich tiefere Beziehung zum Du des anderen zu finden? Sodass »aus meiner Trauer Liebe wird«?[4]

Liebesbeziehungen, tiefe Freundschaften können beschädigt oder zerstört werden: durch eine, aus welchen Gründen auch immer erfolgte, innere oder äußere Trennung. Wie kann, wer solches erleidet, dennoch leben und erneut ein liebesfähiger Mensch werden? Könnte es gelingen, dass das verlorene Du zur ›inneren Figur‹ des Liebenden wird: zum Leitbild, das ihn am Leben nicht hindert, sondern ihn fördert und zu neuen Möglichkeiten befreit?

Um einer Antwort auf solche Fragen näherzukommen, müssen wir uns – wie ich in anderem Zusammenhang schon ausgeführt habe[5] – gerade auch als Glaubende und Hoffende mit der *Endlichkeit* des Menschen auseinandersetzen: mit der Möglichkeit des ›Beziehungstodes‹ und der Realität des biologischen Todes.

3. Stärker als der Tod ist die Liebe

Die Liebe, besonders die Liebe von Mann und Frau, ist ein universelles und deshalb unerschöpfliches Thema. »Seit jeher«, so der Kunsthistoriker Christoph Wetzel, »bewegt die Liebe die Menschen – als himmlische und als irdische ist sie geradezu ein Leitfaden durch unsere Kulturgeschichte.«[6]

Die Liebe verspricht, ihrer Tendenz nach, Unsterblichkeit. Aber kann sie dieses Versprechen auch halten? Viele Dichter und Denker resignieren im Blick auf den Tod. Doch andere geben die Hoffnung nicht preis. Denn »stark wie der Tod ist die Liebe«. So heißt es im alttestamentlichen ›Hohen Lied‹ der Liebe (Hld 8, 6). Die Hoffnung aber geht noch viel weiter als dieses Lied. Denn sie spürt: Die Liebe ist nicht nur stark wie der Tod, sie *überwindet* den Tod.

Unwillkürlich, in einer vielleicht merkwürdigen Assoziation, denke ich an das 1914 entstandene Gemälde ›Die Windsbraut‹ von Oskar Kokoschka. Das Bild zeigt ein Selbstporträt des österreichischen Künstlers in Verbindung mit seiner Geliebten: Alma Mahler, der schönen Witwe des Komponisten Gustav Mahler. Das Paar liegt eng aneinandergeschmiegt in einem lädierten Boot, ausgeliefert den Stürmen des Lebens. »Doch während der Mann angespannt den Untergang erahnt, umfängt ein sorgloser Schlaf die Frau.«[7]

Fünfunddreißig Jahre später, anlässlich ihres siebzigsten Geburtstags im Jahre 1949, versicherte Kokoschka der erneut verwitweten Alma Mahler-Werfel: »In meiner ›Windsbraut‹ sind wir auf ewig vereint.« Kokoschka sagte dies im Rückblick auf die einstige, in der ›Windsbraut‹ beschworene, Schicksalsgemeinschaft des Liebespaars Alma und Oskar.

Nun mag es ja sein, dass Kokoschka lediglich, oder in erster Linie, an die Unsterblichkeit seiner eigenen Kunst gedacht hatte. Ich kann mir aber auch vorstellen, dass er – ganz real – auf eine ewige, jenseitige Liebesgemeinschaft mit Alma gehofft hat. Aus theologischer Perspektive wäre eine derartige Hoffnung keineswegs sinnlos: weil sie begründbar ist im Glauben an *Gott*, der »die Liebe« ist (1 Joh 4, 8) und der »die Toten lebendig macht« (Röm 4, 17).

Zu meinen Aufgaben in der Klinikseelsorge gehört die Begleitung von Schwerkranken und Sterbenden. Viele von ihnen freuen sich auf ein ewiges Wiedersehen mit nahen Verwandten oder dem verstorbenen Liebespartner (oder auch mit mehreren Personen, die sie einst liebten und von denen sie geliebt wurden). Ich selbst habe vor Jahrzehnten schon den Tod eines geliebten Menschen aus nächster Nähe erlebt. Lange Zeit zuvor hatte unsere Freundschaft begonnen. Dann kam die Krankheit, von der wir wussten, dass sie zum Tod führen würde. Auf dem Sterbebett gab mir R. die Zusage: »Bald wirst du eine Freundin im Himmel haben.«

Diese Frau hatte keine Angst vor dem Tod. Denn der Tod war für sie kein endgültiger Abschied, sondern der Übergang ins neue Leben – in bleibender Verbindung mit allen, die sie liebte.

Noch heute ist R. für mich ein unbedingt wichtiger Mensch, ein geliebtes Du, das ich wiederfinden möchte in der Ewigkeit Gottes. Ebenso bezeugen es die Liebenden in der Literatur, in den Märchen und Mythen, in der Wirklichkeit des Lebens: Stärker als der Tod ist die Liebe!

Wir finden diese Auffassung, mehr oder weniger deutlich, in den berühmten Sagen von Orpheus und Eurydike, von Hero und Leander, von Pyramus und Thisbe, von Tristan und Isolde, von Romeo und Julia. Wir finden den Glauben an die ewige Liebe im Bewusstsein einfacher wie hoch gebildeter Leute. Wir finden ihn in den Weltreligionen, in der bildenden Kunst, in den Volksliedern, in den großen Liebesduetten der Opern- und Operettenwelt, in modernen Musicals, in vielen Songs der Pop- oder Gospelszene, in den Medien aller Art.

Wir finden diese Überzeugung vor allem – freilich ohne einen ausdrücklichen Bezug auf die erotische Partnerbeziehung – in der Verkündigung Jesu und in der christlichen Theologie. Wir finden sie auch sonst in der Geistesgeschichte, von Platon bis hin zu philosophischen Entwürfen der Gegenwart. Und wir finden sie überall in der Dichtung, auch in der heutigen Lyrik.

4. Die umfassende Leitfrage

Thema des vorliegenden Buches sind verschiedenartige Beziehungskonstellationen, vor allem auch die – im Wesen der menschlichen Geistnatur begründete – Möglichkeit einer Liebesbeziehung, die sich im Leben bewährt, die Wandlungs- und Reifungsprozesse durchläuft und die am Ende, aufgrund der Schöpfertreue Gottes, den Tod überwindet. Es geht mir zunächst um die *irdische* Liebe, um die leiblich-seelische Liebe von Mann und Frau. Zugleich aber geht es um die *himmlische* Liebe. Denn im Hintergrund steht immer die Frage: Könnte die irdische Partnerliebe eine Art Vorspiel sein für die Ewigkeit? Könnte die auf Erden gestiftete Liebesbeziehung, auf einer höheren Ebene, in die ewige Seligkeit des Himmels integriert werden?

Die Partner- oder Freundesliebe auf der einen Seite, die Gottesbeziehung und der Glaube an das ›ewige Leben‹ auf der anderen Seite – das sind im Bewusstsein vieler Menschen des 21. Jahrhunderts ganz unterschiedliche Themenbereiche, die wenig oder nichts miteinander zu tun haben. Meine besondere These jedoch lautet: Es ist auch heute noch sinnvoll und weiterführend, die zwischenmenschliche Liebe, den Gottesbezug und den Jenseitsgedanken in einem sehr engen Zusammenhang zu betrachten.

Die umfassende Leitfrage, die als ›roter Faden‹, als theologischer Hintergrund das ganze Buch strukturiert, formuliere ich so: Kann es eine erotische Liebe – oder intime Seelenfreundschaft – geben, die durch allerlei Krisen, durch manche Veränderungen und vielleicht durch markante Brüche hindurch bis zum Lebensende Bestand hat? Kann es eine Partnerbeziehung geben, die in Höhen und Tiefen noch weiter wächst und die sogar den Tod, durch eine letzte Verwandlung hindurch, überdauert – in eine unendliche Erfüllung, in eine jenseitige Vollendung hinein?

Diese *eine* Frage, die die Erde mit dem Himmel verbindet, hat zwei Grunddimensionen, die sich wechselseitig durchdringen: das Menschliche und das Göttliche. Diese doppelte Perspektive schließt viele Teilfragen mit ein, zum Beispiel: Wie wichtig sind der Eros bzw. die Sexualität? Was ist wirkliche Liebe? Wie unterscheidet sie sich vom ›blinden‹ Verliebtsein? Welche Dimensionen, welche Arten, welche Ausdrucksformen der Liebe könnte es geben? Wie kann eine Partnerbeziehung, eine intensive Freundschaft auf Dauer gelingen?

Es geht stets auch um die Fragen: Warum kann eine Partnerbeziehung, auch wenn sie lebendig und schön war, im Lauf der Jahre schwieriger werden und am Ende zerbrechen? Wie kann ich weiterleben, wenn das geliebte Du mich im

Tode verlässt? Wie kann ich auch dann noch ein erfülltes Leben führen, wenn – wegen bestimmter Hindernisse – ein gemeinsames Leben mit dem gewünschten Partner unmöglich ist? Und weiter: Welche Rolle spielen in der Paarbeziehung die menschlichen Grenzen, die persönliche Schuld bzw. die Bereitschaft zur Vergebung? Und was bedeuten, im Blick auf Liebe und Partnerschaft, theologische Begriffe wie ›Vollendung‹ und ›ewiges Leben‹?

Angesichts von Krankheit und Tod wie auch angesichts von belastenden Beziehungsproblemen stellt sich eine Reihe von Fragen: Könnte eine *österliche* Perspektive mir helfen, in der Liebe zu bleiben und mich trotz der Konflikte und trotz vieler Enttäuschungen dem alltäglichen Leben erneut wieder zuzuwenden? Könnte mich das Vertrauen auf göttliche Nähe ermutigen? Könnte es die Hoffnung begründen, dass die Liebe – die *wahre*, die von Selbstsucht befreite, in schwierigen Situationen sich bewährende Liebe – für immer bestehen wird? Könnte im Zusammenspiel von göttlicher Gnade und eigener Freiheit meine unzulängliche, meine begrenzte, meine oftmals versagende Liebe entscheidend gestärkt werden und, immer wieder, über sich selbst hinauswachsen?

Und schließlich: Impliziert der Glaube an die unsterbliche Gottheit eine feste Zuversicht, dass ich mit dem geliebten menschlichen Du – *in Gott* – für immer, also auch jenseits des Todes, vereint sein werde (in einer Weise freilich, die sich meinem jetzigen Vorstellungsvermögen entzieht)?

Das sind sehr viele und sehr verschiedenartige Fragen. Für mich aber gehören diese Fragen notwendig und untrennbar zusammen. Wenn es gelingt, auf *alle* diese Fragen eine (zumindest halbwegs) befriedigende Antwort zu finden, kann die Frage nach einem letzten *Sinn* der Partnerliebe – intellektuell redlich und theologisch verantwortet – bejaht werden.

5. Epochale Wandlungsprozesse

In früheren Büchern bin ich, wie gesagt, auf diese divergierenden Fragen schon eingegangen. Auch in der folgenden, sehr viel breiter angelegten, ›Kulturgeschichte der Liebe‹ wird dieser gesamte Themenkomplex zur Sprache kommen – allerdings in wesentlich größeren Zusammenhängen, mit anderen Schwerpunkten, unter einem neuen Blickwinkel.

Zur Veranschaulichung und Differenzierung der Thematik ziehe ich sehr unterschiedliche, zum Teil kontroverse literarische Texte heran. Neben meinen persönlichen Überlegungen kommen bekannte – oder auch weniger bekannte – Autoren zu Wort. Da es in meinen Ausführungen um existenzielle Themen, um weitreichende ›Menschheitsfragen‹ geht, werden neben Theologen und Philosophen auch herausragende Künstler berücksichtigt, eigenwillige Maler und Komponisten, vor allem aber – entlang der europäischen Kulturgeschichte – prominente Dichterinnen und Dichter.

Verschiedenartige Autoren aus unterschiedlichen Epochen, von der griechisch-römischen Antike bis zur Gegenwart, werden befragt und kommentiert – im Dialog mit meinen eigenen, vorzugsweise an der neutestamentlichen Botschaft und der heutigen christlichen Theologie orientierten Auffassungen.

Vielleicht könnte man einwenden, die hier angesprochenen Themenbereiche seien ›zeitlos‹ und eine kultur- und geistesgeschichtliche Betrachtungsweise also unangebracht. Das stimmt aber nur sehr bedingt und nur partiell. Es gab im Verlauf der Jahrhunderte – gerade auch was das Verständnis von Freundschaft und Liebe, von Ehe und Familie, von Sexualität und Erotik, von Jenseits und ewigem Leben betrifft

– recht unterschiedliche Akzentuierungen. Vor allem das *Frauenbild* bzw. die Geschlechterrollen haben sich, zumindest im westlichen Kulturkreis, ganz erheblich verändert. Solchen Entwicklungen, solchen Gewichtsverschiebungen, solchen epochalen ›Bruchstellen‹, solchen psychologischen, philosophischen und theologischen Paradigmenwechseln (aufgrund einer Weiterentwicklung des anthropologischen Wissens und des religiösen Daseinsverständnisses) nachzuspüren, sie zu würdigen oder auch kritisch zu hinterfragen, scheint mir sehr reizvoll und durchaus gewinnbringend.

Das vorliegende Buch ist also chronologisch aufgebaut – einer christlichen ›Philosophia perennis‹, aber auch einem geschichtlichen Denken verpflichtet, das sich den Wandlungsprozessen in der Geschichte, den Fortschritten in der Erkenntnis, den zeitbedingten Veränderungen im Lebensgefühl, den Umbrüchen in der ›Mentalität‹ vieler Menschen nicht verschließen kann. In 30 Hauptkapiteln werden verschiedene Aspekte der Liebe und der Geschlechterbeziehung im Kontext des jeweiligen Zeitalters erörtert. Ich beginne mit der griechischen Antike – mit dem Götterpaar Zeus und Hera – und spanne einen weiten Bogen über die Spätantike, das europäische Mittelalter, die Renaissance, die Barockzeit, die Epoche der Aufklärung, die Weimarer Klassik, die Romantik, den literarischen Realismus und die Moderne bis zur heutigen Kunst und Literatur.

6. Zur Vielfalt der Aspekte

Eine Bemerkung noch zum Buchtitel *Unsterbliche Paare. Eine Kulturgeschichte der Liebe*: Die abendländische Kulturgeschichte wird unter dem zentralen Aspekt der Liebe, primär der Partnerliebe, betrachtet und zwar nach literatur- und kunstgeschichtlichen, soziokulturellen, paartherapeutischen und vor allem auch theologischen Gesichtspunkten. Diese mehrfache Ausrichtung ergibt sich aus meinen Inspirationsquellen. Meine wichtigsten Quellen sind die Schriften des Alten und des Neuen Testaments, das moderne theologische Denken, die belletristische Literatur, die bildende Kunst, die paarpsychologische Sachliteratur und nicht zuletzt die persönliche Erfahrung in Seelsorge und Partnerbegleitung. In der Auseinandersetzung mit diesen Erkenntnisquellen, mit meinem sozialen Umfeld und der eigenen Lebens- und Glaubensgeschichte ist das Buch entstanden.

Wenn nun im Folgenden von vielen ›unsterblichen‹ Paaren erzählt wird, so kann der Begriff ›unsterblich‹ – ganz profan, ganz untheologisch – als Synonym für ›berühmt‹ und ›unvergesslich‹ gemeint sein. Er kann aber auch theologisch gemeint sein im Sinne einer existenziellen Sehnsucht bestimmter Paare (wie z.B. Franz von Sales und Johanna von Chantal) nach ›Ewigkeit‹, nach einem tiefen Einssein, nach unvergänglicher Liebe über diese Erde hinaus.

Mit dem Wort ›Paarbeziehung‹ meine ich nahezu durchgängig die intime Beziehung von Mann und Frau. Selbstverständlich respektiere ich: Es gibt auch sehr bekannte homosexuelle Paare wie den irischen Dichter Oscar Wilde (1854 - 1900) und seinen Busenfreund, den britischen Schriftsteller Alfred Douglas (1870 - 1945). Und ebenso beachtenswert: Es gibt berühmte, hoch interessante Frauenpaare wie die französische Tiermalerin Rosa Bonheur (1822 - 1899) und ihre Lebensgefährtin Natalie Micas (1824 - 1889) oder die deutsche Konzertsängerin Marie Fillunger (1850 - 1930) und ihre Intimfreundin Eugenie Schumann (1851 - 1938), eine Tochter des Komponistenpaars Robert und Clara Schumann.[8] Diese und viele andere lesbische oder homosexuelle Paare zeichneten sich durch tiefe Zuneigung aus, durch Feinfühligkeit, wirkliche Liebe, lebenslange Treue, hohe soziale Verantwortung, geistige und künstlerische Fruchtbarkeit. Dass gleichgeschlechtliche Paare über Jahrhunderte hinweg – und in manchen Kulturkreisen bis zum heutigen Tag – religiös und gesellschaftlich ausgegrenzt, diskriminiert und rigoros verfolgt wurden bzw. werden, ist sicher ein Skandal der Menschheitsgeschichte.

Unter dem Gesichtspunkt der Toleranz und der Wertschätzung für unterschiedliche sexuelle Prägungen sind gleichgeschlechtliche Beziehungen zweifellos ein bedeutsames Thema. Doch mein persönliches Hauptinteresse gilt der Polarität des männlichen und des weiblichen Geschlechts, die mich seit sechs Jahrzehnten bewegt und die ich als eine der stärksten Antriebs- und Inspirationskräfte in der Menschheitsentwicklung verstehe.

Wenn ich in meiner dreiteiligen ›Kulturgeschichte der Liebe‹ fast ausschließlich die Partnerbeziehung von Mann und Frau in den Blick nehme – interessant und facettenreich bleibt das Thema ›Liebespaare‹ natürlich trotzdem in vielfacher Hinsicht. Wenn im Folgenden von ›unsterblichen‹ Paaren die Rede ist, kann es sich um mythologische Paare wie Orpheus und Eurydike handeln oder um literarische Paare wie Christian und Christiana (in John Bunyans Roman ›The Pilgrim's Progress‹) oder auch um reale Personen wie Goethe und seine Geliebten oder das Dichter-Ehepaar Friedrich und Margareta Klopstock. Es kann, wie in den meisten Liebesliedern und Liebesromanen, um sehr junge Leute gehen, aber auch um reifere Frauen und Männer, ja um hoch betagte Ehepaare wie Philemon und Baucis in Ovids ›Metamorphosen‹. Schließlich kann in meinen Ausführungen die erotische Liebe gemeint sein oder auch die ›platonische‹

Liebe, die ja manchmal noch viel tiefer und viel nachhaltiger wirkt als die sexuelle Beziehung.

Im Übrigen werden wir nicht nur ›unsterblichen‹, sondern auch sehr hinfälligen, sehr unglücklichen Liebesbeziehungen begegnen: Paaren, deren Liebe mit der Zeit verglüht oder deren ›Liebe‹ von vornherein auf einem wechselseitigen Irrtum beruht. Auch viele asymmetrische Beziehungen, auch viele Dreiecksbeziehungen, die lange Bestand haben oder die sich – zumindest dem Anschein nach – ›tot‹ laufen, werden wir auf unserer Zeitreise kennenlernen.

Zwar vertrete ich als Leitbild, als Richtlinie die lebenslange Liebe und Treue von Mann und Frau. Doch die Möglichkeit des Misslingens und des Endes einer Partnerbeziehung ist ebenfalls mein Thema. Ein letztes, ein endgültiges Urteil über die Qualität von Freundschaften und Liebesbeziehungen steht uns übrigens nicht zu. Vielleicht gibt es ja auch für problematische, für nur wenig geglückte und für gescheiterte Beziehungen – ›sub specie aeternitatis‹, unter dem Aspekt der Ewigkeit – noch einen Hoffnungsschimmer: eine Hoffnung, die unser irdisches Fassungsvermögen übersteigt.

Worauf ich mit dieser Bemerkung hinaus will: Die Hoffnung sollten wir in keinem Fall aufgeben! Das Grundvertrauen sollten wir nicht verlieren: Echte Liebe wird nie zerstört werden, sie wird sich in ihren Ausdrucksformen verändern, aber sie wird sich nicht auflösen. Und die (scheinbar oder wirklich) unzureichende, vielleicht noch unreife Liebe? Für das Gelingen einer Partnerschaft ist intensive ›Beziehungsarbeit‹ zwar wichtig und unerlässlich. Möglicherweise aber können ›verlorene‹ und, menschlich gesehen, unrettbare Beziehungen am Ende noch verwandelt werden – in die unendliche Weite, in die bergende Tiefe einer anderen, göttlichen, Liebe hinein.

Erster Teil

Von der Antike bis zur Renaissance

Ihre Krone findet hier die Liebe,
Sicher vor des Todes strengem Hiebe,
Feiert sie ein ewig Hochzeitfest.
Friedrich Schiller

Kapitel I
Ein ›Hochzeitsfest‹ im Himmel

Extrem komplizierte, hoch problematische und tragisch endende Beziehungsgeschichten sind das bevorzugte Thema in den meisten Romanen und Dramen der Weltliteratur. Aber auch das *Glück* der Liebe wird, wie könnte es anders sein, in bedeutenden Werken der Literatur geschildert und gepriesen. Denn gute Literatur ist nie weltfremd. Sie spiegelt hintersinnig das wirkliche Leben mit seinen alltäglichen Belangen, mit seinen Höhen und Tiefen, seinen Abgründen und seinen Visionen.

›Unsterblichen Paaren‹, d.h. bis heute unvergessenen Liebesbeziehungen, begegnen wir in der Literatur und der Kunst aller Zeiten: in größter Fülle – und sehr lebensnah – auch schon im Altertum, in der griechisch-römischen Antike. Der Mythos von Medea und Jason zum Beispiel gehört zu den bekanntesten Stoffen der europäischen Kulturgeschichte: ein Sagenstoff, der zunächst durch den griechischen Dramatiker Euripides und 430 Jahre später durch den römischen Dichter Ovid literarisch bearbeitet wurde.

Zur äußeren Handlung in aller Kürze: Die Königstochter Medea verhilft dem Anführer der Argonauten, dem

Königssohn Jason, zum Goldenen Vlies (in der griechischen Mythologie das geheimnisumwobene Fell eines goldenen Widders, der fliegen und sprechen konnte) und geht mit Jason nach Korinth, wo die beiden ein Paar werden. Als Jason sie aber verlässt, um sich mit einer anderen Frau zu vermählen, tötet Medea die Nebenbuhlerin und ihre eigenen Söhne aus der Verbindung mit Jason und flieht nach Athen.

Reichtum und Glanz, Liebe und Tod, Schuld und Verstrickung, Zorn und Eifersucht, Trauer und Wut, alle Leidenschaften der Seele, alle Grundbedürfnisse des Lebens, alle Facetten der menschlichen Existenz kommen – überspitzt und doch sehr wirklichkeitsnah – in diesem Mythos zum Ausdruck. So lag es nahe, dass im Mittelalter und in der Neuzeit viele Dichter und Dramatiker (z.B. Pierre Corneille, Franz Grillparzer oder Jean Anouilh) den Medea-Stoff wiederbelebt und neu gestaltet haben und dass diese altgriechische Sage auch in Werken der Musik und in der bildenden Kunst eine starke Nachwirkung hatte.

Genauso wurden viele andere Mythen der griechischen und der römischen Antike in den verschiedenen Kulturepochen neu gestaltet bzw. neu interpretiert und sind bis zur Gegenwart lebendig geblieben: zum Beispiel die Geschichten über Zeus und seine Geliebten, über Orpheus und Eurydike, über Odysseus und Penelope, über Amor und Psyche, über Philemon und Baucis, über Aeneas und Dido. Alle diese Beziehungsgeschichten können uns, über Zeitbedingtes hinaus, etwas vermitteln über das eigentliche Wesen der Liebe von Mann und Frau.

Außerdem provozieren die Liebesgeschichten der Mythologie die existenzielle bzw. die theologische Frage: Könnte es ›unsterbliche Paare‹ auch in *dem* Sinne geben, dass die Partnerliebe den Tod überdauert, dass sie jenseits des Todes eine neue Kraft gewinnt und womöglich erst in einer anderen – postmortalen – Welt zu ihrer Höchstform, zu ihrer ›Eigentlichkeit‹ gelangt?

Die Beantwortung dieser Frage ist untrennbar verknüpft mit den Gottesbildern und den Jenseitsvorstellungen, die die Poesie und die Kunstwerke prägen. In der abendländischen Antike herrschte die Vorstellung eines völlig unattraktiven Totenreichs, in welchem viel zu verlieren und nichts zu gewinnen ist. Es gab aber – vereinzelt – auch ein anderes, ein optimistisches Jenseitsbild: das Elysium als Ort der ewigen Seligkeit!

Um diese positive Art von Jenseitsschau zu beleuchten, wähle ich Friedrich Schillers Gedicht ›Elysium‹ als Musterbeispiel für eine moderne Adaption der antiken Vorstellung vom Himmel als einem ewigen »Hochzeitfest«. Zuvor aber sollen die, zum Teil sehr amüsanten, Liebesaffären des Göttervaters Zeus, dessen Ehe mit Hera, die Sage von Orpheus und Eurydike sowie die ›Odyssee‹ des griechischen Dichters Homer besprochen werden. Ein kurzer Streifzug durch das poetische Werk von relativ unbekannten Autoren wie Apollonios von Rhodos, Parthenios von Nikaia, Achilleus Tatios und Longos von Lesbos wird meine Ausführungen zum Thema ›Unsterbliche Paare in der griechischen Antike‹ ergänzen.

Bevor ich mit meiner Schilderung besonders lehrreicher Liebesbeziehungen in den archaischen Mythen beginne, ist vielleicht noch ein knapper Hinweis auf die soziale und rechtliche Stellung der Frau im klassischen antiken Griechenland (ca. 500 – ca. 330) und in der Zeit des Hellenismus (ca. 330 – ca. 30) angebracht: Wie in fast allen Kulturräumen der Welt herrschten in Griechenland patriarchalische Strukturen, die Frau war dem Manne in jeder Hinsicht untergeordnet. Sie stand unter der Gewalt des ›Kyrios‹, des ›Herrn‹, des männlichen Vorstands des

Hausverbandes. In allen wichtigen Dingen und in allen Rechtsangelegenheiten wurde die unverheiratete Frau durch ihren Kyrios vertreten, der Kyrios der verheiraten Frau war der Ehemann. Der Kyrios hatte auch das Recht, neugeborene Kinder anzuerkennen oder nicht anzuerkennen, d.h. sie auszusetzen (so dass sie elend verhungerten oder von wilden Tieren gefressen oder von barmherzigen Leuten gefunden und aufgezogen wurden).

Neben dem ehelichen Zusammenleben wurden auch homosexuelle oder lesbische Beziehungen toleriert und kaum als anstößig empfunden. In weiten Kreisen wurden solche Beziehungen positiv gewertet und gehörten sogar zum guten Ton (während später, im antiken Rom, die Homosexualität verpönt war).

Im Einzelnen gab es in den verschiedenen Poleis, den griechischen Staatsverbänden, unterschiedliche Rechtsverhältnisse. Allgemein gilt jedoch: Die Ehe als offizielle Lebensgemeinschaft von Mann und Frau kam durch einen Vertrag zwischen dem Bräutigam und dem Kyrios der Braut zustande. Dabei wurde die Einehe, die Monogamie, für Männer wie für Frauen als ›normal‹ angesehen, während die – z.B. bei Homer belegten – Lebensformen der Bigamie und der Polygamie wohl eher als die Ausnahme betrachtet wurden. Eine Ehescheidung war übrigens ohne besondere Schwierigkeiten möglich. Der Mann konnte die Frau ohne weiteres verlassen. Mit Hilfe ihres Vaters konnte auch die Frau den Ehepartner unter bestimmten Umständen wechseln.[9]

1. Die Zeus- und Hera-Verehrung

Die europäische Kulturgeschichte beginnt mit der griechischen Mythologie, die mündlich tradiert wurde und deren Quellen ins prähistorische Dunkel zurückreichen. Was wir von diesen Mythen heute noch wissen, verdanken wir zum Großteil der ›Theogonie‹ des Dichters Hesiod (geb. um 700 v. Chr.) und den Heldenepen ›Ilias‹ und ›Odyssee‹ des Dichters Homer, der in der zweiten Hälfte des 8. vorchristlichen Jahrhunderts gelebt haben dürfte.

Die antike Mythologie weiß von unzähligen, sterblichen wie unsterblichen, Liebespaaren zu berichten. Das bekannteste ›unsterbliche‹ Paar aus diesen mythischen Urzeiten ist sicherlich Zeus, der oberste Gott des olympischen Himmels, und seine Schwester und Gemahlin, die Göttin Hera.[10]

Hera, die auf der Insel Samos unter einem (den Geschlechtstrieb schwächenden) ›Keuschbaum‹ geborene Tochter des Götterpaars Kronos und Rhea, vereinigt sich einmal im Jahr – ebenfalls unter einem Keuschbaum auf Samos – mit Zeus. Diese ›Heilige Hochzeit‹, die Vereinigung zweier Götter, ist ähnlich in der keltischen Tradition wie auch in Babylonien und in anderen Kulturen Mesopotamiens bekannt.[11] Der rituellen Vereinigung folgt, im Falle Heras, ein Reinigungsbad, das die Jungfräulichkeit der Göttin wiederherstellt.

In der mythischen Überlieferung und in der kultischen Verehrung durch das Volk gilt Hera als Wächterin über die Ehe, über Geburt und Sexualität. Ihr zu Ehren wurden viele Tempel errichtet, und sie wurde angerufen als Schutzherrin, als Nothelferin und als mächtige Fürsprecherin, z.B. für eine gute Geburt.

Die Göttermutter Hera hat vier Kinder (Ares, Hebe, Eileithyia, Hephaistos), die – mit Ausnahme des von Hera in einer ›Jungfrauengeburt‹ erzeugten Hephaistos – aus der Ehe mit Zeus stammen. Und immer wieder ist sie, nicht ohne Grund, sehr eifersüchtig auf die zahllosen Liebschaften ihres Ehemannes. Auf solche ›Seitensprünge‹ des Gatten reagiert sie mit Groll und Gezänk, aber auch mit findiger List.

In der antiken Volksfrömmigkeit galt Zeus freilich weniger als Ehebrecher, sondern als Kultfigur, als oberste Gottheit. Die berühmteste Zeus-Statue, deren Aussehen uns der griechische Schriftsteller und Historiker Pausanias (ca. 115 – ca. 180 n. Chr.) beschrieben hat, war ein kolossales, zwölf Meter hohes, mit Gold und Elfenbein verkleidetes Standbild. Diese kunstvolle, von dem griechischen Bildhauer Phidias (ca. 500 – 432 v. Chr.) geschaffene Statue befand sich im Zeus-Tempel in Olympia und wurde zu den Sieben Weltwundern der Antike gezählt.

Wie wir wissen, wurde Zeus als Herrscher über Himmel und Erde verehrt,[12] als oberster Gott, der für Recht und Ordnung sorgt (obwohl er sich selbst, wenn wir den Dichtern Hesiod und Homer folgen, an Recht und Ordnung nicht unbedingt hält). In bemerkenswertem Kontrast zu vielen Hesiod- oder Homertexten, die den Göttervater Zeus als sehr unvollkommenes und keineswegs allmächtiges Wesen beschreiben, rief der griechische Stoiker Kleanthes – im 3. Jahrhundert v. Chr. – den höchsten Gott Zeus in einem Hymnus so an: »Ruhmvollster aller Unsterblichen, du Gott mit den vielen Namen, allmächtiger, ewiger Beherrscher der Welt, der nach seinem Willen alles lenkt, sei mir gegrüßt!«[13] Doch diese kultischen Dimensionen der Zeus- bzw. Hera-Mythologie sind nicht Gegenstand der folgenden Erörterung. Vielmehr geht es um Zeus und Hera als *Paar* bzw. um Zeus' amouröse Abenteuer.

2. Zeus und seine Geliebten

Wie kamen die Geschwister Hera und Zeus dazu, einander zu heiraten? Einem Mythos zufolge hat Zeus seine - zunächst unwillige - Schwester zur Gattin gewonnen, indem er sich in einen arg zerrupften und völlig erschreckten Kuckuck verwandelte, den die mitleidige Hera auf ihren Schoß nahm, so dass sie schwanger wurde und drei Kinder gebar. Beim Geschlechtsakt hat Zeus seine blendende Göttergestalt wieder angenommen, offenbar so beeindruckend, dass Hera sich in ihn verliebte und zur Heirat schließlich bereit war.

Auch sonst erweist sich der Göttervater als grandioser Verwandlungskünstler, der sich in unterschiedlichen Gestalten diversen Nymphen, Halbgöttinnen und sterblichen Menschentöchtern nähert, um sein - in den Augen der Hera natürlich verwerfliches - Ziel zu erreichen. In der Gestalt eines weißen Stieres zum Beispiel entführt Zeus die phönizische Prinzessin Europe (die Namensgeberin unseres Kontinents). Die Königstochter findet Gefallen an dem, wie ihr scheint, so sanftmütigen Tier und schwingt sich gerne auf dessen Rücken. Der kurzweilige Ritt geht von Sidon, vom trockenen Mittelmeerstrand, ins Wasser und dann, schwimmend über die Meeresfläche, nach Kreta, wo Zeus sich zurückverwandelt und mit der schönen Erdentochter drei Kinder zeugt. Diese - später auch von Ovid in den ›Metamorphosen‹ überlieferte - Liebesaffäre wurde in der bildenden Kunst in vielen Variationen dargestellt, z.B. in einer Terrakotta-Gruppe aus Athen (ca. 470 v. Chr.) oder sehr farbenprächtig und wahrlich mitreißend auf Tizians Ölgemälde ›Raub der Europa‹ (ca. 1560).[14]

Doch nicht genug damit! In einer finsteren Höhle dringt Zeus in Gestalt einer Schlange in seine eigene Tochter, die Unterwelts- und Fruchtbarkeitsgöttin Persephone, ein und zeugt mit ihr das Götterkind Zagreus. Im Falle Ledas indessen, der bezaubernden Menschentochter, verwandelt sich Zeus in einen Schwan, um die Schöne – die Frau des Spartanerkönigs Tyndareos – zu umschmeicheln und so zum erwünschten Ziel zu gelangen.

Dieses Unternehmen hat die unerhört schöne, aus einem Ei gekrochene Helena zum Resultat – wie auch die, gleichfalls aus Eiern geschlüpften, Dioskuren-Zwillinge Kastor und Pollux.[15] Auf vielen Bildern von berühmten Malern – darunter Antonio da Correggio (ca. 1532), Peter Paul Rubens (ca. 1620), François Boucher (1742) und Paul Cézanne (ca. 1881) – wurde die Verführungsszene ›Leda und der Schwan‹ künstlerisch gestaltet. Literarisch hat u. a. Johann Wolfgang von Goethe, im Zweiten Teil des ›Faust‹ (1832), den Leda-Stoff aufgegriffen: Als »lieblichste von allen Szenen«[16] erlebt der schlafende Titelheld im Traum die Befruchtung der nackten Leda durch den göttlichen Zeus in der Schwanengestalt.

Es müssen freilich nicht jedes Mal Tiere sein, die Zeus als Maske benutzt. Zu einem Inkognito ganz anderer Art entschließt sich der Göttervater beim Schwängern der reizenden Königstochter Danaë, die von ihrem Vater in einen ehernen Turm eingesperrt wurde. In Form eines Goldregens kommt er auf sie herab; und Danaë wird infolge dieses Ereignisses – quasi durch eine Jungfrauengeburt – zur Mutter des Heroen Perseus. Auch der Danaë-Mythos wurde in der bildenden Kunst vielfach dargestellt und divergierend gedeutet: etwa auf griechischen Keramiken aus dem 5. vorchristlichen Jahrhundert, auf einem Wandbild in Pompeji (ca. 70 v. Chr.) oder durch neuzeitliche Aktmalereien, z.B. von Jan Mabuse (1527), Michelangelo Buonarroti (1529/30), Tizian (1545/46), Artemisia Gentileschi (1611/12),

Rembrandt van Rijn (1636), Alexandre Chantron (1891) und Gustav Klimt (1907/08).

Es läge jetzt nahe, die Zeus-Mythen zu hinterfragen und wissenschaftlich, z.B. tiefenpsychologisch, zu beleuchten. Doch das würde den Rahmen meiner Darstellung sprengen. Das Treiben des obersten Gottes soll im Weiteren nicht vollständig aufgedeckt und nicht erschöpfend analysiert werden. Nur wenige Informationen seien der obigen Schilderung noch hinzugefügt: Die stolze Königin Alkmene wurde durch Zeus die Mutter des übermenschlich starken Herakles, eines der größten Helden in der griechischen Mythologie. Die Bergnymphe Maia gebar dem Zeus den wichtigen Boten-Gott Hermes. Und die sagenhafte Semele, der Zeus in Gestalt eines Sterblichen erschien, wurde die Mutter des Weingottes Dionysos. Sie starb in dem Augenblick, da sie den Olympier als Gottheit zu sehen wünschte.

3. Endlose Eifersucht

Die aus heutiger Sicht so schändlichen Liebesgeschichten des Göttervaters sind freilich nie von Dauer. Denn die Eifersucht der rechtmäßigen Gattin Hera verweist den göttlichen Ehemann sehr rasch in seine Grenzen. Hera setzt sich zur Wehr, indem sie die unehelichen Kinder ihres Gemahls – wenn möglich – verfolgt und indem sie sich, bei Gelegenheit, an ihren Rivalinnen rächt. Der armen Leda zum Beispiel macht sie das Leben zur Hölle. Und die unglückliche Semele wird durch eine Hinterlist der zornigen Hera vernichtet und in den Hades gestoßen (später aber, nach einer anderen Version, aus der Unterwelt befreit und in den Olymp, in die Gemeinschaft der Götter, aufgenommen).

Nicht nur durch die Gespielinnen und Geliebten des Zeus, auch sonst fühlt sich Hera in ihrem Frau-Sein gekränkt. Denn als Paris, der Sohn des Trojanerkönigs Priamos, auf Geheiß des Hermes – des Zeus-Boten – unter den Göttinnen Hera, Athene und Aphrodite die Wahl treffen sollte, erklärte er nicht Hera, sondern Aphrodite für die Schönste: woraufhin sie dem armen Paris und allen Trojanern die ewige Feindschaft schwor. Gerade auch dieser Mythos, ›Das Urteil des Paris‹, hat die altgriechische Vasenmalerei und viele spätere Künstler zur illustren – kulturgeschichtlich bedeutsamen – Gestaltung animiert: z.B. Sandro Botticelli (ca. 1488), Lucas Cranach d. Ä. (1528), Peter Paul Rubens (ca. 1636), Paul Cézanne (1864) und Markus Lüpertz (2002).

Auch ihrem Gatten Zeus spielt die nachtragende Hera gelegentlich einen Streich. Zur Zeit des Trojanischen Krieges lädt sie ihn – wie Homer in der ›Ilias‹ berichtet – zum Liebesspiel auf der Höhe des Ida-Gebirges. Obwohl ihr Zeus »in der Seele verhasst« ist, bringt sie es fertig, ihn mit raffinierten Mitteln (z.B. einem Büstenhalter der Aphrodite) zu verführen. Anschließend lässt sie ihn ruhigstellen durch Hypnos, den Gott des Schlafes. Hera, die auf Seiten der Achaier steht und den Griechen einen Sieg über die Trojaner ermöglichen will (während Zeus in diesem Krieg neutral ist), schickt nun Hypnos zu Poseidon, dem mächtigen Gott des Meeres, und lässt diesem ausrichten, er könne jetzt die Achaier zum Sieg führen. Als Zeus dann aufwacht, »gibt es zunächst ein Donnerwetter mit fürchterlichen Drohungen gegen Hera, die aber vermag ihn natürlich mit einer argen Spitzfindigkeit zu besänftigen«.[17]

Souverän ist Zeus also nicht, er ist nicht allmächtig und schon gar nicht allweise.[18] Mit dem transzendenten Schöpfer des Himmels und der Erde, mit dem *einen* Gott der Bibel bzw. dem Gott der jüdisch-christlichen Theologie hat weder Zeus noch irgendeine andere Gottheit des altgriechischen Olymps etwas zu tun. Nein, Zeus, Hera und die anderen Olympier sind zwar, der antiken Vorstellung gemäß, unsterbliche ›Götter‹. Trotz dieser Würde aber sind sie geschöpfliche Wesen mit allerlei Schwächen und Tücken.

Wie ganz normale Menschen stammen auch Zeus und Hera von Eltern und Großeltern ab. Ihre Eltern sind, wie gesagt, das Götterpaar Kronos und Rhea. Diese wiederum sind die Kinder von Uranus (›Himmel‹) und von Gaia (der ›Erdmutter‹, die, nach Hesiod, aus dem ›Chaos‹ entstand). Die Großeltern von Hera und Zeus, Gaia und Uranos, sind also personifizierte Gottheiten der Erde und des Himmels – und zwar nicht eines weltjenseitigen, sondern eines *weltimmanenten* ›Himmels‹. Folglich können wir Zeus und Hera im Anschluss an den Altphilologen und Religionswissenschaftler Karl Kerényi als Projektion, als Abbild eines sehr menschlichen Ehe- und Elternpaares betrachten.[19]

4. Zeus und seine Ehefrau Hera

Wenn wir den Götterhimmel ›entmythologisieren‹, wenn wir also absehen von den mythischen Bildern und den legendären Übertreibungen, dann geht es beim Ehepaar Zeus und Hera sehr ähnlich zu wie im richtigen Leben. Ohne Mühe können wir Zeus und Hera typologisch verstehen – als fragwürdiges Beispiel der ›Liebe‹, ja als literarischen *Gegenentwurf* zu Männern und Frauen, die wirklich lieben, in einer echten Partnerbeziehung.

›Zeus-Männer‹ und ›Hera-Frauen‹ hat es immer gegeben und es wird sie auch weiterhin geben. Es liegt ja auf der Hand: Der ›Göttervater‹ Zeus steht für den nicht seltenen Typ des

Mannes, der seine eigenen Wege geht, der sich selbst und anderen etwas vormacht, auf den sich niemand verlassen kann, der es mit der ehelichen Treue nicht so genau nimmt, der aber auch nicht die Möglichkeit – oder den nötigen Mut – hat, für klare Verhältnisse zu sorgen, d.h. sich entweder für seine Ehefrau oder für eine seiner Geliebten zu entscheiden.

Die ›große Liebe‹ sieht anders aus. Als frivoler Betrüger und leichtsinniger ›Ehemann‹ ist Zeus aus moralischer Sicht natürlich untragbar. Und auch als Vater agiert er höchst fragwürdig und im Grunde verantwortungslos. Zeus ist ein erfahrener Liebhaber, aber kein ernsthafter Lebenspartner, kein liebender Mann, der eine Frau auf die Dauer begleiten und mit ihr durchs Leben gehen kann.

Aber auch Hera, die (in der antiken Kunst mit Diadem und Zepter dargestellte) ›Himmelskönigin‹, wirkt als Ehefrau nicht unbedingt wie ein leuchtendes Vorbild. Ihre weibliche Macht erschöpft sich, was Zeus' Affären und Liebesspiele betrifft, ja meist in schlauen Intrigen. Sie handelt nicht in wirklicher Partnerliebe, auch nicht in erotischer Leidenschaft, sondern viel eher in berechnender Absicht – wenn wir Episoden wie die Geschichte mit dem eingeschlafenen Zeus auf dem Ida-Gebirge nicht nur als harmlosen Scherz des Dichters Homer verstehen, sondern als exemplarisch für Heras gesamtes Verhalten interpretieren.

Aus ›paartherapeutischer‹ Sicht kommen mir Zeus und Hera äußerst bekannt vor. Sie stehen für bestimmte Verhaltensstereotypen, für bestimmte Lebenseinstellungen und für ein bestimmtes Beziehungsmuster: Zeus und Hera halten den Schein, die Fassade einer Ehe, zwar aufrecht. Aber die beiden verbindet, alles in allem, kein gemeinsamer Lebensentwurf, kein gemeinsames Ideal und keine gemeinsame Aufgabe, sondern nur die Macht der

Gewohnheit und – unter Umständen – der Reiz, sich gegenseitig zu kränken und zu bekriegen.

Zeus und Hera stellen das Zerrbild, die Karikatur einer Ehe dar. Nur im Falle der tiefgreifenden Läuterung würde ein ›Zeus-Mann‹ zum Ehemann taugen. Und nur im Falle eines Reifungsprozesses würde sich die ›Hera-Frau‹ zur liebenden Partnerin eignen oder zur ebenbürtigen Freundin. Denn die ›klassische‹, die mythologische Hera ist ja kaum willens (vielleicht auch nicht einmal fähig), für ihren ›Zeus‹ als Partnerin besonders attraktiv zu sein (einmal abgesehen von wenigen Ausnahmesituationen). So muss sie sich auch nicht wundern, dass ihr Göttergatte auf dumme Gedanken kommt und des Öfteren fremdgeht. Eine Chance hätte sie allenfalls dann, wenn sie ihr Potential als liebende Frau besser ausschöpfen würde. Vielleicht würde der ›Zeus-Mann‹ sein Verhalten dann ändern.

5. Orpheus und Eurydike

Ein ›unsterbliches Paar‹ sind Zeus und Hera als literarische Protagonisten, als mythologische Figuren, die aus der Kulturgeschichte Europas nicht wegzudenken sind. Im christlich-*theologischen* Sinne aber stellt sich die Frage nach einer Unsterblichkeit der Partnerbeziehung in diesem Falle nicht. Denn Zeus und Hera sind ja geradezu Symbolgestalten für eine pseudo-partnerschaftliche Beziehungs-*losigkeit* – für eine *Nicht*-Liebe, der das ›ewige Leben‹ gar nicht zu wünschen ist.

Wir finden in der griechischen Antike aber auch ganz andere Paare. Das denkwürdigste, das faszinierendste und interessanteste Paar in der vorchristlichen Mythologie des Abendlandes scheinen mir Orpheus und Eurydike zu sein.

Der Königssohn Orpheus, der geniale Künstler, der die ganze Welt verzaubernde Sänger! Und die junge, die entzückend grazile und hinreißend schöne Eurydike – *das* Traumpaar des griechischen Altertums!

Sie verlieben sich auf den ersten Blick, sie werden ein Paar, sie sind glücklich wie Adam und Eva im Paradies. Doch ihr Glück wird zerstört, schon nach kürzester Zeit. Eurydike stirbt durch den Biss einer Schlange, sie verschwindet im unterweltlichen Hades. Der ins Elend geworfene Sänger aber will sich nicht abfinden mit dem Verlust. Er steigt selbst hinunter ins Reich der finsteren Schatten – um Eurydike von den Todesgöttern zurückzufordern. Seiner Wehklage und seinem Gesang können die Mächte der Unterwelt, ja selbst die Götter nicht widerstehen. So erlauben sie ihm, die Geliebte ins oberweltliche Licht zurückzuführen. Nur *eine* Bedingung muss Orpheus erfüllen: Er darf sich auf dem Rückweg ins irdische Leben nach Eurydike nicht umwenden. Andernfalls wird die Nymphe endgültig sterben, und der Sänger wird sie unwiederbringlich verlieren.

Wir ahnen es schon: Orpheus wird schwach, er kann dem göttlichen Befehl nicht gehorchen, er blickt sich um nach der geliebten Frau, nach der Schönsten aller Najaden. Eurydike aber versinkt sofort in der Dunkelheit, und auch Orpheus stirbt – etwas später – eines grauenvollen Todes.

Wie lebendig dieses Liebespaar geblieben ist, wie ›unsterblich‹ Orpheus und Eurydike in der ›Unterwelt‹ geworden sind, zeigen unserem staunenden Auge die bildenden Künste bis hin zu Pablo Picasso oder das große Bühnenwerk bis hin zum heutigen Tag. Ich denke an antike Mosaiken und Marmorreliefs (schon um 500 v. Chr.) sowie – unter anderem – an eine Bronzeplakette des Nürnberger Renaissance-Künstlers Peter Vischer (ca. 1516), an prächtige Bilder der Barockmaler Jan Brueghel d. Ä. (1594), Peter Paul

Rubens (ca. 1636) und Nicolas Poussin (ca. 1650), an eine strahlende, wie von göttlichem Licht durchflutete Wiedergabe des Orpheus-Mythos durch den Pariser Maler Eugène Delacroix (1820), ferner an Darstellungen der französischen Maler Louis Dulcis (1826) und Edmund Dulac (1935) oder auch an die beliebte Orpheus-Gruppe der Hamburger Bildhauerin Ursula Querner (1958).

Doch fast noch interessanter als die altgriechische Erzählung, die allen diesen Bildern zugrunde liegt, sind die höchst unterschiedlichen *Deutungen*, die der Mythos von Orpheus und Eurydike im Verlauf der Kulturgeschichte erfahren hat.[20] In modernen filmischen Inszenierungen wird das Thema ›Orpheus und Eurydike‹ einfallsreich variiert. Besonders aber das Musiktheater hat sich des Orpheus-Stoffes in vielfältiger Weise angenommen. Bis heute gibt es etwa vierzig Opern, Operetten oder Musicals zum Themenfeld ›Orpheus und Eurydike‹. Und jedes Mal wird die Liebesgeschichte zwischen den beiden etwas anders interpretiert.

6. ›Eurydice :: Noir Désir‹

Das Geheimnis von Orpheus und Eurydike beflügelt noch immer die Phantasie der Dichter und Künstler. Einen gedanklich und künstlerisch völlig neuartigen Weg gehen der Dramatiker Lothar Kittstein, der Regisseur Bernhard Mikeska und die Dramaturgin Alexandra Althoff. Ihr Gemeinschaftswerk ›Eurydice :: Noir Désir‹ wurde 2013 im Münchner Residenztheater uraufgeführt.

In dieser Variante des Mythos von Orpheus und Eurydike fließen Fiktion und Wirklichkeit ineinander. Der Zuschauer selbst, jeder für sich allein, wird in die ›Unterwelt‹ geführt, d.h. in die Katakomben unter dem Theater. Dort begegnet er einem modernen Glamour-Paar – zwei Menschen, die sich in ihrer Begierde, ihrem ›Noir Désir‹, d.h. in ihrer ›Verblendung‹, ihrer ›Seelenfinsternis‹, unumschränkt besitzen wollen und sich eben dadurch – durch ihren exzessiven und lebensfeindlichen Besitzanspruch – gegenseitig vernichten. Aus Eifersucht nämlich verletzt der französische Rockstar Bertrand Cantat seine Geliebte, die Schauspielerin Marie Trintignant, tödlich. Aber auch Bertrands Leben scheint jetzt unwiderruflich zerstört, es scheint in der Dunkelheit zu versinken.

Das reale, das schreckliche Ereignis vom 27. Juli 2003 in Wilnius, der Hauptstadt Litauens, wird somit zur Folie einer Neuinszenierung des altgriechischen Sagenstoffs. Die vordergründige Totschlagstragödie Marie/Bertrand wird überblendet mit dem antiken Mythos von Orphée und Eurydice. Und die Leidenschaft des Sängers Orpheus für die Nymphe Eurydike wird – in kunstvoller Dramaturgie – umgedeutet in eine ›amour fou‹: in eine Liebe, die das Unmögliche will, in eine ›dunkle‹ Liebe, die keine Aussicht auf Bestand hat, die zuletzt in die Ausweglosigkeit und in die Katastrophe führt.

Der Autor Lothar Kittstein erläutert:

Dem Zuschauer wird immer implizit eine Rolle zugeschrieben, er ist sowohl Orpheus, der in die Unterwelt hinabsteigt und der Toten in verschiedenen Inkarnationen begegnet, als auch, in paradoxer Gleichzeitigkeit, Eurydike, die ihn als ihr eigenes alter ego anspricht. Dabei wird keiner zum Mitmachen gezwungen, die Distanz zwischen Zuschauer und Spieler bleibt bestehen, aber man taucht durch die Nähe und Ansprache tief in die Situation ein. Man kann sich als reiner Zuschauer sehen, bei den meisten kommt es aber zu einer (unbewussten) Überlagerung/Identifikation mit der je gemeinten Figur bzw. mit Anteilen von beiden. Man bewegt sich durch einen Todestraum Eurydikes/Maries bzw. eine Alptraumerinnerung Bertrands/Orpheus'.[21]

Kittsteins Dramentext endet mit den Worten der unterweltlichen Eurydike: »Dreh dich nicht um. Denn ich bin hinter dir. Ich gehe nie mehr weg. Aus deinem Kopf. Ich liebe dich.« Was das wohl heißen könnte? Vielleicht will Marie/Eurydike ihrem Bertrand/Orpheus (bzw. dem Zuschauer) sagen: Er solle sich, genau wie im Mythos, nicht umdrehen, weil sie und ihre Liebe hinter ihm und gleichzeitig *in* ihm seien. Was seine Verzweiflung und seine Schuldgefühle, sie umgebracht zu haben, noch verstärken könnte. Wie auch immer – Eurydikes Worte bleiben rätselhaft, vielleicht so rätselhaft wie das Leben insgesamt.

Eine gewisse ›Schwärze‹ bleibt am Ende des Stücks, durchaus in Entsprechung zum griechischen Mythos, bestehen und wird den Theaterbesucher auch weiter beschäftigen. Jedenfalls will das moderne Drama ›Eurydice : : Noir Désire‹ den Zuschauer zu der Einsicht bringen, dass der Mythos bzw. die Dichtung nichts Realitätsfernes ist, sondern zum Leben gehört, ja etwas Höheres als das reale Alltagsleben ist.

7. Ein Urbild der Vergänglichkeit

Allerdings gab es schon in der Antike verschiedene und durchaus widersprüchliche Deutungsansätze zu Orpheus und Eurydike. Der griechische Philosoph Platon sah in Orpheus, im Dialog ›Symposion‹ (ca. 380 v. Chr.), eher einen Schwächling. Der römische Dichter Ovid hingegen sah, in den berühmten ›Metamorphosen‹ (ca. 3 – 8 n. Chr.), im Künstler Orpheus eher einen Helden der Liebe und der Treue.

Der frühkirchliche Theologe und Schriftsteller Clemens von Alexandrien (ca. 150 – 215 n. Chr.) begrüßte in Orpheus, in seiner großen ›Mahnrede an die Griechen‹, sogar einen Vorläufer Jesu Christi. In seinem Hauptwerk ›Trost der Philosophie‹ (ca. 525 n. Chr.) aber betonte der spätantike Philosoph und Theologe Anicius Boethius vorwiegend den moralischen Aspekt der Orpheus-Sage: Wer nach oben strebt, dürfe nicht nach unten zurückblicken, da er sonst die Einsichten verlieren werde, die er in früheren Zeiten gewonnen habe.[22] Der mittelalterliche Philosoph Wilhelm von Conches (ca. 1080 – 1154) wiederum beschuldigte die arme Eurydike aufs schwerste und machte sie, in einem Kommentar zu Boethius, zum Inbegriff der sexuellen Begierde.

Erhebliche Variationen gibt es auch in der Erzähltradition. Der ursprüngliche Mythos, die griechische Tragödie, lässt das Liebespaar schlichtweg im Tode untergehen. Der frühbarocke Opernkomponist Claudio Monteverdi (bzw. dessen Textdichter Striggio) indessen lässt Orpheus und Eurydike – in einer christlichen Umdeutung des Sagenstoffes – das ewige Leben und das vollkommene Glück in der Jenseitigkeit Gottes erlangen. Der vorklassische Komponist Christoph Willibald Gluck (bzw. dessen Librettist Calzabigi) indessen lässt in seiner bekannten Oper ›Orpheus und Eurydike‹ die von den Göttern begnadigten Titelhelden zu einem glücklichen Ehepaar auf der Erde werden.

Sehr unterschiedliche, ja konträre Auslegungen findet der Mythos von Orpheus und Eurydike auch in neuerer und neuester Zeit – etwa durch die Dichter Rainer Maria Rilke und Patrick Süskind, durch den Paartherapeuten und

Tiefenpsychologen Hans Jellouschek oder durch die katholischen Theologen Gottfried Bachl und Paul Zulehner.

Patrick Süskind vergleicht den Künstler Orpheus mit dem Gottessohn Jesus Christus und bewertet den Sänger deutlich höher, weil dieser in seinen Zielen bescheidener und deshalb glaubwürdiger sei. Hans Jellouschek sieht in Orpheus und Eurydike – im Anschluss an Rilkes Gedicht ›Orpheus. Eurydike. Hermes‹ – einen Modellfall für ›narzisstische‹ Beziehungsmuster, in denen der Mann die selbstverliebt-egozentrische und die Frau die komplementär ergänzende Position besetzen. Gottfried Bachl sieht Orpheus ebenfalls kritisch: weil der Sänger den Tod, als allgemeines Schicksal, ja grundsätzlich akzeptiere und von den Göttern lediglich einen Aufschub erbitte, sozusagen eine Verlängerung seiner Flitterwochen mit Eurydike. Paul Zulehner aber würdigt Orpheus – mit Bezug auf Clemens von Alexandrien – als einen wahrhaft liebenden Mann, der zuletzt freilich, im Unterschied zu Christus, vor dem Tod kapitulieren muss.[23]

Der Orpheus-Christus-Interpretation durch Patrick Süskind kann ich nicht folgen, weil sie meiner Grundüberzeugung, meinen vom Menschenbild und von der Heilspredigt Jesu geprägten Wertvorstellungen widerspricht. Im Übrigen aber möchte ich mich auf keine der erwähnten Auslegungen festlegen (im Sinne von ›richtig‹ oder ›falsch‹), ich möchte nur unterstreichen: Dem ursprünglichen Ansatz, der vorchristlichen Intention, nach sind Orpheus und Eurydike *kein* unsterbliches Paar. Im Gegenteil, sie sind ein Symbol für die menschliche Tragik, für die existenzielle Tristesse, für die Hinfälligkeit und Vergänglichkeit gerade der Partnerbeziehung.

Zugleich aber sind Orpheus und Eurydike ein Sinnbild für die *Sehnsucht* des Menschen nach der großen, der unvergänglichen, der ewigen Liebe. *Meine* Frage, angeregt durch den Mythos, ist vor allem: Ist die Ursehnsucht des Menschen nach Liebe und Glück auf eine letzte *Erfüllung* hin angelegt? Oder wird unsere Sehnsucht, als Inbild der Vergeblichkeit, für immer ins Leere laufen?

8. Odysseus und Penelope

Zur Kultur des griechischen Altertums gehört ganz wesentlich – mehr noch als der Mythos von Orpheus und Eurydike – die Poesie des sagenumwobenen Dichters Homer. Als sechzehnjähriger Gymnasiast schon fand ich die Liebesgeschichte des listenreichen Odysseus und seiner treuen Gemahlin Penelope anrührend und schön – und außerdem spannend. (Nur die Orient- und die Winnetou-Bände Karl Mays fand ich noch spannender und geheimnisvoller.)

»Ándra moi énnepe, Mousa, polýtropon, hòs mála pollà (…).« »Sage mir, Muse, die Taten des vielgewandten Mannes (…).«[24] Mit diesen berühmten Sätzen hat alles begonnen – ›Die Odyssee‹ des Homer, mein Interesse an der griechischen Antike, meine Vorliebe für alte Sagen und Mythen, meine Vorliebe nicht zuletzt auch für amouröse Geschichten mit gefährlichen Abgründen – aber mit glücklichem Ausgang und unendlicher Perspektive.

In sehr vielen literarischen Neufassungen (genial im Roman ›Ulysses‹ von James Joyce), mehrmals auch in der Oper, im Schauspiel und im Film, wurde ›Die Odyssee‹ verarbeitet. Hervorheben möchte ich den Deutungsansatz der Philosophen Max Horkheimer und Theodor W. Adorno: Sie sehen in Odysseus literaturgeschichtlich den ersten ›modernen‹ Menschentypus, der sich nicht einfach den

Göttern und dem Schicksal unterwirft, sondern sein Leben autonom in die Hand nimmt.[25]

Homers ›Odyssee‹ ist ein komplex strukturiertes, höchst kunstvoll erzähltes Versepos, eingeteilt in 24 grandiose Gesänge mit insgesamt 12.200 Hexameterversen. Geschildert wird die zehnjährige Irrfahrt des leidgeprüften Odysseus, des Königs von Ithaka, der nach dem Trojanischen Krieg und nach vielen weiteren Kämpfen und Wagnissen schließlich – inkognito als Bettler – zu seiner Gattin Penelope zurückkehrt. Die Handlung endet mit dem siegreichen Bogenkampf des Odysseus gegen die Freier der Penelope, die dieser einreden, Odysseus sei tot, und die sie zwingen wollen, einen von ihnen zu heiraten.

Auf seinen Fahrten, mitten in seinen Kämpfen und Abenteuern, begegnet der edle Odysseus drei hoch attraktiven Frauen bzw. Halbgöttinnen: zum Einen der Nymphe Kalypso mit dem schön geflochtenen Haar, die ihn sieben Jahre lang auf ihrer Insel Ogygia festhält; zum Anderen der unersättlichen Zauberin Kirke, die ihn auf ihrer Insel Aiaie für ein Jahr beherbergt, die zwar Männer in Schweine, in Hunde und Löwen verwandelt, dem erfindungsreichen Odysseus aber nichts antun kann, ihm vielmehr gute Ratschläge für seinen gefahrvollen Gang in das Totenreich des Hades erteilt; schließlich der jungen Königstochter Nausikaa, die den schiffbrüchigen Helden (sein selbsterbautes Floß konnte dem zornigen Meeresgott Poseidon nicht standhalten) auf der Insel Scheria mutig und bereitwillig aufnimmt, den splitternackten Mann mit Kleidern versorgt und ihm gastfreundlich zu essen gibt. In der bildenden Kunst wurde diese reizvolle Szene oftmals dargestellt, z.B. auf den Bildern ›Odysseus und Nausikaa‹ des italienischen Malers Alessandro Allori und des niederländischen Malers Pieter Lastman (1580 bzw. 1619).

Noch weitere Frauen bzw. Göttinnen werden im homerischen Epos erwähnt: etwa die rachsüchtige Königin Klytaimnestra, die den aus Troja heimgekehrten Ehemann Agamemnon von ihrem Liebhaber Aigisthos erschlagen lässt; oder Helena, die zwar die schönste Frau der Welt ist, in Homers ›Odyssee‹ aber eher blass wirkt (weil sie hier wieder die züchtige Ehefrau mimen muss); oder Pallas Athene, die jungfräuliche Göttin, die den Helden Odysseus beschützt und indirekt begleitet. Alle diese Frauengestalten könnten wir – mit dem Schriftsteller und Essayisten Curt Hohoff – als spezifische »Typen des weiblichen Geschlechts«[26] bezeichnen. Vor allem aber die Frauen, die zu Odysseus direkt in Beziehung treten, also Penelope, Kalypso, Kirke und Nausikaa, können meines Erachtens als verschiedene Grundgestalten des ›ewig Weiblichen‹ gelten.

Zwar bleibt Odysseus der treue und liebende Ehemann einer einzigen Frau, der Königin Penelope. Aber *alle* Saiten in der Seele des Gatten kann Penelope nicht zum Klingen bringen. Erst in der Begegnung mit anderen Frauen integriert der vielkluge Odysseus nahezu alle Erscheinungsformen des Weiblichen in sein eigenes Dasein, in seine bisherige und künftige Entwicklungsgeschichte.

Ich sehe es so: Penelope, die mit Odysseus den Sohn Telemachos gezeugt hat, steht zunächst für den geerdeten mütterlichen Typ und für den Typ der treuen Gemahlin, die in erster Linie das gemeinsame Leben in Ehe und Familie sucht – freilich nicht nur als ›Heimchen am Herde‹, sondern als weitblickende, ungewöhnlich kluge und auffallend starke Frau. Die mädchenhafte, von Männern umworbene, aber noch unberührte Königstochter Nausikaa, deren Sehnsucht nach Liebe in der ›Odyssee‹ zum ersten Male erwacht, verkörpert den ›sozialen Typus‹, die sanftmütige, die zur Hingabe, zur bedingungslosen Liebe bereite Frau (vielleicht ebenfalls eine Art Penelope, aber in einer wesentlich früheren Lebensphase).

Die Zauberin Kirke indessen, die »hehre melodische« und doch so »furchtbare Göttin«, repräsentiert die überaus listige, den Männern überlegene, durchaus verführerische, dabei stets ihre eigenen Interessen verfolgende, durch und durch eigenwillige Frau. Und die berückend schöne Nymphe Kalypso vertritt den Typus der begehrenden, der ewig lockenden, der unwiderstehlichen, der abgründig gefährlichen Frau mit berauschend erotischer Ausstrahlung.

Alle diese Frauen bereichern, in ihrer je eigenen Weise, den großherzigen Helden Odysseus. Sie tragen wesentlich bei zu seiner persönlichen Reifung – unbeschadet seiner Liebe und Treue zur einzigen Penelope.

9. Ein Ja zur Erde

Interessanterweise bietet die Halbgöttin Kalypso ihrem heißgeliebten Odysseus die *Unsterblichkeit* und die ewige Jugend an – falls er für immer bei ihr bleiben wolle. Ihre traumhaft schöne Insel Ogygia hat ja auch wirklich die Züge eines Ortes der Seligkeit, des immerwährenden Glücks. Doch Odysseus lehnt ab! Er ist zwar keineswegs prüde, er geht mit Kalypso in die nächtliche Grotte – bis zum Erscheinen der Morgenröte, der »rosenfingrigen Eos«. Aber er will dennoch so rasch wie möglich nach Hause, er will zurück zu seiner Penelope. Er will, so Curt Hohoff, ganz »Mensch bleiben. Er stellt Heimat, Familie, Ehefrau und den Sohn höher als Unsterblichkeit.«

Der symbolistische Maler Arnold Böcklin hat diese konfliktreiche Situation sehr anschaulich dargestellt auf seinem Bild ›Odysseus und Kalypso‹ (1883): Die anmutige, fast nackte Meernymphe sitzt herausfordernd auf einem roten Tuch vor ihrer Grotte. Odysseus aber steht, ihr abgewandt, traurig und sinnierend am Ufer des Meeres – voller Sehnsucht nach seiner fernen Gemahlin, der einzigartigen, alle anderen Frauen überragenden Penelope.

Ein vollständiger Triumph also der ehelichen – und somit vergänglichen – Liebe zu Penelope über die Aussicht auf ein ewiges Leben mit der Nymphe Kalypso? Hat Odysseus überhaupt kein Verlangen nach Ewigkeit? Ich zögere mit der Antwort. Der Dichter Homer bezeichnet seinen Helden an vielen Stellen des Epos als »göttlichen« Odysseus. Dies ist zwar ein poetisches Bild und natürlich nicht in einem biblisch-theologischen Sinn zu verstehen. Dennoch – als bloße Floskel, als sinnleeres Schmuckwort sollten wir das Adjektiv »göttlich« nicht abwerten. Könnte es also sein, dass der griechische Dichter in Odysseus einen besonderen Menschen sieht, der (seiner Herkunft oder seiner Bestimmung nach) irgendwie *mehr* ist als nur ein sterbliches, dem Untergang verfallenes Wesen?

Seine Reisen haben Odysseus, den »Göttlichen«, ja auch ins Jenseits, ins freilich wenig erfreuliche Totenreich geführt. Aber auch von der jenseitigen »elysischen Flur«, von der im vierten Gesang des Epos die Rede ist, wird der findige Odysseus gehört haben: von dem paradiesischen Ort, »wo der blonde Held Rhadamanthys wohnt und ruhiges Leben die Menschen immer beseligt«.[27]

Das ›Elysium‹, das vorchristliche Land der ›Unsterblichen‹, werden wir noch genauer kennen lernen. Es spielt auch in der bildenden Kunst und in der Literatur der, mehr oder weniger christlich geprägten, Renaissancezeit – in deren Verständnis von ›Unsterblichkeit‹ und ›ewigem Leben‹ – eine maßgebliche Rolle. Allerdings wird Odysseus wohl kaum an eine glückliche, wirklich erstrebenswerte Existenz im Jenseits gedacht haben: eben *weil* er im Hades die traurige Schattengestalt seiner eigenen Mutter (die nichts Böses tat!) gesehen hat und weil er auch kaum damit rechnen kann, in der Unterwelt ein gemeinsames Leben mit Penelope zu führen – auch nicht im Elysion oder auf den Inseln der Seligen, wohin ja nur Männer versetzt werden. Nein, ohne Penelope will Odysseus nicht leben, und wir dürfen vermuten, dass er auch im Jenseits nicht ohne sie sein will (obwohl er das nirgendwo sagt, auch nicht Kalypso gegenüber).

Dass Homer seinen Helden Odysseus als ein unsterbliches, auf eine transzendente Welt mit ewiger Seligkeit ausgerichtetes Wesen ansieht, ist also nicht anzunehmen, »das würde wohl zum ausgehenden 8. Jahrhundert v. Chr. nicht passen«.[28] Ist nun aber eine transzendente, die Welt des Vordergründigen, des Sichtbaren und Greifbaren überschreitende Bedeutungsebene dem Kunstwerk der ›Odyssee‹ *in jeglicher Hinsicht* abzusprechen?

Auf ein frohes, sinnerfülltes Weiterleben nach dem Tode darf Odysseus, wie gesagt, kaum hoffen. Aber auf eine Art göttliche Führung im *Diesseits* darf er durchaus vertrauen. Denn über sein Schicksal entscheiden ja – bei aller Eigenständigkeit des Odysseus – im Letzten die Götter, insbesondere die Göttin Athene. Sie beschließen, dass Odysseus die Insel der Kalypso verlassen soll, ja sie begleiten aktiv die gesamte Lebens- und Entwicklungsgeschichte des unermüdlichen Wanderers. So anthropomorph und so fragwürdig die antike Götterwelt auch erscheinen mag, der Olymp steht, wenn auch noch so unzulänglich, für eine andere, höhere, Wirklichkeit.

10. Ein Hauch von Ewigkeit

Auf letzte Menschheitsfragen, auf die Fragen ›Was kommt nach dem Tod? Ist der Tod das Ende eines lebenswerten Lebens und das Ende der Liebe?‹ kann die Dichtung Homers freilich keine zufriedenstellende Antwort geben. Es gehört jedoch zum Wesen des Menschen, so zu fragen: Bricht der Tod alles ab? Ist der eigene Tod bzw. der Tod eines geliebten Du, zum Beispiel des besten Freundes oder des Ehepartners, zwangsläufig eine Katastrophe – ohne Sinn, ohne Trost und ohne Perspektive?

In manchen Fällen kann der Dichtkunst eine tröstende Funktion zukommen, vielleicht mehr noch als der Philosophie oder der akademischen Theologie. So wird im Argonautenepos des griechischen Dichters Apollonios von Rhodos (295 – 215 v. Chr.) vom Selbstmord der Königstochter Kleite nach dem gewaltsamen Tod ihres Gatten Kyzikos berichtet. Und wir erfahren, dass sich die Tränen der sterbenden Kleite in eine lebendige Quelle verwandelten.[29] Ich meine, wir könnten diese Szene – ansatzweise – als schemenhaftes Sinnbild für eine gewisse ›Verewigung‹ der Gattentreue und der Partnerbeziehung interpretieren.

Die überwältigende Macht der Geschlechterliebe, in Verbindung mit Sterben und Tod, ist ein Hauptthema der Literatur aller Zeiten und natürlich auch der antiken Dichtung. Die ›Aitiopis‹ zum Beispiel, ein dem griechischen Dichter Arktinos von Milet (7. oder 8. Jahrhundert v. Chr.) zugeschriebenes Epos, schildert die berühmte – später von römischen Dichtern wie Vergil und Properz aufgegriffene – Szene, wie Achilles, der fast unverwundbare Held, im Trojanischen Krieg die schöne Amazonenkönigin Penthesilea tödlich verwundet, sich dann aber in die Sterbende verliebt und seine Tat aufs Bitterste bereut.

Schon um die Mitte des 6. vorchristlichen Jahrhunderts wurde dieses Thema auf griechischen Vasen sehr eindringlich dargestellt. Faszinierend wirkt eine rotfigurige Schale des ›Penthesilea-Malers‹ (ca. 460 v. Chr.).[30] Bis in die Neuzeit blieb der tragische Kampf zwischen Achilles und der Amazonenkönigin ein beliebtes Sujet, etwa für den dänischen Bildhauer Bertel Thorvaldsen, der die Statuette ›Achilles und Penthesilea‹ (1801) geschaffen hat.

Liebe kann, wie das Beispiel von Achilles und Penthesilea zeigt, zur Quelle von Trauer und Leid werden. So erzählt auch der griechische Dichter Parthenios von Nikaia (2./1. Jhdt. v. Chr.) in seinen ›Erotika Pathemata‹, den ›Liebesleiden‹:

> Skellis und Agassamenos, Söhne des Hektor aus Thrakien, unternahmen (…) einen Raubzug auf die Peloponnes und die benachbarten Inseln. Bei einer Landung in Thessalien verschleppten sie viele Frauen, darunter auch Iphimede, die Ehefrau des Aloeus, und ihre Tochter Pankrato. In diese entbrannten beide in Liebe und töteten sich gegenseitig.[31]

Einer gewissen Komik entbehrt diese schnelle Problemlösung nicht. Die beiden verschleppten Frauen, so könnte man sich vorstellen, werden sich ins Fäustchen gelacht haben.

In einer anderen Episode der ›Liebesleiden‹ aber steht eindeutig die *Trauer*, die grenzenlose Traurigkeit im Vordergrund. Sehr schön und wirklich zu Herzen gehend schildert der Dichter die Liebesgeschichte von Rhesos und Arganthone. Zuletzt berichtet Parthenios von Nikaia, wie die junge Frau ihren Gatten im Trojanischen Krieg verliert. Der altgriechische Dichter schließt die Trauergeschichte mit den Worten:

Als Arganthone von seinem [Rhesos'] Tod erfuhr, ging sie wieder zu der Stelle, wo sie das erste Mal mit ihm geschlafen hatte, irrte hier umher und rief immer den Namen »Rhesos«. Schließlich verweigerte sie Essen und Trinken und wurde wegen ihrer Trauer aus den Reihen der Menschen entfernt.

Mit dem Tod beider Liebender scheint alles vorbei zu sein. Den Gedanken einer Wiedervereinigung der Liebenden auf einer anderen, überirdischen, Seins- und Kommunikationsebene finden wir bei Parthenios von Nikaia nicht einmal andeutungsweise.

Zumindest aber in der Weise der *Sehnsucht* hat die Idee der ›Unsterblichkeit‹, eines glückseligen Lebens in der ungetrübten Schönheit einer jenseitigen Welt, auch in der abendländischen Antike einen Platz. So beschrieb der griechische Dichter Achilleus Tatios (2. Jhdt. n. Chr.) in seinem Roman ›Leukippe und Kleitophon‹, wie die Liebenden getrennt werden und sich erst spät, nach vielen Prüfungen und vielen Gefahren, miteinander vereinen können. Dabei ist wichtig: Das Motiv ›Trennung und Vereinigung‹ hat im Liebesroman des Achilleus Tatios wohl nicht nur eine diesseitige Bedeutung, sondern zugleich eine transzendente, ins Jenseits verweisende Komponente. Dementsprechend lesen wir im ›Lexikon der antiken Literatur‹ über ›Leukippe und Kleitophon‹:

Vermutlich spiegelt sich in diesem Roman der Mythos von Isis und Osiris. In diesem Sinne handelt es sich (...) um eine Verbildlichung des Sturzes der Seele in die Materie, der Irrfahrt durch das Leben und der Aufnahme in die rettende Isisreligion bzw. der Heimkehr in das Jenseits nach dem Tode.[32]

In einem ähnlich religiösen – oder ›esoterischen‹ – Sinne kann auch der Liebesroman ›Daphnis und Chloe‹ des griechischen Dichters Longos von Lesbos (2./3. Jhdt. n. Chr.) gedeutet werden. Daphnis und Chloe leben als elternlose Kinder bei Hirten, werden voneinander getrennt, finden sich wieder und lernen sich lieben. Auch hier geht es nicht nur ums rein Irdische. Dem ›Lexikon der antiken Literatur‹ zufolge zeigt der Roman das unendliche, *Alles* umgreifende Walten des »Welteros«, d.h. der liebenden »Urpotenz« des Schöpfers allen Lebens.[33]

Der Liebes- und Hirtenroman des Longos von Lesbos wurde zur Vorlage für viele Werke der europäischen Dichtkunst, z.B. für das Hirtenspiel ›Aminta‹ (1573) des italienischen Dichters Torquato Tasso. Musikalisch wurde die antike Erzählung in das Ballett ›Daphnis et Chloé‹ (1912) von Maurice Ravel umgesetzt.

11. »Ewige Wonne, ewiges Schweben«

Allerdings sind Texte wie ›Leukippe und Kleitophon‹ von Achilleus Tatios oder ›Daphnis und Chloe‹ von Longos von Lesbos im literarischen Umfeld der heidnischen Antike eher eine Ausnahmeerscheinung. Sie können den Gesamtbefund nicht ändern: In den gängigen Jenseitsvorstellungen der griechischen und ebenso, wie sich zeigen wird, der römischen Antike überwiegt sehr deutlich die negative Sicht.

Das ›Leben‹ der Toten im Hades bzw. im Orkus ist alles andere als lebenswert. Es ist ein lichtloses Dasein von ausgezehrten, traurigen Schatten. Lediglich das – nur sehr Wenigen vorbehaltene – Weiterleben im (bei Homer in der ›Odyssee‹ nur am Rande erwähnten) *Elysium* kann als wünschenswerte Form des ewigen Lebens gelten. Doch immerhin, einige Mysterienkulte der hellenistischen Zeit versprachen ihren Mitgliedern ein ausgesprochen *lustvolles* Leben nach dem Tode. »In den Mysterien des Dionysos etwa galt das andere Leben als ein ausgelassenes Fest mit bacchischem Bankett, Musik, Tanz und Liebesfreuden«.[34]

Auch in manchen Kunstwerken aus späteren Jahrhunderten können wir einen Blick ins antike Elysium werfen, vor allem bei Friedrich Schiller. In seinem weltberühmten (1785 entstandenen, von Ludwig van Beethoven für seine 9. Sinfonie vertonten und 1985 zur Europahymne erkorenen) Gedicht ›An die Freude‹ hat Schiller die Ideale der Freundschaft, der Geschlechterliebe, der Menschheitsverbrüderung in Verbindung mit dem »Elysium« gepriesen:

Freude, schöner Götterfunken,
Tochter aus Elysium,
Wir betreten feuertrunken,
Himmlische, dein Heiligtum!
Deine Zauber binden wieder,
Was die Mode streng geteilt,
Alle Menschen werden Brüder,
Wo dein sanfter Flügel weilt. (…)
Wem der große Wurf gelungen,
Eines Freundes Freund zu sein;
Wer ein holdes Weib errungen,
Mische seinen Jubel ein! (…)[35]

Die Freude wird hier vergöttlicht, als »Himmlische« wird sie verherrlicht, als »Tochter aus Elysium« wird sie angerufen. Dass mit dem Begriff ›Elysium‹ eigentlich kein irdischer, sondern ein *weltjenseitiger* Zustand gemeint ist, kommt in einem anderen Text Friedrich Schillers, im Frühwerksgedicht

›Elysium‹, noch deutlicher heraus. Der Himmel, der postmortale Zustand des menschlichen Glücks, wird dort in höchsten Tönen besungen:

Vorüber die stöhnende Klage!
Elysiums Freudengelage
Ersäufen jegliches Ach –
Elysiums Leben
Ewige Wonne, ewiges Schweben,
Durch lachende Fluren ein flötender Bach.[36]

Elysium, die ›Insel der Seligen‹ (von Homer am äußersten Westrand der Erde angesiedelt), war in der griechischen Mythologie das Land, in das die Auserwählten, die Lieblinge der Götter, vor allem die Heroen und Kriegshelden, versetzt werden – ohne den Tod zu erleiden.[37] Doch wie schon bei Platon, wurde in späteren Zeiten (bei Cicero, Vergil und anderen Autoren) das Elysium gewissermaßen demokratisiert: Es galt als paradiesischer Ort, der die besonders Gerechten, die außergewöhnlich Frommen, nach dem Tode erwartet.

12. Die elysischen Freuden

Den ansonsten, wie schon angesprochen, sehr düsteren Hadesbildern zum Trotz sind aus dem Hellenismus (unabhängig von den Mysterienkulten z.B. des Gottes Dionysos) mehrere Gedichte bekannt, denen die Vorstellung von einem *seligen* Leben nach dem Tode zugrunde liegt. Ein Grabepigramm von Karphyllides, einem Dichter wohl aus dem 3./2. Jahrhundert v. Chr., lautet so:

Klage nicht, Wanderer, gehst du an meinem Grabmal vorüber!Meinem
Tode zum Trotz brauche ich Mitleiden nicht (...).
Schmerzlos entschlief ich. Da weihten sie mir erquickende Spenden,
schickten zur Ruhe mich dann unter die Seligen fort.[38]

Der fiktive Sprecher weilt im Elysium, im Reich der seligen Geister. Später, in der Renaissancezeit, lieferte das Elysium Material für die Beschreibung des christlichen Paradieses. Friedrich Schiller nun griff die Renaissance-Tradition der Verknüpfung des Himmels mit dem Elysium auf. Das elysische Leben, die Freuden des Himmels, stellte er in seinem Poem als eine Krönung der *Gattenliebe* dar:

Hier umarmen sich getreue Gatten,
Küssen sich auf grünen, samtnen Matten,
Lieb gekost vom Balsam-West;
Ihre Krone findet hier die Liebe,
Sicher vor des Todes strengem Hiebe,
Feiert sie ein ewig Hochzeitfest.

Vergessen wir nicht: In Homers ›Odyssee‹ ist das Elysium noch keineswegs – jedenfalls nicht eindeutig und eher unwahrscheinlich – »ein ewig Hochzeitfest«. Denn nur dem Spartanerkönig Menelaos, dem mythologischen Schwiegersohn des Zeus, verheißt der Meeresgott Proteus den Einzug ins Elysium. Helena aber, die schöne Gattin des Menelaos, wird von Proteus zwar beiläufig erwähnt. Doch dass Helena (immerhin die, wenn auch uneheliche, Tochter des Zeus!) nun gleichfalls im Elysium wohnen solle, davon ist in der ›Odyssee‹ nicht die Rede.

In Schillers Gedicht freilich wird das Elysium »ein ewig Hochzeitfest«. Mit dieser Deutung könnte sich der neuzeitliche Dichter zwar nicht auf Homer, wohl aber – wie sich zeigen wird – auf manche römische Autoren berufen.

Bei der Auslegung der Schiller-Kantate müssen wir allerdings den biographischen Hintergrund bedenken: Sein frühes Gedicht ›Elysium‹ integrierte Schiller im Jahre 1803 in eine Textsammlung (›Anthologie auf das Jahr 1782‹), die als Teil eines literarischen Wettstreits gedacht war. Friedrich Schiller reagierte damit auf Veröffentlichungen anderer Autoren, z.B. des pietistischen Dichters Friedrich Gottlieb Klopstock. Manche Texte in Schillers ›Anthologie‹ sind polemisch-satirisch. Friedrich Schiller hat sie später selbst – so der Philologe Werner Kittstein – »als Ausdruck eines jugendlichen Dilettantismus bezeichnet. Einige dieser Texte, so auch ›Elysium‹, ahmen bewusst den hohen hymnischen Ton Friedrich Klopstocks nach.«[39]

Schillers Poem, das die Vorstellungen eines antiken Himmels mit christlichen Gedanken vermischt, hat möglicherweise einen parodistischen Charakter. Doch ob Schiller seine eigenen Verse nun vollständig ernst genommen hat oder nicht, sein Gedicht ›Elysium‹ steht jedenfalls für eine Himmelsvorstellung, die auch und gerade die Gattenliebe in das jenseitige Leben mit hinein nimmt.

Möge er sie haben und besitzen
und sich in Psyches Armen
ewiger Liebe erfreuen!
Lucius Apuleius

Kapitel II Liebe und Tod in der römischen Antike

Mit dem antiken ›Elysium‹ verbinden sich die Begriffe ›ewig‹ bzw. ›unsterblich‹. Was aber könnte das Wort ›Unsterblichkeit‹ eigentlich meinen? Ist an eine sich ins Endlose erstreckende *Zeit* zu denken, an ein nie aufhörendes, ›ewiges‹ Dasein auf der Erde? Oder eher an einen ›Moment‹, an einen verdichteten ›Augenblick‹, der die endgültige *Ernte* des irdischen Lebens, ja die unverlierbare *Erfüllung* der menschlichen Sehnsucht nach Liebe ist?

Eine Unsterblichkeit in diesem letzteren Sinne – der dem antiken griechischen Denken freilich noch weitgehend fremd war – hätte der Held Odysseus wohl schwerlich zurückgewiesen. Denn sie hätte ihm das große, unzerstörbare Glück bringen können: vereint mit seiner Gattin Penelope *und* mit der Nymphe Kalypso *und* mit vielen Gefährten *und* mit dem Ganzen der Schöpfung: der wundervollen, geheimnisreichen Welt.

Nicht bei Homer, dem Dichter der ›Odyssee‹ und der ›Ilias‹, auch nicht in den Liebesgesängen der römischen Dichter

Catull und Ovid, wohl aber bei - wenn auch wenigen - anderen Autoren der griechischen wie der römischen Antike finden wir, schattenhaft, die Idee einer Rettung der Partnerbeziehung im Jenseits bzw. den Gedanken einer Vereinigung mit dem Geliebten im Todesmoment. Überhaupt bietet die antike Poesie sehr beachtenswerte Beispiele für die Affinität von Geschlechterliebe und Todessehnsucht, für die Verquickung von Liebesfreuden und Liebesleid, für den Zusammenhang von Partnerliebe und Opferbereitschaft, gelegentlich auch für die *Transzendenz* einer liebevollen Paarbeziehung - die über sich selbst hinausweist ins Universale und Ewige.

Die Macht der Liebe kann stärker sein als alle anderen Mächte der Welt. Die Mythologien aller Völker wissen davon in oft drastischen Bildern zu erzählen. In den Liebeselegien des römischen Dichters Properz z.B. führt der Sprecher (um sich gegen den Vorwurf zu verteidigen, dass er der eigenen Liebe allzu sehr huldige und seine Liebesfesseln nicht sprenge) gleich mehrere Beispiele für berühmte Menschen aus der griechischen Mythologie an, die sich ebenfalls der Übermacht der Liebe gebeugt hätten:

Medea zwang flammenschnaubende Stiere unter ein stahlhartes Joch und säte Streit in einen Boden, aus dem Krieger wuchsen; sie schloss den Schlund des wilden Hüterdrachens, damit das Goldene Vlies ins Haus von Iason gehen konnte. In ihrem Ungestüm wagte es Penthesileia vom See Maiotis einst, zu Pferd die Schiffe der Danaer mit Pfeilen zu beschießen, doch als der Goldhelm ihr Antlitz freigab [nachdem Achilles sie mit seiner Lanze durchbohrt hatte], besiegte ihre strahlende Schönheit den Besieger. Die Lyderin Omphale, die im See des Gyges badete, war so berühmt für ihre Schönheit, dass der Held [Herakles], der an den Grenzen der von ihm befriedeten Welt Säulen errichtet hatte, ihr mit seinen harten Händen weiche Wollstränge spann.[40]

Dieser langen Aufzählung, diesen emphatischen Beschreibungen des Dichters Properz nach ist die Geschlechterliebe, die erotische Anziehung, die stärkste Macht auf Erden. In der antiken Dichtung freilich endet diese Art von Liebe oft tragisch und manchmal abrupt.

Allerdings ist die inhaltliche Bandbreite zum Thema ›Geschlechterliebe‹ in der antiken Literatur und in der Wirklichkeit des antiken Lebens sehr groß. Sie reicht von der Prostitution bis zur unbedingten wechselseitigen Treue der Partner.

Die eheliche Untreue, überwiegend von Seiten der Männer, war in der Antike – nicht anders als heute – sehr verbreitet. Pompeji zum Beispiel, eine Stadt mit 20.000 Einwohnern, hatte 25 Bordelle. Es gab gewöhnliche Freudenhäuser und es gab – im antiken Griechenland wie in Rom – die sozial anerkannten Hetären, die es (wie die Kurtisanen in der Renaissance oder im 18./19. Jahrhundert) gelegentlich zu legendären Einkünften brachten. Übrigens galt es, wie die neueste Forschungsliteratur belegt, für einen römischen Familienvater auch keineswegs als Bruch seiner Ehe, wenn er mit einer Sklavin, einer Prostituierten oder einer Hetäre sexuellen Verkehr hatte.[41]

Selbstverständlich waren solche Verhältnisse, die ja in vielen Gegenden der Welt noch heute völlig normal sind, mit einer massiven Benachteiligung des weiblichen Geschlechts verbunden: Die Frau als schutzlose Beute der männlichen Dominanz und des überschüssigen männlichen Sexualtriebs! Eine Ungerechtigkeit, eine Ungleichheit von Mann und Frau, die zum Himmel schreit.

Doch immerhin ist zu vermerken: Die Stellung der Hausfrau innerhalb der Familie war in Rom von Anfang an etwas freier als im alten Griechenland. Und in spätrepublikanischer Zeit, im Gefolge der Punischen Kriege seit der Mitte des 3. vorchristlichen Jahrhunderts, wurde die Frau noch selbstständiger[42] und dem Manne ebenbürtiger (wenn auch nicht ebenbürtig!) und konnte unter Umständen ihre Ehe auflösen – freilich ohne dass die patriarchalische Gesellschaftsordnung damit grundsätzlich in Frage gestellt wurde.

Es sollte auch nicht übersehen werden, dass es die Hochform der Partnerliebe und somit die Anerkennung einer Gleichwertigkeit der Geschlechter in Einzelfällen immer gegeben hat. Wie oben im Abschnitt I erörtert wurde, gab es schon in der griechischen Antike sporadisch die Idee einer wahrhaft glücklichen – und völlig gleichberechtigten – Paarbeziehung von Mann und Frau, die sogar *über den Tod hinaus* Bestand hat.

Die Fragwürdigkeit, die Begrenztheit, die Endlichkeit der irdischen Partnerliebe ist nur *ein* Aspekt in den folgenden Ausführungen. Zum anderen soll anhand von literarischen Beispielen aus der römischen Antike gezeigt werden: Die Liebe ist nicht nur die stärkste Macht der *Erde*, sie kann zugleich eine ›Himmelsmacht‹ sein, die die Erde hinter sich lässt und gewissermaßen den Blick ins ›Jenseits‹ – einen winzigen Spalt breit – frei gibt.

Beide Gesichtspunkte, die Endlichkeit und die potentielle Unendlichkeit der Liebe, sind zu bedenken. In diesseitiger wie in jenseitiger Perspektive wird die leidenschaftliche Liebe von Mann und Frau – die Liebe von ›unsterblichen Paaren‹ – bei herausragenden römischen Dichtern wie Catullus, Vergil, Ovid, Tibullus, Propertius und Apuleius besprochen.

1. Catull und Lesbia

Eine ewige, ›elysische‹ Glückseligkeit kennen in der vorchristlichen Antike nur sehr wenige Autoren. Die *irdische* Liebe indessen, die *vergängliche* Liebe von Mann und Frau, kommt in der antiken Literatur wahrhaftig nicht zu kurz. Eines der bekanntesten Beispiele für den antiken Lobpreis der erotischen Leidenschaft ist die Poesie des früh verstorbenen römischen Dichters Gaius Valerius Catullus, der in der Zeit zwischen ca. 85 und ca. 54 v. Chr. gelebt hat.

Von Catulls Leben wissen wir relativ wenig. Er stammte aus Verona in Norditalien und kam im Alter von etwa zwanzig Jahren nach Rom. Seine Herkunftsfamilie war sehr reich und gehörte dem Ritterstand an. Man besaß unter anderem ein großes Landgut am Gardasee und eine Villa in Rom. Wäre es nach dem Vater gegangen, hätte Catull eine politische Karriere gemacht. Doch dazu hatte der junge Mann keine Lust. Während die römische Republik unter großen Turbulenzen ihrem Ende entgegenging, interessierten Catull die Dichtkunst, die Freundschaft, die Liebe und das Schöne weitaus stärker.

Künstlerisch orientierte sich Catullus hauptsächlich an dem hellenistischen Dichter Kallimachos von Alexandrien (ca. 310 – ca. 245 v. Chr.). Stark beeinflusst war er auch von der altgriechischen Lyrikerin Sappho, die im 7. Jahrhundert v. Chr. auf der Insel Lesbos lebte. Sapphos metrische Formen wurden für Catull zum Vorbild. Er wurde zum führenden Vertreter der Neoteriker (eines Kreises von Poeten, die sich als neue Generation verstanden und sich von der römischen Dichtungstradition abgrenzten). Seine berühmten ›Carmina‹ – kleinere und größere Gedichte mit unterschiedlichen Versmaßen – wurden in späterer Zeit mehrmals vertont, u.a.

von Carl Orff (›Catulli Carmina‹, 1943 uraufgeführt in Leipzig).

Eines der meistzitierten Catull-Gedichte ist Carmen Nr. 85:

Hass erfüllt mich und Liebe. Weshalb das?, so fragst du vielleicht mich.
Weiß nicht. Doch dass es so ist, fühl ich und quäle mich ab.[43]

Wie schrecklich verliebt der Dichter bzw. sein lyrisches ›Ich‹ in eine gewisse »Lesbia« war, zeigt exemplarisch Carmen Nr. 51: Catull besingt ihr reizend süßes Lachen, das ihn »aller Sinne« beraubt. »Schwer und lahm« wird ihm die Zunge, wenn er Lesbia sieht, und »wie von Flammen« durchzuckt es den Armen. Seine Ohren brausen und es wird ihm »schwarz wie Nacht vor den Augen«.[44]

Die Verbindung mit der Geliebten wird als lähmend-bedrohlich und zugleich als inspirierend, als absolut beglückend empfunden. Was nun Catulls Liebeskonzeption betrifft, dürfte Carmen Nr. 5 von zentraler Bedeutung sein. Der Text lautet:

Leben, Lesbia, wollen wir und lieben!
Was sie schwatzen die allzu strengen Alten,
Soll uns alles nicht einen Pfennig wert sein!
Sonnen sinken hinab und kehren wieder;
Unser winziges Licht, erlischt es einmal,
Dann umfangen uns Nacht und Schlaf für ewig.
Gib der Küsse mir tausend und dann hundert,
Dann noch tausend und noch ein zweites Hundert,
Und so immerzu tausend und noch hundert.
Sind's dann recht viele Tausend, bringen wir sie
Durcheinander, auf dass wir nichts mehr wissen
Und damit uns kein schlechter Mensch es neide,
Wenn er weiß, dass es soviel Küsse waren.

2. Eine ausweglose Leidenschaft

Das »Leben« wird hier gleichgesetzt mit unersättlicher Liebe, mit inniger Zärtlichkeit, mit dem brennenden Verlangen nach Gegenliebe. Von welcher Frau aber ist in den Versen Catulls die Rede? Die Adressatin dieser Liebeslyrik, »Lesbia«, ist mit Sicherheit ein Pseudonym, das die geliebte Frau mit der Dichterin Sappho von Lesbos vergleichen will. Wer mit »Lesbia‹ nun wirklich gemeint war, ist in der Forschung freilich umstritten. Am ehesten kommt Clodia in Betracht, wohl eine Schwester des berüchtigten Volkstribunen Publius Clodius Pulcher, die vermutlich mit dem römischen Politiker Caecilius Metellus Celer verheiratet war und wegen ihres ausschweifenden Lebenswandels in Verruf geriet.[45]

Die ersten Verse des Carmen Nr. 5 legen den Schluss nahe, dass man in Rom von der Beziehung Catulls zu seiner Geliebten wusste. Doch wer auch immer sich hinter »Lesbia« in Wirklichkeit verbergen mag, die Aussagen Catulls im besagten Gedicht (und in vielen anderen Liedern) haben, über das Autobiographische hinaus, eine allgemeinere Bedeutung. Fußend auf alter römisch-griechischer Tradition verweisen sie auf die Vergänglichkeit des Lebens, auf die Hinfälligkeit aller Schönheit, allen Glücks und somit auch der Geschlechterliebe, für die es nach dem Tod kein Weiterleben gibt.

Die Zahlen für die ersehnten Küsse sind zwar insofern Metaphern der Unendlichkeit, als sie die Maßlosigkeit des Begehrens und den Wunsch, das Liebesglück möge ins Grenzenlose verlängert werden, poetisch zum Ausdruck bringen. Andererseits aber wollen diese Hyperbeln natürlich nicht wörtlich verstanden werden. Denn in den Versen 10 und 11 wird der ganze Zahlenturm wieder umgestürzt. Eine Erwartung, die Liebe werde den Tod überdauern, gibt es hier nicht. Was für den antiken Dichter zählt, ist nur das Hier und Jetzt im Sinne des Horazischen »Carpe diem!« (»Genieße den Tag!«).

Wie Catull schon im 3. Carmen hervorhebt, wird der Orkus, das finstere Totenreich, alles verschlingen. Auch mit der Liebe wird es dann aus und vorbei sein. Gleichwohl nimmt der Dichter die Liebesbeziehung zu Lesbia sehr ernst. Er stattet sie mit derselben Würde aus, die sonst nur der ehelichen Verbindung zukommt. Und völlig neu ist bei Catull, dass er – entgegen allen römischen Gepflogenheiten – den Mann als den Unterwürfigen darstellt und die Geliebte als Herrin, der er sogar ihre Fehltritte verzeiht: was dann weiterwirkt bei den nachfolgenden Elegikern, etwa bei Properz und Tibull.

Wie der Großteil der Gedichte erhellt, scheint Lesbia die Liebe Catulls bzw. des lyrischen ›Ich‹ nur für eine äußerst kurze Zeit erwidert zu haben. Unter der ständigen Untreue der Geliebten litt der Autor – oder zumindest sein literarisches ›Ich‹ – wie ein Verrückter. Lesbia wurde für ihn zur Ursache größter Liebesqualen, ja zur Auslöserin von Untergangsängsten, von schweren Existenzkrisen. Er wollte von dieser Frau loskommen und blieb ihr dennoch – wie vor allem Carmen 85 illustriert – in einer hochkomplizierten ›Hassliebe‹ verfallen.

Die Situation schien ausweglos. Noch nicht einmal der Tod konnte, aus der Sicht Catulls, eine Lösung bringen. Denn die antike Unterwelt kennt kein Erbarmen, keine Versöhnung, keine Liebe.

3. Dido und Aeneas

Halten wir fest: Die Vorstellung einer *postmortalen* Fortsetzung – oder gar Erfüllung – der Partnerliebe war für

Catullus undenkbar. Aber könnte sich, so fragten sich andere Dichter und Denker, für besondere Paarbeziehungen nicht doch auch im *Jenseits* eine Nische finden? Manche Schriftsteller der Antike scheinen dies anzunehmen, wenn auch sehr vage und eher okkult.

Im literarisch bedeutenden, zwischen 29 und 19 v. Chr. entstandenen Versepos ›Aeneis‹ des römischen Dichters Publius Vergilius Maro (70 – 19 v. Chr.) werden – im Zusammenhang mit erotischer Liebe – die Pforten des Jenseits, d.h. des finsteren Totenreichs und des lichtvollen Elysiums, sehr weit aufgeschlossen: für den Helden Aeneas, eine wichtige Figur aus der griechisch-römischen Mythologie.

Vergils bekanntes, sehr viele Motive der ›Odyssee‹ bzw. der ›Ilias‹ aufgreifendes Heldenepos enthält zwölf Bücher mit insgesamt ca. 10.000 Hexameterversen. Dieses antike Meisterwerk hat frühchristliche Theologen wie den Kirchenvater Augustinus und in späterer Zeit vor allem den italienischen Dichter Dante Alighieri stark beeinflusst. Auch in der neuzeitlichen Kunst und Musik, z.B. in der Oper ›Les Troyens‹ (1858) von Hector Berlioz, hat Vergils ›Aeneis‹ nachgewirkt. Und für das Fernsehen wurde ›Die Äneis‹ im Jahre 1970 von dem italienischen Regisseur und Drehbuchautor Franco Rossi verfilmt.

Das zentrale Thema der ›Aeneis‹ ist eine politische Vision: die Größe, der Glanz, die Herrlichkeit Roms und seine nie endende Herrschaft. Relevant für meine spezielle Untersuchung, wichtig für meine Überlegungen im Blick auf ›unsterbliche Paare‹ in Kunst und Literatur ist aber ein gänzlich anderer, ein metaphysischer Aspekt, der im sechsten Buch der ›Aeneis‹ ausführlich behandelt wird: Dort nämlich betritt der Titelheld (ein Sohn der Göttin Venus und des Königs Anchises) die Unterwelt und begegnet Dido, seiner verstorbenen Geliebten.

Die geschichtliche Haupthandlung erzählt mythologisch von den Ereignissen bis zur Gründung des römischen Imperiums. Geschildert werden die Flucht des – mit Crëusa, der Tochter des trojanischen Königs Priamus, verheirateten – Aeneas aus dem brennenden Troja und seine ausgedehnten Irrfahrten, die ihn zuletzt nach Latium führen, wo er zum Stammvater der Römer werden soll. Doch zuvor noch landet der umherirrende, auf Geheiß der Göttin Juno von Seestürmen getriebene und von seiner Gattin Crëusa (die er im untergehenden Troja verloren hat) getrennte Flüchtling in Nordafrika an der Küste Karthagos, wo ihn die Königin Dido sehr gastlich empfängt.

Aeneas' Mutter Venus, die Göttin der Liebe und der Schönheit, arrangiert souverän mit Hilfe des Gottes Amor, dass sich die verwitwete Dido in Aeneas verliebt – wobei der Dichter die erotische Leidenschaft als etwas höchst Gefährliches, als Gift, als zerstörerische Flamme erscheinen lässt. Im vierten Buch der ›Aeneis‹ nun kommt es zur offenen Liebesaffäre zwischen Aeneas und Dido: zu einer, wie Dido es nennt, ›eheähnlichen Verbindung‹ (die aus der Sicht des Autors Vergil freilich eine ›unerlaubte‹ Beziehung ist: wohl auch deshalb, weil Dido ihrem ermordeten Gatten Sychaeus versprochen hatte, sich nach dessen Tode nie mehr auf einen anderen Mann einzulassen).

Was nun das Liebesleben und die nähere Zukunft des Aeneas betrifft, scheint sich die göttliche Venus nicht ganz einig zu sein mit dem Göttervater Jupiter. Denn im Auftrag Jupiters erinnert der Götterbote Merkur den Helden Aeneas an seine eigentliche Sendung: Er solle zum Ahnherrn des römischen Reiches werden und könne also nicht in Karthago und nicht bei Dido verweilen. Im Konflikt zwischen individueller *Freiheit* (zur Liebe) und übergeordneter *Verantwortung* (gegenüber dem Willen der Götter) entscheidet sich Aeneas für die politische Verantwortung: Roms Ahnherr zu werden ist für ihn das höhere Gut als die Liebe zu Dido.

Der pflichtbewusste Aeneas gehorcht also den Göttern Jupiter und Merkur und verlässt unverzüglich Karthago. Als Dido von der plötzlichen Abreise des Liebhabers erfährt, nimmt sie sich in ihrer Verzweiflung das Leben.

4. Ein Fiasko in der Unterwelt

Nach seiner Landung an der Westküste Italiens steigt Aeneas – begleitet und geführt von der Sibylle von Cumae, einer aus Babylon stammenden Priesterin des Apollo – hinunter ins Totenreich. Am Höhepunkt dieser Jenseitsreise lernt er das Elysium kennen: das Land der Seligen, wo er den berühmten Sänger Orpheus antrifft, dann eine Reihe von Helden, Priestern, Erfindern und Künstlern und schließlich seinen Vater Anchises. In diesen elysischen, mit enormen Privilegien ausgestatteten Gefilden messen sich einige Bewohner im Kampfspiel, andere »stampfen im Reigentanz bei fröhlichen Liedern«.[46]

Ähnlich wie schon der griechische Lyriker Pindar (ca. 518 – 446 v. Chr.) und der griechische Philosoph Platon (ca. 428 – 348 v. Chr.)[47] trennt Vergil die Welt der Toten in unterschiedliche Abteilungen: Im Tartarus wohnen die schweren Frevler, die von der Erlösung und auch von der ›Seelenwanderung‹ (einer Wiederverkörperung auf der Erde) für immer ausgeschlossen sind und ewige Qualen erleiden. Im Elysium hingegen erfreuen sich die erlösten, die absolut guten bzw. endgültig gereinigten Seelen – es sind nur wenige und auch bei Vergil wohl nur Männer! – des unzerstörbaren Glücks und der vollkommenen Seligkeit. Eine andere Gruppe der Verstorbenen bilden die Seelen, die zwar gut gelebt haben, aber zur Rückkehr auf die Erde bestimmt sind (freilich nicht ohne zuvor in die ›Lethe‹, in den ›Fluss des Vergessens‹, eintauchen zu müssen).

Zu einer weiteren Unterwelt-Gruppe zählt Dido, die verlassene Geliebte des Aeneas. Auf den »Feldern der Trauer«,[48] dem Aufenthaltsort der allzu früh Verstorbenen und der »schuldlos durch eigene Hand« ums Leben gekommenen Seelen, erkennt der Held diese vergrämte, diese enttäuschte, ja maßlos verbitterte Frau, die von der Erde geschieden ist »in schwerem Kummer der Liebe« und die noch jetzt im Souterrain der Welt »mit frischer Wunde« herumläuft. Unter Tränen und »voll inniger Liebe« spricht Aeneas sie an und versucht, seine eilige Abreise aus Karthago zu rechtfertigen, als »der Götter Befehl«.

Doch es kommt zu einer beklemmenden, schrecklichen Szene: Dido, die aufs Tiefste verletzte Frau, reagiert mit versteinerter Miene. Sie würdigt Aeneas keines einzigen Blickes und wendet sich endgültig von ihm ab. Sie entflieht »in den schattigen Hain, wo ihr früherer Gatte Sychaeus ihr in zärtlichem Gruß die Liebe mit Liebe erwidert«.

Mit Sychaeus, ihrem rechtmäßigen Mann, also kann Dido in wechselseitiger Zuneigung kommunizieren – selbst noch im Orkus, im sonst so kläglichen Totenreich. Zur Versöhnung mit Aeneas aber ist sie nicht bereit und nicht fähig.

Ihr abweisendes Verhalten wirkt jedoch keineswegs unerklärlich. Denn Aeneas hat seinen politischen Auftrag ja höher gestellt als die Liebe zu ihr! Die Sympathie Vergils, des an der Verherrlichung Roms interessierten Dichters, gilt zwar recht eindeutig seinem Helden Aeneas. Aber ein gewisses Verständnis auch für die unglückliche Dido scheint mir bei Vergil doch mitzuschwingen.

Ist Aeneas an Dido oder Dido an Aeneas *schuldig* geworden? Man könnte sich ja, vom ethischen Standpunkt her, fragen: Wie soll man die Liebesaffäre von Aeneas und Dido grundsätzlich beurteilen? Als Untreue, als Sünde? Nach der Flucht aus Troja musste Aeneas mit der Möglichkeit rechnen, dass seine Gattin Crëusa noch lebt. War seine Beziehung mit Dido also ein Ehebruch? Aber ist eine moralische Bewertung hier überhaupt sinnvoll? Können Aeneas und Dido denn wirklich in Freiheit entscheiden? Sind sie nicht Spielbälle des Schicksals, sind sie nicht ohnmächtige Marionetten in der Hand von rivalisierenden Gottheiten?

Wir könnten diese Liebesepisode im römischen Epos aber auch – auf einer anderen Betrachtungsebene, unabhängig vom antiken Götterglauben – in einem allgemein menschlichen Sinne verstehen: als Gleichnis für die mögliche Tragik und die möglichen Verstrickungen in der menschlichen Partnerbeziehung. So gesehen können wir fragen: Was haben Dido und Aeneas als Paar uns zu sagen?

Paartherapeutisch gesehen, werden wir unterstreichen müssen: Diese Liebesgeschichte *konnte* gar nicht gelingen, weil sie aufgrund einer Intrige (einer ›Zauberei‹ der Göttin Venus) zustande kam und weil sie keine Entwicklungschance hatte. Überdies war die Paarbeziehung von Aeneas und Dido dadurch belastet, dass Aeneas wohl kaum in der Lage war, eine echte ›Trauerarbeit‹ bezüglich der verlorenen Gattin Crëusa zu leisten. Und schließlich stand die Verbindung Aeneas/Dido unter keinem guten Stern, weil wohl auch Dido, die Witwe des Sychaeus, für eine neue Liebesbeziehung nicht vorbereitet war.

Für eine solide Partnerbindung zwischen Aeneas und Dido fehlten also die psychischen und sozialen Voraussetzungen. Mir ist hier freilich ein essentiell anderer, die irdischen Sphären hinter sich lassender Gesichtspunkt noch wichtiger:

die Frage nach dem *jenseitigen*, endgültigen Schicksal einer tief angelegten, aber auf Erden ohne Erfüllung gebliebenen Liebesbeziehung.

Im Falle von Dido und Sychaeus gibt es – in der Darstellung Vergils – eine jenseitige Perspektive, wenn auch nicht gerade als ewige Seligkeit, so doch immerhin als gegenseitige Tröstung der Liebenden. Im Falle von Dido und Aeneas aber gibt es nicht nur keine diesseitige, sondern erst recht keine jenseitige Perspektive. Die Paarbeziehung endet für immer in einem Fiasko. Es gibt für diese wahrlich tragische Liebe keine Heilung, keine Vergebung, keine Erlösung – auch keine Erlösung durch *Gott*. Eine christliche Sichtweise der bedingungslosen Liebe und des unbegrenzten Erbarmens Gottes, wie sie späteren Dichtern und Künstlern prinzipiell offenstand, war dem ›heidnischen‹ Autor Vergil noch verschlossen.

5. Die Liebesdichtung Ovids

Für Dido und Aeneas wird es eine unsterbliche Liebe, eine jenseitige Vollendung nicht geben. Abgesehen von einzelnen Ausnahmen – wie den Seligen des Elysiums – sind die Jenseitsbilder der Antike eben wenig verlockend.

So gab sich Publius Ovidius Naso (43 v. Chr. – ca. 17 n. Chr.), einer der bekanntesten Dichter des antiken Rom, mit jenseitigen Welten gar nicht erst ab. Gerade auch in der großen, zu Recht hoch gerühmten Liebesdichtung Ovids geht es nicht um den Himmel, sondern um ein glückliches Leben hier auf der Erde. Zwar schrieb Ovid im Dritten Buch seiner Liebesgedichte, dass sich die Dichter Tibull und Catull im Elysium begegnen würden.[49] Ansonsten aber spielt das Jenseits bei Ovid keine ernsthafte Rolle.

Ovid ist eine wichtige Persönlichkeit, eine Säule der europäischen Kulturgeschichte. Was aber wissen wir über seine Vita? Leider stützt sich unsere Kenntnis allein auf Ovids Angaben im eigenen poetischen Werk. Als gesichert kann gelten: Ähnlich wie vierzig Jahre zuvor Catull widersetzte sich Ovid dem Wunsch seines wohlhabenden Vaters, eine Ämterlaufbahn einzuschlagen. Er zog es vor, ein Dichter zu werden, und gewann – wahrscheinlich – den römischen General und Aristokraten Messalla Corvinus zum mächtigen Gönner. Messalla war ein beachtlicher Kenner der Literatur und ein ›Mäzen‹ der Dichtkunst, vergleichbar mit Maecenas (ca. 70 – 8 v. Chr.) selbst, dem prominenten Förderer der Autoren Properz, Vergil und Horaz.

In Rom studierte Ovid Rhetorik und Rechtswissenschaft. Schon früh populär geworden, hielt er sich auch weiterhin meistens in Rom auf, wo er mit Dichtern wie Horaz und Properz verkehrte. Er heiratete in jungen Jahren, doch seine erste und seine zweite Ehe hielten nur sehr kurze Zeit. Ovid ließ sich zweimal scheiden, was für einen Mann im damaligen Rom eine »unkomplizierte und alltägliche Angelegenheit«[50] war. Seiner dritten Ehefrau, Fabia, indessen blieb er bis zum Lebensende in großer Liebe zugeneigt. Als Ovid im Jahre 8 n. Chr. von Kaiser Augustus (aus bis heute nicht klar erkennbaren Gründen) in die Verbannung ans Schwarze Meer geschickt wurde, betraute er seine – gerade in den obersten Rängen der römischen Gesellschaft sehr einflussreiche – Gattin Fabia mit der Regelung seiner Belange in Rom.

Ein poetisches Hauptthema Ovids ist die geschlechtliche Liebe. Dabei geht es in seinen Liebesgedichten ›Amores‹ (ca. 25 – 16 v. Chr.) und in seinem Lehrgedicht ›Ars amatoria‹ (um 1 v. Chr.) – wie auch in allen anderen Werken Ovids – allein um die *diesseitige* Liebe. Während diese irdische Liebe von Mann und Frau in ›Ars amatoria‹ als Kunstfertigkeit, als erlernbare Technik beschrieben wird, schildert in der Sammlung ›Amores‹ ein Ich-Erzähler Naso seine schwierige, sehr wechselvolle Liebesbeziehung zu einem Mädchen namens Corinna.

Auch in Ovids ›Heroiden‹ (ca. 10 v. Chr.) steht die Geschlechterliebe im Zentrum. In diesem Kunstwerk – das die Kenntnis griechischer Mythen beim Leser voraussetzt – beklagen achtzehn berühmte Frauen aus der antiken Mythologie die, wirkliche oder vermeintliche, Untreue ihrer Ehemänner bzw. Liebhaber und versuchen sie zur Rückkehr zu bewegen. Es handelt sich um fiktive Sehnsuchtsbriefe z.B. Penelopes an Odysseus, Phaedras an Hippolyt, Didos an Aeneas, Ariadnes an Theseus, Medeas an Jason, Helenas an Paris oder Heros an Leander. Alle diese Frauen halten an ihrer Partnerliebe mehr oder weniger fest. In Ovids, um die Zeitenwende entstandenen, Werk ›Remedia amoris‹ indessen finden wir »Heilmittel« gegen die Liebe, d.h. Ratschläge, wie man die Liebe am besten beenden kann, wenn sie nicht mehr gut läuft.

Die ›Metamorphosen‹ (ca. 3 – 8 n. Chr.) Ovids schließlich sind ein großartiges, in Hexametern verfasstes Epos, das in fünfzehn Büchern ca. 250 Sagen und Mythen verarbeitet – darunter auch eine Reihe von Liebesgeschichten. Nicht zuletzt die ›Metamorphosen‹ begründeten die nachhaltige Wirkung Ovids auf spätere Autoren und bildende Künstler.

»Fast 2000 Jahre sind seit Ovids Tod vergangen – und doch hat er seither ohne Unterbrechung immer sein Publikum gefunden und fasziniert.«[51] In ihrer Monographie über Ovid hat die Altphilologin Katharina Volk die Ovid-Rezeption vom Mittelalter bis zur Gegenwart sehr eingehend besprochen. Ich fasse, angelehnt an Volks Untersuchung, zusammen: Im Hochmittelalter war Ovid so beliebt, dass das 12. und 13.

Jahrhundert heute als »Ovidisches Zeitalter« bezeichnet werden. Die ›Carmina Burana‹ zum Beispiel, eine Sammlung von sehr vulgären und höchst respektlosen Gedichten aus dem 11., 12. und 13. Jahrhundert, preisen Ovid als den großen Liebeslehrer. Auch der englische Dichter Geoffrey Chaucer (ca. 1343 - 1400) stellt Ovid in der Rolle des Experten für sexuelle Liebe im Dienste der Göttin Venus dar.

In der bildenden Kunst der Renaissance und des Barock wurden Ovids ›Metamorphosen‹ zur wichtigsten Quelle der Malerei und der Bildhauerei: etwa im Gemälde ›Jupiter und Io‹ (um 1530) von Correggio, in der zauberhaften, die Ästhetik der nackten jungen Weiblichkeit verherrlichenden Komposition ›Diana und Actaeon‹ (um 1559) von Tizian oder in der ebenfalls sehr erotischen Skulpturengruppe ›Apollo und Daphne‹ (um 1625) von Lorenzo Bernini.

Wie aktuell Ovid bis heute geblieben ist, zeigen schließlich – neben Stanley Kubricks Film ›Eyes Wide Shut‹ (1999) – die zahlreichen »Ovidromane« (Katharina Volk), die gegen Ende des 20. und zu Beginn des 21. Jahrunderts erschienen sind: z.B. ›Das Wolfskind‹ (1978) von David Malouf, ›Die letzte Welt‹ (1988) von Christoph Ransmayr, ›Ovids Schatten‹ (1995) von David Wishart, ›Der Liebeskünstler‹ (2001) von Jane Alison. In all diesen Werken gilt Ovid als Autorität in Sachen Liebeskunst und antiker Mythologie.

6. Die Lust am erotischen Spiel

Eingebunden in den mythologischen Kontext geht es in Ovids Frühwerk ›Amores‹ um den spielerischen Umgang mit Eros und Sexualität. Im 5. Gedicht des Ersten ›Amores‹-Buchs zum Beispiel schildert der 18- oder 20-jährige Dichter eine

Begegnung mit dem Mädchen Corinna. Es heißt da in hoch erotischer Sprachkunst:

Heiß war der Tag und eben vorbei die mittlere Stunde;
Hatte die Glieder bequem mitten aufs Lager gestreckt.
Wenig geöffnet das Fenster, der andere Laden geschlossen,
Wars ein Licht, wie des Walds dämmernder Schatten es birgt,
Oder wie Abendschein nachfolgt der entschwundenen Sonne,
Oder wenn morgens die Nacht weicht und noch säumet der Tag.
Solch ein Dämmer, er wär für geschämige Mädchen das Rechte,
Leiht der furchtsamen Scheu Schleier und deckenden Schutz.
Siehe, Corinna erscheint! Umweht vom wallenden Kleide,
Frei verteilt sich das Haar über den schimmernden Hals:
So trat einst ins Gemach Semiramis' prangende Schöne,
Meldet die Sage, so kam Laïs, der mancher erlag.
Wollte das Kleid ihr entziehn; war leicht auch und spärlich die Hülle,
Kämpfte sie doch um den Schutz, den das Gewand ihr noch bot,
Kämpfte indessen wie eine, der nichts am Siege gelegen;
Unschwer ward sie besiegt durch ihren eignen Verrat.
Stand nun mir vor den Augen, gefallen war alle Verhüllung:
Auf und ab ohne Fehl strahlte und Makel der Leib.
Was für Schultern, wie schön zu schaun und fassen die Arme!
Brüste, wie fest! Ihre Form fordert die pressende Hand.
Nach der gemeißelten Brust wie blank dann der Leib und wie eben!
Edel die Hüfte und voll! Schenkel von Jugend gestrafft!
Aber was zähl ich es her? Ich sah, und ich sah nur Vollkommnes!
Dichter drückt ich und dicht an mich die nackte Gestalt.
Was dann kam, weiß jeder. Ermattet ruhten wir beide.
Wollt, mir gediehe noch oft also die Mitte des Tags![52]

Schon im Deutschen klingen diese Verse recht schön und verlockend, im Lateinischen aber noch sehr viel eleganter und kunstvoller. Was die autobiographische Relevanz der

›Amores‹-Gedichte betrifft, ist allerdings Vorsicht geboten. Das lyrische ›Ich‹ nennt sich zwar »Naso«, es trägt also den Beinamen Ovids. Doch mit dem Autor darf es nicht einfach identifiziert werden. Und auch die Geliebte namens Corinna ist sehr wahrscheinlich ein literarisches Konstrukt.

In einem der Gedichte rühmt sich das ›Ich‹, seine Freundin Corinna innerhalb einer einzigen Nacht gleich neunmal sexuell beglückt zu haben:

Dass in gedrungener Nacht neunmal mich Corinna gefordert,
Weiß ich noch gut, und dass ich neunmal die Prüfung bestand.[53]

Ob wir solche Sprüche nun für bare Münze nehmen oder nicht – jedenfalls herrscht in den ›Amores‹ die Vorstellung, sexuelle Lustbefriedigung sei das Allerwichtigste im Leben. Denselben Eindruck vermittelt die ›Ars amatoria‹, die ›Liebeskunst‹ des jetzt 42-jährigen Dichters Ovid.

7. Ovid und das andere Geschlecht

Im Dritten Buch der ›Ars amatoria‹ wird das Liebesspiel, nach den eindringlichen Empfehlungen des Autors, in mehreren Varianten beschrieben – aus männlicher wie aus weiblicher Sicht:

Ist ihr Gesicht wunderschön, dann soll auf dem Rücken sie liegen;
Die, der ihr Rücken gefällt, soll man vom Rücken her sehn. (...)
Die, deren lange Seite so hübsch ist, dass gern man sie anschaut,
Drücke die Knie aufs Bett, biege den Hals leicht zurück.
Sind ihre Schenkel jugendlich, makellos auch ihre Brüste,
Stehe der Mann, während sie schräg übers Lager sich streckt. (...)
Tausend Spiele kennt Venus; sehr einfach ist's, auch wenig mühsam,

Liegt sie nach rechts geneigt da, halb auf den Rücken gelehnt. (...)
Bis in ihr innerstes Mark gelöst soll die Frau alle Wonnen
Spüren; das Lustgefühl soll gleich groß für beide dann sein.
Nicht sollen schmeichelnde Worte verstummen und liebliches Flüstern,
Lockere Worte solln nicht aufhören mitten im Spiel.[54]

Die Schönheit, die Anmut des weiblichen Körpers wird hier gefeiert – im ästhetischen Sprachspiel, das die Leser/innen, sofern sie einen Sinn für Erotik haben, entzückt. Und Frauen, die das erotische Spiel, aus welchen Gründen auch immer, nicht so großartig finden, empfiehlt Ovid:

Du auch, der die Natur es versagt hat, Lust zu verspüren,
Täusche mit künstlichem Laut süße Empfindungen vor.

Ein solches Verhalten, das der Dichter lobenswert findet, wird in der Realität einer Partnerbeziehung wohl gar nicht so selten praktiziert. Ich frage mich nur, ob ein derartiger ›Betrug‹ auf weiblicher Seite wirklich so ratsam ist. Die – vermeintliche oder tatsächliche – Unfähigkeit einer Frau, sexuelle Lust zu empfinden und die Liebe zu genießen, kann ja sehr unterschiedliche Gründe haben. Die Ursache könnte auch im Verhalten des Partners liegen. Doch für ›frigide‹ Frauen hat Ovid in der ›Liebeskunst‹ nur ein Wort des Bedauerns und des Mitleids:

Unglücklich ist das Mädchen, bei welchem die Stelle, die gleiche
Lust Mann und Frau schenken soll, stumpf und empfindungslos ist.

Das dritte und letzte Buch der ›Ars amatoria‹ schließt ab mit den Versen:

Wie einst die Männer soll jetzt auch die Mädchenschar auf ihre Beute
Schreiben, wenn sie sie weiht: »Dies hat mich Naso gelehrt.«

Natürlich ist Ovids Poesie etwas Schönes. Inhaltlich aber wäre zu fragen: Geht es in der Liebe von Mann und Frau primär um die Sinnlichkeit, um die Attraktivität, den Reiz, die Ausstrahlung des Körpers? Beschränkt sich die ›Liebeskunst‹ auf das menschliche Vermögen, die Anziehungskraft der Geschlechter optimal - d.h. abwechslungsreich, in allen nur denkbaren Positionen, möglichst verführerisch, im Höchstmaße lustvoll - zu gestalten? Lust und Phantasie in der erotischen Liebe scheinen mir schon wichtig, gewiss. Aber es gibt in einer guten Paarbeziehung noch sehr viel Anderes und Wichtigeres. In späteren Schriften Ovids jedenfalls finden wir eine wesentlich differenziertere Auffassung von Eros und Liebe, eine Sichtweise, die den *ganzen* Menschen im Blick hat.

Ovids Menschenbild - und auch sein Frauenbild - ist durchaus komplex und keineswegs reduzierbar auf die körperliche Liebeskunst. Das Frauenbild des römischen Dichters näher zu beschreiben und umfassend zu analysieren, würde freilich den Rahmen meiner ›Kulturgeschichte‹ sprengen. So begnüge ich mich mit der Feststellung der Ovid-Kennerin Katharina Volk:

> Frauen spielen (…) nicht nur statistisch eine prominente Rolle in Ovids Werk, der Dichter scheint auch außergewöhnliches Interesse an der Erforschung der weiblichen Perspektive zu haben. Mythologische Frauen erhalten (…) die Möglichkeit, ihre Sicht des Geschehens zu erzählen (…). Ovids besondere Konzentration auf Frauen ist daher unbestritten, doch in der Frage, wie diese zu interpretieren sei, weichen die Literaturkritiker weit voneinander ab. Zum einen wurde erklärt, dass Ovid gegenüber Frauen besonders einfühlsam sei (…) und vor allem in der Gleichberechtigungsfrage Positionen beziehe, die geradezu als protofeministisch gelten könnten. Andere Leser und Leserinnen haben seine Darstellung von Frauen jedoch als sexistisch oder sogar misogyn empfunden.[55]

8. Apollo und Daphne

Wahrscheinlich besteht ein Zusammenhang zwischen Ovids – von Kaiser Augustus als zu freizügig angesehenen – Liebesdichtung (besonders im Lehrgedicht ›Ars amatoria‹) und der Verbannung des Dichters ans Schwarze Meer. Augustus wollte den herkömmlichen römischen Sittenkodex bezüglich Ehe und Familie aufs Neue bekräftigen und wiederherstellen. Dass Ovid beim Kaiser in Ungnade fiel, dürfte zwar auch (oder vor allem) politischen Hintergründen zuzuordnen sein.[56] Aber die unkonventionelle Einstellung Ovids zu Sexualität und Liebe wird ebenfalls eine wichtige Rolle gespielt haben.

Als Ovid im Jahre 8 n. Chr. ins Exil geschickt wurde, hatte er gerade seine ›Metamorphosen‹, seine ›Verwandlungsgeschichten‹, zum Abschluss gebracht. Diese Dichtung Ovids ist eines der bekanntesten mythologischen Werke der Weltliteratur und hatte, wie schon erwähnt, einen sehr großen Einfluss auf die Literatur und die bildende Kunst des Mittelalters, der Renaissance- und der Barockzeit. In mythischen Bildern beschreiben Ovids ›Metamorphosen‹ die Entstehung und die Geschichte der Welt. Besonders interessant sind vor allem die Liebesgeschichten, die dieses Werk enthält: unter anderem die ›Verwandlungsprozesse‹ bei Pyramus und Thisbe, Apollo und Daphne, Philemon und Baucis oder Orpheus und Eurydike.

Von Apollo und Daphne zum Beispiel erzählt uns der Mythos bzw. der Dichter Ovid: Apollo, der Gott des Lichtes, des Frühlings und der Künste, verliebt sich unsterblich in die Bergnymphe Daphne – eine jungfräuliche Jägerin, eine Priesterin der Mutter Erde. Aber Daphne kann diese Liebe nicht erwidern (weil der Liebesgott Eros es anders beschlossen hat). Als Apollo das heiß begehrte Mädchen immer heftiger bedrängt, ergreift Daphne die Flucht und wird von Apollo verfolgt. In ihrer Not bittet sie ihren göttlichen Vater Penaios, er möge ihre liebreizende Gestalt verwandeln. Allsogleich erstarren ihre Glieder – und sie wird zu einem Lorbeerbaum. Ihre »weichen Brüste werden von zarter Rinde umschlossen«, ihre Haare werden zu Laub, ihre vollen Arme werden zu Ästen. Der unglückliche, noch immer in Liebe entbrannte Apollo kann nur noch das Holz des Baumes umarmen und küssen – »doch das Holz weicht vor den Küssen zurück«.[57]

Die bildende Kunst hat diese dramatischen Szenen in vielfachen Variationen, in phantastisch-aufreizenden Bildern wiedergegeben, z.B. auf hinreißend schönen Gemälden von Nicolas Poussin (1625), von Peter Paul Rubens (ca. 1636), von Théodore Chassériau (1846) oder von John William Waterhouse (1908). Ovids Verwandlungsgeschichte wurde auch mehrmals vertont, u.a. durch Heinrich Schütz (1627), Georg Friedrich Händel (1708) und Richard Strauss (1938).

Natürlich provozierte der Mythos von Apollo und Daphne die verschiedensten Deutungsversuche. Christliche Leser – bzw. Betrachter der künstlerischen Darstellungen – neigten zu einer moralisierenden Interpretationsweise. So verfasste Kardinal Maffeo Barberini (1568 – 1644), der spätere Papst Urban VIII., für den Sockel der besonders sinnlichen (zwischen 1622 und 1625 entstandenen) Bernini-Statue ›Apollo und Daphne‹ ein lateinisches Epigramm, das besagt, dass »der Liebende, welcher den Freuden ›flüchtiger‹ Schönheit nachjagt, nichts als Blätter erwischen oder bittere Früchte pflücken wird«.[58] Die Inschrift des geistlichen Würdenträgers verkündet somit die Botschaft: Körperliche Schönheit, vor allem die weibliche Pracht, ist vergänglich. Der Vernünftige, der Weise sollte also nach Höherem streben – nach *Gott.*

Ob im Falle des klugen, mit dem Philosophen und Naturwissenschaftler Galileo Galilei befreundeten Kardinals Barberini dieses theologische ›Argument‹ wirklich dominierte, ist allerdings fraglich. Vielleicht wollte der Kirchenmann den Bewunderern der (heute in der Villa Borghese in Rom zu besichtigenden) Marmorgruppe des Bildhauers Lorenzo Bernini nur die sinnliche Freude ein wenig vergällen. Oder er wollte – umgekehrt – die sittenstrengen, die allzu spröden Betrachter der Bernini-Statue beschwichtigen.

9. Philemon und Baucis

Darin hatte der italienische Kardinal Barberini zweifellos Recht: Der Ruhm der Welt, die Schönheit der Kunst und die Anmut des menschlichen Körpers sind der Vergänglichkeit unterworfen. Ob nun aber die *Partnerliebe* von Mann und Frau etwas ›Unsterbliches‹ sein kann, ob sie in irgendeiner Form in der Ewigkeit Gottes einen Bestand haben wird, bleibt dennoch eine offene Frage – eine Frage, der sich die griechisch-römische Antike kaum stellte.

Im Blick auf die Unsterblichkeit der Liebe eher unergiebig ist auch der griechische Mythos von Philemon und Baucis. Ovid hat diesen Mythos höchst kunstvoll beschrieben. Später wurde er von Dichtern und Schriftstellern wie Johann Wolfgang von Goethe, Kurt Tucholsky, Max Frisch, Bertolt Brecht oder Leopold Ahlsen wiederverwendet und umgestaltet.

Wie alle Mythen der Antike wurden auch Philemon und Baucis zur unerschöpflichen Inspirationsquelle für Kunst und Musik in allen Kulturepochen. Musikalisch wurde der Mythos im Singspiel ›Philemon und Baucis‹ (1777) von

Joseph Haydn verarbeitet sowie in der gleichnamigen Oper von Charles Gounod (1860). Aus der bildenden Kunst sind – neben sehr vielen anderen Darstellungen – die Bilder der Barockmaler Adam Elsheimer (1608) und Peter Paul Rubens (1625) zu nennen, ferner das Skulpturenpaar ›Philemon und Baucis‹ (1981) von Carl Andre, einem amerikanischen Bildhauer, sowie die Collagen (1983/1989) von Wolfgang Hildesheimer, einem deutschen Schriftsteller und Maler.

Wir können ›Philemon und Baucis‹ als die Geschichte einer großen Liebe verstehen, die wirklich Bestand hat und während des irdischen Lebens nicht aufhört. Diese wundersame altgriechische Erzählung, die im 8. Buch der ›Metamorphosen‹ Ovids tradiert wird, ist zweifellos sehr schön und sehr anrührend – weil sie von einem Ehepaar berichtet, das in Frieden miteinander alt wird, ohne dass den beiden die Liebe jemals abhandenkommt.

So viel zum Inhalt dieser Liebesgeschichte: Philemon und Baucis, die in einer kleinen Hütte wohnen, nehmen den Göttervater Iuppiter/Zeus und dessen Sohn Mercurius/Hermes (die incognito eine Stadt der Menschen besuchen) in ihrer Hütte auf und üben Gastfreundschaft. Nur durch einen Zufall erkennen sie die Götter und entschuldigen sich für das kärgliche Mahl, das sie ihnen bereitet haben. Doch die Götter zeigen sich überaus dankbar. Sie belohnen das alte Ehepaar, indem sie die ärmliche Hütte in einen goldenen Tempel verwandeln und die beiden zu Priestern bestellen. Außerdem wollen sie den Eheleuten ihren Wunsch nach einem gleichzeitigen Tod im hohen Alter erfüllen.

Die Götter wirken hier sehr sympathisch, sehr gnädig. Und Philemon und Baucis verkörpern das Ideal eines auf die Dauer glücklichen Paares. Sie sind eine literarische Köstlichkeit, ein großartiges Sinnbild für die gelingende Partnerbeziehung von Mann und Frau. Das ist nun wirklich nicht wenig! Ein Gefühl des Unbehagens überkommt mich aber doch. Denn für Philemon und Baucis, die von den Göttern ein gemeinsames Sterben erbitten, bringt die Erfüllung ihrer Bitte kein erneuertes Leben, keine personale Vollendung, keine Verewigung, keine weitere Vertiefung ihrer-Partnerbeziehung.

Nein, die Gunst der antiken Götter bringt allein das, wenn auch zeitgleiche, *Ende* des Lebens – nicht aber die ewige Seligkeit, nicht die Wiedervereinigung der Liebenden im Jenseits. Denn der Tod verwandelt das liebende Paar ja lediglich in zwei Bäume, in eine Linde und eine Eiche, die sich – so verstehe ich die Bildsymbolik des Dichters Ovid – nicht mehr zu erkennen, nicht mehr zu berühren und also auch nicht mehr zu lieben vermögen. Es sei denn, wir stellen uns vor, dass die Bäume außerordentlich eng beieinander stehen und sich gewissermaßen umarmen. Aber auch in diesem Falle wäre mir ein derartiger ›Himmel‹ zu statisch, zu unattraktiv und zu wenig lebendig.

10. Der allzu menschliche Himmel

Mehr als ein langes und glückliches Leben auf Erden und *mehr* als ein gemeinsames Ableben im hohen Alter können sich Philemon und Baucis offenbar nicht vorstellen. Bestand nun – generell – in der Sicht der heidnischen Antike das höchste Glück, das es für Liebes- oder Ehepaare geben konnte, im gemeinsamen Tod nach einem erfüllten Leben zu zweit?

So allgemein, so grundsätzlich wird man das nicht behaupten können. Bezeichnend scheint mir aber, dass auch im wenig bekannten, die lebenslange Partnertreue beschwörenden Liebesroman ›Chaireas und Kallirhoë‹ des griechischen Schriftstellers Chariton von Aphrodisias (wohl

1. Jhdt. n. Chr. oder früher) die unsterblich verliebte Generalstochter Kallirhoë – nach dem Happy End ihrer Sehnsuchtsgeschichte – zur Liebesgöttin Aphrodite betet: »Ich bitte dich, trenne mich nicht mehr von Chaireas, sondern gewähre uns ein glückliches Leben und einen gemeinsamen Tod!«[59]

In der Perspektive Charitons wie auch Ovids scheint es eine Weiterführung oder gar eine Vervollkommnung der Partnerbeziehung in einem postmortalen Leben wohl nicht zu geben. Während bei diesen beiden Autoren das Leben im Jenseits kein wirkliches Thema ist, kennt die römische Antike andererseits auch durchaus lebendige, ja sehr lustvolle Jenseitsbilder. In den ›Elegien‹ des römischen Dichters Albius Tibullus (um 55 – 19 v. Chr.) zum Beispiel wird ganz ungeniert erzählt, wie die erotisch-geschlechtliche Liebe im Jenseits, in den elysischen Fluren, dank des Geleits durch die Göttin Venus noch fortbesteht.

Die idealen Verhältnisse des ›Goldenen Zeitalters‹ (das ist in der antiken Mythologie die friedliche, als Glückseligkeit verstandene, dem biblischen ›Paradies‹ entsprechende Urzeit der Menschheitsgeschichte) werden bei Tibullus aufgegriffen und – ziemlich naiv – übertragen auf das postmortale Elysium: wo sich die Schar der ausgelassenen Jünglinge, »gemischt mit zärtlichen Mädchen«,[60] ohne Ende des Spieles und des Tanzes erfreut und wo besonders auch die erotische Liebe gefeiert wird – was übrigens ›Das goldene Zeitalter‹ (ca. 1530), ein bekanntes Gemälde von Lucas Cranach dem Älteren, sehr schön illustriert.[61]

Was in Tibulls Elysium freilich fehlt, ist der Gedanke einer *Verwandlung* des Menschen in der Jenseitigkeit Gottes. Bei Albius Tibullus geht nach dem Tode alles so weiter, wie es zuvor schon gewesen ist, nur eben noch reizvoller und schöner. Eine Höherentwicklung der Liebe gibt es hier nicht.

Ebenso irdisch wie das Jenseitsbild des Tibullus, aber etwas weniger freundlich wirkt die ›Himmels‹-Vision des römischen Liebes-Elegikers Sextus Propertius (um 48 – 15 v. Chr.). Er berichtet von der Liebe des elegischen Ich zu einem Mädchen namens Cynthia. Sie wird als bezaubernde »Herrin« beschrieben, die den Dichter durch ihre schlanke Gestalt und ihre schönen Augen gefangen hält. Doch sie stirbt eines allzu frühen Todes. In einer der Elegien des Autors Properz wird allerdings vom Traum des ›Ich‹ erzählt, in welchem ihm die – vor kurzem bestattete – Geliebte Cynthia erscheint und sich bitter beklagt, dass er ihr nicht über ihren Tod hinaus treu geblieben sei.

Am Schluss aber sagt Cynthia dem Geliebten für den Fall seines Todes voraus: »Mögen andere Frauen dich jetzt besitzen, so werde ich bald allein dich behalten: bei mir wirst du sein, und mein Skelett wird dein Skelett eng umschlungen reiben.«[62] Drastisch und makaber also schließt Cynthias Rede mit einer Anspielung auf den Geschlechtsakt in einer anderen Welt.

Eine insgesamt doch sehr unzureichende, eine *allzu* menschliche, ja unendlich traurige Himmelsvorstellung! Ob bei Homer oder in anderen griechischen Mythen, ob bei Catull, Vergil oder Ovid, ob bei Tibullus oder Propertius – eine wirklich befriedigende, eine menschlich überzeugende, eine gedanklich reflektierte, eine theologisch im Ernst zu verantwortende Rede vom ›ewigen Leben‹ und von der möglichen Partnerliebe im ›Himmel‹ finden wir bei antiken Dichtern des Abendlandes nirgendwo.

11. Amor und Psyche

Doch immerhin, die Idee einer himmlischen Vereinigung der Liebenden, wie sie in Friedrich Schillers ›Elysium‹ besungen wird, hat ihre Vorbilder in der Antike, im Mittelalter, in der Renaissance, im Barock. Die Frage ist – kulturgeschichtlich und vor allem auch theologisch – sehr interessant: Was enthüllen die literarischen Vorläufer des Schiller-Gedichts über die antiken bzw. späteren Vorstellungen von einer Geschlechterliebe im Jenseits?

Schon die Tatsache als solche verdient unser Augenmerk: Der Traum von einer Unsterblichkeit der Partnerbeziehung ist ein verbreitetes, aber noch wenig beachtetes Motiv in der Musik, in der bildenden Kunst und in der Weltliteratur. So ist die Verewigung der Liebe von Mann und Frau in der jenseitigen göttlichen Welt ein Hauptthema auch des berühmten Märchens von Amor und Psyche, das im – literarisch bedeutsamen – ›Metamorphosen‹-Roman (um 160/170 n. Chr.) des römischen Dichters Lucius Apuleius enthalten ist.

In der altrömischen Mythologie ist der geflügelte Amor, als halbwüchsiger Sohn der Göttin Venus und des Kriegsgottes Mars, ein schalkhafter Bote der Liebe, der mit seinem Pfeil in die Herzen trifft und dadurch, nicht ohne Bosheit, seine Opfer zur Liebe verführt. In der Erzählung ›Amor und Psyche‹ nun wird Amor erwachsen. Er wird zum richtigen Ehemann und feiert – mit einer *irdischen* Frau – seine Hochzeit im Götterhimmel.

Zur Vorgeschichte im Märchentext des Lucius Apuleius: Die eifersüchtige Venus ist maßlos erzürnt über die zwar sterbliche, aber unbeschreiblich schöne, in ihrer Anmut sogar an Venus heranreichende Königstochter Psyche. Mithilfe ihres Sohnes Amor will Venus die allzu liebreizende Psyche ins Verderben stürzen. Der hinterlistige Auftrag an »ihren Jungen, jenen beflügelten Spitzbuben, der mit seinem schlechten Benehmen die öffentliche Zucht mißachtet, mit Flammen und Pfeilen bewaffnet nachts in fremden Häusern herumrennt, aller Leute Ehen zerstört, ungestraft ungeheure Schandtaten begeht und überhaupt nichts Anständiges tut«,[63] hat das Ziel, die junge Psyche unglücklich zu machen. Doch die Sache läuft anders, als die Göttin es wünscht. Denn Amor verliebt sich *ernsthaft* in die Prinzessin. Er geht mit Psyche eine tiefe Verbindung ein, besucht sie jede Nacht und zeugt mit ihr eine Tochter namens Voluptas (›Wollust‹, ›Wonne‹).

Eines Nachts freilich tappt Psyche in eine Falle der Göttin Venus. Getäuscht durch die Intrigen ihrer neidischen Schwestern zündet die Königstochter – verbotenerweise – eine Öllampe an und sieht so zum ersten Mal den schönen Körper des geflügelten Göttersohnes. Durch die Übertretung dieses Verbots treibt sie den entsetzten Liebhaber in die Flucht. Amor aber hält die Trennung von Psyche auf die Dauer nicht aus und bittet in seinem Kummer den Göttervater Jupiter um Hilfe – die ihm, überraschend, tatsächlich gewährt wird.

Jupiter nämlich verlangt in der Götterversammlung, die »jugendliche Geilheit« des Amor müsse »durch Ehefesseln unterbunden werden«. Der Göttersohn habe »sich ein Mädchen erwählt und der Jungfräulichkeit beraubt: möge er sie haben und besitzen und sich in Psyches Armen ewiger Liebe erfreuen!« Damit jedoch die Verbindung Amors mit einer sterblichen Frau nicht zur »Mesalliance« werde, sondern zu einer »gesetzmäßigen« Ehe, erhält Psyche die göttliche *Unsterblichkeit* zum Brautgeschenk. Und Jupiter bekräftigt noch obendrein, dass Psyches Ehe mit Amor »in Ewigkeit dauern« werde.

Im Märchen ›Amor und Psyche‹ wird also tatsächlich »ein ewig Hochzeitfest« (Friedrich Schiller) gefeiert. Allerdings müssen wir bei der Deutung des Märchens berücksichtigen, dass der gesamte ›Metamorphosen‹-Roman des Lucius Apuleius *parodistisch* angelegt ist. Als Persiflage zu verstehen ist gerade auch die himmlische Vermählungsszene, die einerseits das Zeremoniell der gesetzeskonformen Eheschließung und andererseits »die antiken Göttervorstellungen veralbert, die ja schon früh, z.B. vom griechischen Philosophen Xenophanes (ca. 570 – ca. 470 v. Chr.), scharf kritisiert wurden«.[64]

12. Die Gabe der Unsterblichkeit

Das antike Märchen ›Amor und Psyche‹ hat eine lange, kulturell und theologisch nicht unbedeutende Wirkungsgeschichte. Der Kunst- und Literaturhistoriker Christoph Wetzel erklärt:[65] Im christlichen Umfeld des Mittelalters wurde die Geschichte von Amor und Psyche uminterpretiert, d.h. sie wurde spiritualisiert und allegorisiert. Aus ›Amor und Psyche‹ wurde die philosophisch-theologische Grundlage einer sublimierten Liebestheorie. Das mythologische Liebespaar des römischen Dichters Apuleius wurde zum Inbild für das Verlangen der christlichen Seele (Psyche) nach der übersinnlichen, über die geschlechtliche Paarbeziehung hinausführenden Gottesliebe.

Eine weitere Umdeutung erfuhr das Märchen ›Amor und Psyche‹ durch das gleichnamige, 1798 entstandene Gemälde des klassizistischen Künstlers François Gérard. Die Titelfiguren des Bildes werden zu Symbolgestalten der erwachenden Partnerliebe. Das zärtliche, von Selbstsucht befreite Liebesverlangen des Menschen wird in der

Darstellung Gérards entscheidend aufgewertet: »Über Psyche schwebt«, so Christoph Wetzel, »ein Schmetterling, ein bereits in der Antike verwendetes Sinnbild der Seele und hier eine Andeutung der Transzendenz der geläuterten Erotik, die zuletzt von Jupiter durch Psyches Unsterblichkeit belohnt wird.«

Nicht weniger beeindruckend ist ein Ölgemälde, das Fürstin Luise von Anhalt-Dessau für das Schlösschen Luisium – ihr ›Elysium‹ – erwarb: ›Amor und Psyche‹ (1792) von Angelika Kauffmann, einer klassizistischen, mit Goethe befreundeten Malerin. Im Katalog ›Angelika Kauffmann – Eine Dichterin mit dem Pinsel‹ heißt es zu diesem wunderschönen Bild: »Die Tröstung Amors deutet auf die himmlische Hochzeit Amors und Psyches, die Vereinigung göttlicher Liebe mit der geläuterten menschlichen Seele.«[66]

Auch sonst ist die Paarbeziehung von Amor und Psyche ein überaus beliebtes, in vielen Variationen verbreitetes Sujet in der bildenden Kunst. An Skulpturen von Antonio Canova und Auguste Rodin wäre zu denken oder an Radierungen von Max Klinger. Für mich aber noch eindrucksvoller sind die Darstellungen des französischen Malers William Adolphe Bouguereau (1825 – 1905). Wie François Gérard zum Klassizismus neigend, malte Bouguereau mit Vorliebe Szenen aus der antiken Mythologie: zum Beispiel, anknüpfend an die italienische Renaissance, ›Die Geburt der Venus‹ (1879). Und er schuf zwei herausragende Spätwerk-Gemälde zum Märchen ›Amor und Psyche‹.

Das eine Bild aus dem Jahre 1890 zeigt Amor und Psyche als puttenartige Kinder, die sich allerliebst in die Arme schließen. Das andere Werk, ›Die Entführung der Psyche‹ (1895), gehört zu den faszinierendsten Bildern, die ich kenne. Es zeigt Amor und Psyche als erwachsenes Liebespaar – frei schwebend über einem Felsengebirge. Der fast nackte, geflügelte Amor strahlt wie ein leuchtender, übermenschlicher Held, wie ein schützender Engel, in dessen Armen die ›Seele‹ zur Ruhe kommt. Die ebenfalls nahezu unbekleidete Psyche schmiegt sich an ihn wie eine sehnsüchtige Braut. Sie ist – auch als ›Seele‹ – eine blühende, eine huldreich lächelnde Schönheit, die sich nur allzu gerne von ihrem Geliebten entführen lässt.

Auch Psyche trägt jetzt Flügel, nämlich Schmetterlingsflügel, die ja – nach Christoph Wetzel – die Transzendenz, die Unsterblichkeit der Liebe symbolisieren. Demnach könnte William Bouguereaus Gemälde als eine Art ›Himmelfahrt‹ gedeutet werden. Der Seele des Menschen sind in dieser Darstellung Flügel verliehen, Flügel des unvergänglichen Lebens. Ja, Himmel und Erde, erotische Sinnlichkeit und ewige Seligkeit gehen eine untrennbare Verbindung ein. Das Göttliche und das Menschliche, Amor und Psyche, sind also – dem antiken Mythos entsprechend – für immer vereint.

Doch zurück zum ursprünglichen Text, den ›Metamorphosen‹ des Lucius Apuleius. In der antiken Götterwelt, die dort geschildert wird, herrschen bekanntlich sehr weltliche Zustände. Über die Domestizierung Amors, über die Wandlung des Liebesgottes zum harmlos bürgerlichen Ehemann, der im Sinne des römischen Rechtes verheiratet ist, könnte man sich, dem Satire-Charakter der Dichtung entsprechend, aufs Beste amüsieren. Der grundlegende Gedanke jedoch, dass ein sterblicher Mensch – die Gattin Psyche – *um der Liebe willen* die Unsterblichkeit erlangen könne, scheint mir nun doch beachtenswert.

13. Die Sage von Alkestis und Admetos

Das Märchen von Amor und Psyche schließt wie so viele Märchen mit einem fröhlichen Fest und einer strahlenden Perspektive – der Aussicht auf glückseliges Leben in alle Ewigkeit. Auch die griechische Sage von Alkestis und Admetos nimmt, im Unterschied zu vielen anderen antiken Liebesgeschichten, ein gutes Ende. In der griechischen Urfassung hat der Mythos ein irdisches, in einer späteren – lateinischen – Version ein jenseitiges, *himmlisches* Happy End.

Der griechischen Mythologie nach war die schöne Königstochter Alkestis mit Admetos, dem König von Pherai, verheiratet. Admetos hatte es aber versäumt, der Göttin Artemis vor der Vermählung ein Opfer darzubringen. Die beleidigte Artemis sandte nun Schlangen ins Hochzeitszimmer des jungen Paares: zum Vorzeichen, dass Admetos sterben werde. Der mitfühlende Gott Apollon aber konnte den Moiren, den Schicksalsgöttinnen, die Zusage abgewinnen, dass Admetos gerettet werde – wenn ein anderer Mensch für ihn in den Tod ginge. So gab Alkestis ihr Leben für Admetos und wurde durch ihren stellvertretenden Opfertod zum Beispiel einer grenzenlosen Gattenliebe.

Im Drama ›Alkestis‹ (438 v. Chr.) des griechischen Dichters Euripides wird diese archaische Liebesgeschichte weiterentwickelt. Alkestis wird durch den göttlichen Herakles aus der Unterwelt befreit und mit Admetos erneut zu einer glücklichen Ehe auf Erden vereint. Doch ähnlich wie beim Mythos von Orpheus und Eurydike gibt es auch in der Alkestis-Sage unterschiedliche Fassungen. Nach einer anderen Version des antiken Mythos war Persephone, die Gattin des Unterweltgottes Hades, von der aufopfernden

Liebe der Alkestis so angerührt, dass sie ihr erlaubte, zu ihrem Gatten in die Oberwelt zurückzukehren.[67]

Sehr interessant sind auch die vielen – variantenreichen – künstlerischen Bearbeitungen des Alkestis-Stoffs in späterer Zeit: z.B. in Dramen von Mathilde Wesendonck, Hugo von Hofmannsthal und Thornton Wilder oder in klassizistischen Gemälden von Angelika Kauffmann, Friedrich Heinrich Füger und Frederic Leighton. Auch in der Musik wurde Alkestis zum großen Thema, z.B. in Opern von Georg Friedrich Händel und Christoph Willibald Gluck.

Bemerkenswert ist ferner der Umstand: Die literarische und bildliche Gestaltung der Sage feiert nicht nur die Gattenliebe, sondern ebenso die Mutterliebe der Alkestis. So stehen im Zentrum des Bildes ›Der Tod der Alkestis‹ (1790) von Angelika Kauffmann die zwei trauernden Kinder. Und auch schon im Bühnenstück des Euripides wird deutlich, dass Alkestis sowohl eine liebende Gattin als auch eine gute, treu sorgende Mutter ist.

Jetzt aber zum Hauptpunkt: In der zweiten Hälfte des 4. Jahrhunderts n. Chr. wurde anonym ein – erst 1982 veröffentlichtes – Alkestis-Fragment verfasst, das nicht nur als Beispiel für eine hingebungsvolle, das eigene Leben preisgebende Gattentreue zu verstehen ist, sondern darüber hinaus als (in der Antike seltenes!) Beispiel für eine unendliche, sogar ins *Jenseits* hinüberreichende Partnerbeziehung. Es handelt sich um einen Papyrus mit 124 lateinischen Hexametern, die vom stellvertretenden ›Sühnetod‹ der Alkestis, von ihrem Tod an Stelle des Ehemannes, berichten. Im Gegensatz zum griechischen ›Alkestis‹-Drama des Euripides ist in diesem lateinischen Text allerdings von keiner Errettung der Frau vor dem Sterben die Rede. Stattdessen geht es um eine Liebe, die die Grenze des Todes überschreitet. So lautet der Text:

Als die Pelias-Tochter [Alkestis] solches Weinen ihres Gatten bemerkte, da sagte sie aufschreiend: »Mich übergib dem Tod, mich, Gatte, übergib dem Grab! Ich gehe gern dahin. Ich bin es, die dir, Admet, ihre zukünftige Zeit schenkt. Wenn ich als Gattin für den Gatten sterbe, dann ist mein Ruhm nach meiner Bestattung groß (…) und ich werde immer die liebende Gattin sein.« (S. 177)[68]

14. Opfertod und Gattenliebe

Diese enge Verbindung von Gattenliebe und Streben nach Ruhm in den Worten der Alkestis scheint mir typisch für das antike Denken. Doch die junge Frau hat noch etwas Anderes, etwas *Weltjenseitiges* im Sinn: die Treue und die – auch erotisch-sexuell gedachte – Liebesgemeinschaft über den Tod hinaus. In ihrer ergreifenden Rede an den Gatten erklärt Alkestis:

»Nur darum bitte ich, im Begriff zu sterben, es möge dir nach meinem Tod nicht irgendeine angenehmer sein, damit diese nicht, mein Gatte, meine Spuren verdeckt. Mit der Tat und nicht lediglich mit dem Wort ehre du mich, und glaube, daß ich in der Nacht mit dir zusammenliege. Entschließe dich, in meinem Schoß meine Asche zu halten und sie mit furchtloser Hand zu berühren (…). Falls die Schatten zurückkehren, werde ich kommen und mit dir zusammenliegen. (…) Denn ich vergehe nicht und sterbe auch nicht.« (S. 177/79)

Die zum Sterben bereite Alkestis bittet ihren Gemahl, für die gemeinsamen Söhne, für die Unterpfänder ihrer Liebe, gut zu sorgen. Und sie schließt ihre Rede mit einer dringlichen Ermahnung, der Gatte möge ihrem Beispiel der grenzenlosen Partnerliebe folgen:

»Auch du lerne, für den lieben Gatten zu sterben, lerne von mir ein Beispiel der Gattenliebe.« (...) Zum Tod eilend lag Alcestis da, an den Gatten gepreßt, und bemerkte, im Begriff zu sterben, die Tränen ihres Mannes. (S. 179)

Wenn wir nun die Varianten des Alkestis-Mythos miteinander vergleichen, so stimmen alle Fassungen in dem Grundgedanken überein: Die wahre Liebe ist größer als der Tod. Im lateinischen Alkestis-Fragment aber kommt noch die, in ihrer Kühnheit durchaus weitergehende, Vorstellung hinzu: Die Liebe kann *so* stark sein, dass sie sogar im Jenseits fortbesteht.

Dieser Gedanke nimmt spätere – christliche oder dem Christentum nahestehende – Jenseitsbilder vorweg bzw. knüpft indirekt an vergleichbare Jenseitsbilder aus der frühchristlichen Zeit an.[69] Allerdings meint die christliche Jenseitshoffnung nicht nur die Rettung einzelner Liebespaare, sondern ein universales Heilsgeschehen. Denn der ›stellvertretende Sühnetod‹ Jesu Christi eröffnet aus neutestamentlicher (vor allem paulinischer) Sicht für die *ganze Menschheit* eine Lebensperspektive, die den Tod überwindet.

Einige wenige Texte aus der griechisch-römischen Antike scheinen partiell die zentrale Botschaft der neutestamentlichen Verkündigung vorauszuahnen: Die *göttliche* Liebe nimmt dem Tod seine Übermacht! Viele Christen, und zum Teil auch Nichtchristen, vertrauen dieser Botschaft des Lebens. Und so tönt es auch am Ende von Goethes ›Faust II‹ (der ansonsten nicht durchweg dem christlichen Glauben entspricht) aus dem Munde der Engel:

Wer immer strebend sich bemüht,
Den können wir erlösen.

Und hat an ihm die Liebe gar
Von oben teilgenommen,
Begegnet ihm die selige Schar
Mit herzlichem Willkommen.[70]

Über dieses Willkommen – die Aufnahme der Liebenden in die selige Schar der Erlösten – sollten wir noch weiter nachdenken und einschlägige Texte der Literatur (bzw. entsprechende Werke der bildenden Kunst) genauer betrachten.

Wenn ich gegangen bin
und einen Platz für euch vorbereitet habe,
komme ich wieder und werde euch zu mir holen,
damit auch ihr dort seid, wo ich bin.
Johannes 14, 3

Kapitel III
Unsterbliche Liebe im frühen Christentum

Liebespaare wie Medea und Jason im griechischen Mythos oder Aeneas und Dido in der Dichtung Vergils sind, in ihrer besonderen Tragik, literarische Beispiele für das mögliche Scheitern der Partnerbeziehung. Paare indessen wie Odysseus und Penelope im Heldenepos Homers oder Philemon und Baucis in Ovids ›Metamorphosen‹ sind poetische Leuchtzeichen für die Hoffnung auf eine beständige, wirklich dauerhafte Treue und Partnerliebe.

Aber auch so tragisch und so frühzeitig verstorbene Liebespaare wie Kleite und Kyzikos im Argonautenepos des Apollonios von Rhodos (wo der eine Partner dem anderen freiwillig in den Tod folgt) dürfen immer noch hoffen – vielleicht auch im Angesicht des Todes. Analog zum Todesschicksal der Königstochter Kleite und ihres jungen Ehemanns Kyzikos überliefern Vergil und Ovid den griechischen Mythos von Hero und Leander: Die Aphrodite-Priesterin Hero stürzt sich, als sie den Leichnam des Geliebten in den Tiefen des Meeres erblickt, aus Verzweiflung vom Turm. Der spätantike Dichter Musaios Grammatikos (um die Mitte des 5. Jhdt. n. Chr.) aber nennt diese Tat, in seinem Epyllion ›Hero und Leander‹, einen Grund zur *Freude.* Denn Hero »lag so im Sterben vereint dem Geliebten zur Seite. / Also erfreuten einander sie noch in der Stunde des Todes.«[71]

Ob wir diese verklärende Deutung, diese ›metaphysische‹ Sichtweise des Dichters Musaios nun teilen oder nicht, in jedem Falle ist zuzugeben: Allen Gefährdungen und allen Abgründen zum Trotz muss die große, von Zuneigung und Liebe erfüllte Partnerbeziehung von Mann und Frau – wenn es nach den Dichtern und den Liebenden geht – etwas Wunderbares sein. So wunderbar, dass das Erdenleben nie und nimmer ausreichen kann, um die Liebe voll zu genießen, ihr gerecht zu werden und sie wirklich auszufüllen. Nein, die Partnerliebe – einschließlich der Sexualität und der erotischen Freuden – wird von nicht wenigen Poeten, von so manchen bedeutenden Künstlern und, vor allem, von vielen Liebes- und Ehepaaren aller Kulturepochen so grundlegend aufgewertet, dass die gelingende Paarbeziehung geradezu als Vorgeschmack auf den Himmel, auf die Glückseligkeit des ewigen Lebens erscheint.

Die Geschlechterliebe nicht nur mit der vergänglichen Erdenzeit, sondern auch – und erst recht – mit der Ewigkeit des Himmels zu verknüpfen, lag der griechisch-römischen Antike, im Großen und Ganzen, freilich noch fern. Allenfalls *Andeutungen* in diese Richtung können wir registrieren: etwa in den Schilderungen des Elysiums bei den römischen Dichtern Vergil und Tibull, im Epyllion ›Hero und Leander‹ des hellenistischen Dichters Musaios Grammatikos und – besonders – in der lateinischen Fragment-Variante der Sage von Alkestis und Admetos.

Für viele, auch für mich, ist es eine existenzielle Frage: Gibt es eine Erfüllung des Lebens über unser Leben hinaus? Die Botschaft *Jesu* bejaht diese Frage mit Nachdruck. Aber gibt es auch eine Erfüllung der *Partnerliebe*, der Liebe von Mann und Frau, über das Lebensende hinaus?

Es scheint mir auffällig und sehr bemerkenswert: Das *christliche* Altertum bekräftigt zwar die religiöse Deutung der Ehe als eines sakramentalen, von Gott gewollten Bundes auf Lebenszeit. Aber den Gedanken einer *ewigen*, nicht aufs irdische Dasein beschränkten, sondern in der Jenseitigkeit Gottes für immer geborgenen Liebesbeziehung von Mann und Frau finden wir - ähnlich wie bei den Griechen und Römern - auch in der christlichen Antike nur in sehr wenigen, dafür umso interessanteren Texten.

Solche Texte – z.B. in der Bibel oder in einigen Werken des Kirchenvaters Augustinus - sollen in der folgenden Darstellung beleuchtet und kommentiert werden. Außerdem soll das urkirchliche *Jungfräulichkeitsideal* (sofern es rein biologisch verstanden wird) eingehend analysiert und kritisch hinterfragt werden. Auch das sehr negative, in seiner Wirkungsgeschichte nicht zu unterschätzende *Frauenbild* mancher frühkirchlicher Theologen müssen wir anschauen und dazu Stellung nehmen.

1. Von der ›heidnischen‹ zur christlichen Antike

Das Thema dieses Abschnitts ist die Liebe von Mann und Frau in der christlichen Antike. Welche Aussagen finden wir zu Liebe und Partnerbeziehung in der Bibel und in der frühchristlichen Theologie?

Die ursprüngliche Grundlage des – allerdings auch vom hellenistischen Denken beeinflussten – christlichen Glaubens ist die Heilige Schrift des jüdischen Gottesvolks: im christlichen Kulturraum als ›Altes Testament‹ bezeichnet. Diese ›alttestamentlichen‹ Schriften wurden zwischen ca. 1000 und ca. 150 v. Chr. in hebräischer Sprache geschrieben.[72] Sie enthalten neben religiösen, sozialkritischen und sonstigen Texten der unterschiedlichsten Art auch eine Reihe von Liebesgeschichten: zum Beispiel (sehr knapp im Buch Genesis) über Abraham und Sara oder (ziemlich ausführlich im selben Buch Genesis) über Isaak und Rebekka sowie – sehr bewegend – über Jakob und Rahel, um die Jakob vierzehn Jahre lang werben musste, bevor er sie bekam.

Auch von sündigen, ehebrecherischen Geschichten wird in der Bibel berichtet. Besonders verwerflich handelt der mächtige König David, der die berückend schöne Hethiterfrau Bathseba splitternackt im Bade erblickt, sie zu sich kommen lässt, sie schwängert, ihren Ehemann Urija, einen hohen Offizier, mit ausgeklügelter Hinterlist in den Tod schickt und die Witwe Bathseba – nach einem kurzen Trauerjahr – zum Weibe, d.h. zur Nebenfrau nimmt (2 Sam 11). In der bildenden Kunst aller Epochen wurde die Szene mit David und der badenden Schönheit (der späteren Mutter des Königs Salomo) in vielen Variationen dargestellt. Insofern mögen David und Bathseba ein ›unsterbliches Paar‹ der Literatur und der Kunst sein.

Weniger unmoralisch, dafür umso hintersinniger und rätselhafter wirkt der Liebesbund zwischen Tobias und Sara im, auch tiefenpsychologisch hoch interessanten, Buch ›Tobit‹.[73] Aber von einer Partnerbeziehung, die den Tod überdauert und *ewig* währt, ist im Alten Testament nirgendwo zu lesen.

Freilich sollten wir die Geschichte von Adam und Eva nicht vergessen. Adam und Eva, der biblischen Überlieferung nach unsere Stammeltern, waren ja ursprünglich – auch *als Paar*, als Liebes- und Ehepaar – zur Unsterblichkeit bestimmt. Aber die Strafe für ihre Sünde, für ihre Abkehr von Gott, war nach alt- und neutestamentlicher Darstellung die Sterblichkeit (Gen 3, 19; Röm 5, 12ff.). Aus dem Paradies der Unsterblichkeit, aus dem ›Gelobten Land‹ der Lebensfülle und der unvergänglichen Liebe wurden sie vertrieben. Die Geschichte von Adam und Eva (wie sie der biblische Dichter im 9. oder 8. Jahrhundert v. Chr. geschildert hat) ist demnach eine tragische, für die gesamte Menschheit tödlich endende Liebesgeschichte.

Doch die Treue, die unverbrüchliche Liebe Gottes zum Menschen und – in dieser göttlichen Zuwendung gründend – auch die zwischenmenschliche Liebe können durch die Schuld unserer Vorfahren nicht wirklich zerstört werden. Nein, die Liebe bleibt auch *nach* dem ›Sündenfall‹ in der Welt – wenn auch gefährdet, bruchstückhaft und dem Tode preisgegeben. Dass nicht zuletzt auch die Paarbeziehung, die echte, nicht egozentrische Partnerliebe eine wundervolle Perspektive hat, zeigt einmalig schön das alttestamentliche ›Lied der Lieder‹.

Die schönsten, die wunderbarsten Liebesgeschichten der hebräischen Bibel sind die, im ›Hohenlied‹ gesammelten, hoch poetischen und hoch erotischen Preislieder Sulamiths und ihres (anonymen) Freundes und Bräutigams – Texte, die etwa 300 Jahre vor Christi Geburt entstanden: wahrscheinlich unter dem Einfluss von ägyptischer und vorderasiatischer Liebesliteratur. Doch so schön diese Lieder auch sind, von einer *ewigen*, über den Tod hinausreichenden Liebe ist auch hier nicht, jedenfalls nicht ausdrücklich, die Rede – es sei denn, wir würden, was durchaus möglich und sinnvoll wäre, den Vers »Stark wie der Tod ist die Liebe« (Hld 8, 6) als Hinweis auf die Teilhabe des Menschen an der *Ewigkeit Gottes* interpretieren.

2. Jesus, Maria und Josef

In den Schriften des Neuen Testaments, die im hellenistisch-römischen Kulturraum (zwischen ca. 55 und ca. 100 n. Chr.) in griechischer Sprache verfasst wurden, erreicht – nach christlichem Verständnis – die Selbstoffenbarung Gottes, d.h. die Botschaft von der unendlichen Liebe Gottes zur Welt und zu jedem einzelnen Menschen, ihren absoluten, nicht überbietbaren Höhepunkt. Aber es gibt auch hier, in der neutestamentlichen Theologie, keine ausdrücklichen Verweise auf eine unvergängliche, eine auch postmortale, sich in der jenseitigen Welt erfüllende Beziehung von *Mann und Frau*.

Wir finden im Neuen Testament keine romantischen Szenen und, im Unterschied zur hebräischen Bibel, keine erotischen Liebesgeschichten. Auch die Verlobungszeit bzw. die Ehe zwischen Maria und Josef, den Eltern Jesu von Nazareth, wird in den neutestamentlichen Büchern nicht näher beschrieben.

Die Lebensgemeinschaft von Maria und Josef bzw. die Umstände der Geburt Jesu Christi wurden in der christlichen Überlieferung, von Anfang an, der gewöhnlichen Welt des ›Profanen‹ entrückt. Die Kindheitsgeschichte Jesu wurde überformt mit legendären Ausschmückungen und poetischer Bildsymbolik – wobei allerdings die *Partnerbeziehung* zwischen Maria und Josef weitgehend verdeckt wird.

In der traditionellen christlichen Kunst wird Josef meist als alter Mann dargestellt (wofür es vom biblischen Textbefund her keinerlei Anhalt gibt).[74] Selbst Ochse und Esel stehen auf solchen Bildern dem Jesuskind näher als Josef. Und Maria wird in Krippenmotiven als Mutter gezeigt mit dem Kind auf dem Schoß – nie aber als Frau, die Josef als ihren Liebespartner zärtlich in die Arme nimmt.

Dieser Mangel wiederum hängt mit der Darstellung der ›heiligen Familie‹ in neutestamentlichen Schriften zusammen: Die Ehe von Maria und Josef wird in den Evangelien nach Matthäus und Lukas als ›jungfräuliche‹ Beziehung gedeutet. Und die Geburt Jesu wird als ›Jungfrauengeburt‹ aufgefasst. Ein Glaubensverständnis, das – innerhalb des Christentums – erstmals durch die protestantische, historisch-kritische Bibelexegese des 18./19. Jahrhunderts in Frage gestellt wurde.

Natürlich war es den Christengemeinden seit frühester Zeit bekannt, dass die ›Weihnachtsgeschichten‹ über die Geburt Jesu nur bei Matthäus und Lukas zu finden sind. In den Evangelien nach Markus und Johannes wird Jesus zwar als »Sohn Gottes« bezeichnet, von einer ›Jungfrauengeburt‹ und einer ›Jungfräulichkeit‹ Marias ist dort aber keine Rede. Auch die ältesten, um 55 n. Chr. entstandenen Schriften des Neuen Testaments, die Paulusbriefe, berichten darüber nichts.

Damit soll nun keineswegs suggeriert werden, dass die Anfangspartien des Matthäus- bzw. Lukasevangeliums im Rahmen einer Kulturgeschichte der Liebe keine ernsthafte Beachtung verdienen. Nein, die Legenden über die Geburt und die Kindheit Jesu bei Matthäus und Lukas sind – dem poetischen Rang und der Aussage nach – etwas Außergewöhnliches, ja Einzigartiges in der Weltliteratur. So scheint es mir auch interessant und bemerkenswert, dass es in mythologischen Texten aus vorchristlicher Zeit zwar viele Göttersöhne gibt, diese aber nie ohne Zeugung durch ein männliches Wesen (z.B. den Göttervater Zeus oder den ägyptischen Gott Amun-Re) geboren werden. Weder in der orientalischen noch in der griechisch-römischen Mythologie ist ein Fall von ›Jungfrauengeburt‹ im Sinne des Matthäus- und des Lukasevangeliums bekannt.[75]

Wie kam es dann aber bei Matthäus und Lukas zur Verkündung einer Empfängnis Jesu Christi allein durch die Kraft des ›Heiligen Geistes‹ und folglich zur Annahme einer Geburt Jesu aus Maria, der ›Jungfrau‹? Oder anders gefragt: Wie kam es, dass Maria und Josef kein wirkliches Paar sein durften, jedenfalls nicht in leiblicher, sinnlich-erotischer Form?

3. »Junge Frau« oder »Jungfrau«?

Um einer Antwort auf diese sehr komplexe Frage näher zu kommen, ist ein Hinweis auf die primäre Aussageabsicht und die ungefähre Entstehungszeit der Evangelien erforderlich. Die Entstehungszeit ist allerdings nicht unumstritten. Die Mehrheit der heutigen Bibelwissenschaftler nimmt aber an, dass das Markusevangelium um 70 n. Chr. verfasst wurde, die Evangelien nach Matthäus und Lukas um 80 n. Chr., das Johannesevangelium um 90-100 n. Chr. In jedem Fall liegt zwischen dem Leben des historischen Jesus und den schriftlichen Aufzeichnungen über das Leben Jesu ein nicht unerheblicher Zeitraum.

Wichtig ist vor allem die Einsicht: *Alle* Evangelien sind religiöse Verkündigungsschriften aus *nach*-österlicher Sicht. Sie sind keine unmittelbaren Berichte, keine historisch-exakten Jesus-Biographien aus der Feder von Augenzeugen. Nein, sie sind spätere *Ausdeutungen* des Lebens, des Wirkens und des Sterbens Jesu Christi – aus der poetisch gestalteten und theologisch durchdachten Perspektive des *österlichen Glaubens.*

Die vorrangige Aussageabsicht der Evangelien und des Neuen Testaments insgesamt liegt also nicht in der Wiedergabe von konkreten Details aus dem Leben Jesu (z.B.

aus seiner Kindheits- oder Jugendgeschichte), sondern im theologischen Spitzensatz: Der gekreuzigte Jesus von Nazareth, der Verkünder einer universalen, alles umfassenden Gottes- und Menschenliebe, ist nicht im Tode geblieben. Er wurde vom himmlischen »Vater«, von *Gott*, zum neuen Leben erweckt. Die schwerwiegendste Folge der ›Urschuld‹ – der Sünde Adams und Evas – ist somit außer Kraft gesetzt. Denn der Tod ist nun grundsätzlich überwunden: Weil mit Christus, dem »neuen Adam« (Röm 5, 12-21), *alle* zum ewigen Leben erweckt werden, die guten Willens sind.

Sehr bedeutsam ist ferner die Tatsache: Alle vier Evangelien und ebenso die anderen Schriften des Neuen Testaments enthalten Zitate aus der hebräischen Bibel, die Jesus als den einzigartigen »Sohn Gottes« legitimieren sollen. Diese Zitate sind freilich nicht dem hebräischen Urtext entnommen, sondern der Septuaginta, einer (zwischen 250 v. Chr. und 100 n. Chr. entstandenen) Übersetzung des Alten Testaments ins Griechische. Bei diesem Transfer der Bibel aus dem hebräischen in den jüdisch-hellenistischen Kulturkreis kam es – nicht so verwunderlich – auch zu Missverständnissen und Übersetzungsfehlern.

So heißt es z.B. beim Propheten Jesaia: »Siehe, die junge Frau wird schwanger und gebiert einen Sohn, und sie wird ihn Immanuel nennen.« (Jes 7, 14) Das hebräische Wort »alma«, das »junge Frau« bedeutet, hat nun die Septuaginta mit »parthenos« übersetzt: einem griechischen Wort für »Mädchen«, für »unverheiratete junge Frau«, was die Deutung »Jungfrau« nahelegt oder zumindest zulässt. Der Evangelist Matthäus wiederum, dem die Septuaginta als Vorlage diente, hat diese übersetzungsbedingte Ungenauigkeit übernommen (Mt 1, 23), so dass aus der »jungen Frau« bei Jesaia die sexuell noch unerfahrene und gänzlich unberührte »Jungfrau« der christlichen Botschaft wurde. Dieselbe Verschiebung, denselben Paradigmenwechsel finden wir analog auch bei Lukas, dessen Darstellung der Kindheitsgeschichte Jesu sich in anderen Punkten von der Matthäus-Version allerdings sehr deutlich unterscheidet.

In späterer Zeit wurde ausgerechnet der sekundäre, problematische, den Weihnachtsevangelien nach Matthäus und Lukas aber gemeinsame Aspekt der ›Jungfrauengeburt‹ noch besonders unterstrichen. Damit wurde in der Folge eine Tendenz, eine latente Neigung in der christlichen Frömmigkeitsgeschichte begünstigt, die die von Jesus geforderte ›Vollkommenheit‹ (Mt 5, 48) des Menschen vorzugsweise in der sexuellen Enthaltsamkeit suchte und somit vom eigentlichen *Kern* der Frohbotschaft Jesu ablenkte. Denn Jesus verkündete ja keineswegs den Verzicht auf geschlechtliche Liebe, er verkündete überhaupt keine Sexualmoral, sondern die Befreiung des Menschen aus den Fesseln der Schuld und den Banden des Todes aufgrund der Barmherzigkeit Gottes.

4. Zur ›Jungfräulichkeit‹ Marias

Die ›Jungfrauengeburt‹ Jesu galt noch für die Reformatoren Martin Luther, Johannes Calvin und Ulrich Zwingli als unumstößliches Dogma. In den orthodoxen Kirchen und in der römisch-katholischen Amtskirche ist dieses Dogma noch heute eine Art Tabu. Ja, im Grunde unvereinbar mit dem biblischen Schriftbefund – wonach Jesus sehr wahrscheinlich leibliche Brüder und Schwestern hatte (Mk 6, 3) – geht das altkirchliche Dogma (in seiner traditionellen Auslegung) sogar noch wesentlich weiter: Maria soll auch *während* und auch *nach* der Geburt Jesu ›jungfräulich‹ im Sinne der genitalen Unberührtheit geblieben sein![76]

Doch diese leib- und sexualfeindliche Auffassung hat ihren literarischen Hintergrund so gut wie sicher in dem ehemals sehr populären, aber lediglich apokryphen (d.h. nicht in den Kanon des Neuen Testaments aufgenommenen) und erst nach 150 n. Chr. verfassten ›Protoevangeliums des Jakobus‹. Diesem historisch völlig wertlosen und theologisch wenig erleuchteten Text nach war Josef ein betagter Mann mit erwachsenen Söhnen, als Gott ihn zum ›Nährvater‹ seines Sohnes Jesus erwählte. Und Maria wurde, so berichtet Jakobus, schon als Kleinkind den Priestern anvertraut und im Tempel erzogen. Auch hat sie, so Jakobus, bereits als Kind geschworen, für immer eine Jungfrau zu bleiben.[77]

Man sieht: Die Lehre von der allzeit jungfräulichen Mutter Maria ist nicht plötzlich vom Himmel gefallen. Nein, da hat es eine lange dogmengeschichtliche Entwicklung gegeben. Die Ansicht, dass Maria auch *nach* der Geburt Jesu keinen Mann geliebt und keinerlei sexuelle Erfahrung gehabt hätte, war in der frühen Kirche noch keineswegs allgemein anerkannt. Das Apostolische Glaubensbekenntnis, das vermutlich auf das 2. (oder 3./4.) Jahrhundert n. Chr. zurückgeht, beschränkt sich noch auf die Aussage, Jesus sei vom Heiligen Geist empfangen und von der Jungfrau Maria geboren worden (»natus ex Maria Virgine«). Auch der lateinische Kirchenvater Augustinus ging über diese noch relativ zurückhaltende Aussage nicht hinaus.

Der altkirchliche Theologe Origenes indessen vertrat um 200 n. Chr. die, auf dem ›Protoevangelium des Jakobus‹ basierende, Theorie einer *immerwährenden* Jungfräulichkeit Marias. Der römische Papst Siricius und der griechische Kirchenlehrer Johannes Chrysostomos schlossen sich, um 400, dieser exzessiven Auslegung durch Jakobus an.[78]

Dogmatisiert aber wurde sie erst später, auf dem zweiten Konzil von Konstantinopel im Jahre 553.

Doch die Zeiten haben sich geändert. Aus naheliegenden Gründen kann das Ideal der ›Jungfräulichkeit‹, der sexuellen Enthaltsamkeit auf Lebenszeit, auch der großen Mehrzahl der katholischen Gottesdienstbesucher heute nicht mehr vermittelt werden. Überdies ist im Zeitalter der Naturwissenschaft die Vorstellung einer ›Jungfrauengeburt‹ ohnehin obsolet. Allenfalls in einer Episode in den ›Star Wars‹-Filmen (seit 1977) von George Lucas ist, im Zusammenhang mit dem Protagonisten Anakin Skywalker, noch von einer Jungfrauengeburt die Rede.[79]

Trotz dieser modernen ›Verarbeitung‹ des Themas, trotz Anakin Skywalker und seiner jungfräulichen Mutter bleibt es aber dabei: Nicht nur aus naturwissenschaftlichen Gründen, vor allem auch aus *theologischen* und *bibelexegetischen* Gründen ist eine sexuell gemeinte Jungfräulichkeit Marias als äußerst fragwürdig zu bewerten. Von fast allen evangelischen und auch von vielen – oder den meisten – katholischen Theologen wird die ›Jungfrauengeburt‹ Jesu inzwischen, in ›entmythologisierender‹ Sprache, anders gedeutet: als (der außerbiblischen Vorstellungswelt entstammendes) *Bild* für das ganz und gar Außerordentliche der Gestalt Jesu Christi. Dementsprechend wird die ›Jungfräulichkeit‹ der Gottesmutter Maria nicht mehr in einem biologischen, sondern in einem übertragenen, *spirituellen* Sinne verstanden: als Bild für die unbedingte Offenheit des jungen Mädchens Maria für den göttlichen Geist und die göttliche Führung.[80]

Sehr beachtenswert ist auch ein Deutungsansatz des – als spiritueller Lehrer einflussreichen, von der römischen Glaubenskongregation allerdings gescholtenen – Benediktiners und Zen-Meisters Willigis Jäger:

Wir sind als Menschen alle »jungfräulich geboren«, das heißt wir kommen aus einer Seinsebene, die unser Ich übersteigt. Jesus sagt man die jungfräuliche Geburt aus Maria nach, (...) und Buddha entsteigt seiner Mutter Mayadevi aus der rechten Seite. Jungfrauengeburt bedeutet, dass wir aus diesem zeitlosen Urgrund geboren sind, der unsere Rationalität und Personalität übersteigt.[81]

Ob wir dieser generalisierenden, ziemlich überraschenden Auslegung durch Willigis Jäger nun folgen wollen oder nicht, eine *sexuell* verstandene Jungfräulichkeit der Mutter Jesu (wie sie z.B. noch von Karl Barth vertreten wurde und wie sie noch heute von sehr konservativen Theologen vertreten wird) widerspricht in jedem Fall den Einsichten einer zeitgemäßen Theologie und dem Glaubenssinn der meisten heutigen Christen.

5. Die Eltern Jesu – ein unsterbliches Paar

Mittlerweile gibt es auch Krippendarstellungen, die Maria und Josef, im Vergleich zu herkömmlichen Kunstwerken, in ein völlig anderes Licht rücken. Die amerikanische Künstlerin Susan Lordi z.B. hat eine jugendlich-männliche Figur geschaffen, die ein neugeborenes Kind in den Armen wiegt, während sich eine junge Frau überaus zärtlich an die Schulter des Mannes schmiegt. Bei einer Krippenausstellung im bayerischen Kloster Roggenburg, 2012/13, wurde diese Figurengruppe als ›Heilige Familie‹ (Maria, Josef und das Jesuskind) gezeigt.[82] Daran, dass Maria und Josef ein richtiges *Paar* sind, lässt diese moderne Krippendarstellung keine Zweifel aufkommen.

Es geht mir nun keineswegs um eine Entsakralisierung der Bibel bzw. des christlichen Weihnachts- und Erlösungsgeheimnisses. Es geht auch nicht um eine generelle Ablehnung der kirchlichen Lehre. Vielmehr geht es um die Feststellung: Viele christliche Theologinnen und Theologen der Neuzeit bieten eine *bessere*, eine *tiefere* und deshalb *ansprechendere* Deutung der ›Menschwerdung Gottes‹ und der Erlösung des Menschen aus seiner Hinfälligkeit und Todverfallenheit an, als es die traditionellen Lehrsätze mit ihren oft abstrakten, kaum verständlichen und lebensfernen Formulierungen vermögen.

Meines Erachtens ist gerade auch die Rede von der jungfräulichen oder gar der »*allzeit* jungfräulichen« Gottesmutter Maria (wie es in der amtlichen römischen Liturgie heißt) sehr missverständlich. Sie steht, wie gesagt, auch theologisch und exegetisch auf allzu schwachen Füßen. Und sie ist für das Glaubensverständnis vieler heutiger Menschen, auch vieler gläubiger Katholiken, weit eher eine (m. E. völlig unnötige) Barriere als eine Hilfe. Die Rede von der ›Jungfräulichkeit‹ Marias bedarf also – auf der Grundlage der Heiligen Schrift – einer neuen Auslegung, die unterstreicht und verdeutlicht: Maria ist einerseits eine ganz normale Frau, andererseits ist sie *ganz offen für die göttliche Liebe* und somit ein Vorbild für alle Menschen, eine exemplarische Gestalt des Glaubens.

Die Gestalten von Jesus, Maria und Josef dürfen in der Weitergabe der Frohen Botschaft nicht als welt- und lebensfremd, nicht als absolut abgehoben von jeder normalen Menschlichkeit erscheinen. Deshalb bin ich überzeugt: Auch gläubige Christen müssen nicht bezweifeln, dass Maria und Josef liebesfähige Partner waren und sich wirklich geliebt haben. Dass beide einander zugetan waren mit Leib und Seele und dass beide nach ihrem Tod in die Herrlichkeit des

Himmels aufgenommen wurden, ist nach heutiger (d.h. nach heute dominierender) katholischer Auffassung eine selbstverständliche Annahme.

Übrigens wurde die Gestalt des Josef im Verlauf der katholischen Kirchengeschichte erheblich aufgewertet: Obwohl er im Neuen Testament nur als eher blasse Randfigur erscheint, wurde im Jahre 1481 der 19. März als ›Josefstag‹ ins römische Brevier aufgenommen. Papst Gregor XV. erhob, im Jahre 1621, diesen Tag zum Feiertag für die gesamte Kirche. 1870 erklärte Papst Pius IX. den heiligen Josef sogar zum Schutzpatron für alle Katholiken. Und 1989 aktualisierte Papst Johannes Paul II. die Verehrung des heiligen Josef im apostolischen Schreiben ›Redemptoris Custos‹.

6. Zur Ehelosigkeit Jesu

Wie nun könnte die *Partnerbeziehung* von Josef und Maria verstanden werden? Den tieferen Gehalt, den eigentlichen *Sinn* der diesbezüglichen Lehre der Kirche deute ich so: Ähnlich wie Maria muss auch Josef als Vorbild des Glaubens und des Gottvertrauens gesehen werden. Wie Maria folgt auch er, im rückhaltlosen Vertrauen, der göttlichen Weisung (vgl. Mt 1, 18-25). Dies schließt aber nicht aus, sondern mit ein: Josef und Maria waren in echter Liebe miteinander verbunden.

Darüber hinaus nun frage ich mich: Waren die Eltern Jesu *nur auf Erden* ein liebendes Paar? Hat ihre Partnerbeziehung mit dem Tode geendet? Obwohl es darüber – wohlgemerkt – keine biblischen oder ›kirchenamtlichen‹ Aussagen gibt, kann ich mir persönlich schwer vorstellen, dass Maria und Josef in der Ewigkeit Gottes nur zu Gott bzw. zu Jesus Christus, nicht aber zueinander eine echte und liebevolle Beziehung haben.

Gewiss, das alles ist Spekulation. Aber *wenn* sich Maria und Josef auf Erden geliebt haben und *wenn* sie im Reich Gottes auch weiterhin leben, dann wäre die Annahme einer quasi beziehungslosen Fortexistenz im Jenseits überhaupt nicht nachzuvollziehen.

Maria und Josef waren und sind, so meine ich, in Liebe miteinander vereint. Aus meiner Sicht gehören sie - wenn auch in einmaliger Besonderheit - in die Reihe der ›unsterblichen Paare‹ der Weltgeschichte. Denn sie wurden unsterblich in eben dem Sinne, wie es Adam und Eva ursprünglich zugesagt war.

Jesus von Nazareth, der Sohn von Josef und Maria, indessen lebte ehelos. Dass er, wie manchmal behauptet wird, mit Maria von Magdala verheiratet war, ist biblisch nicht begründet. Ich werde später, im Zusammenhang mit dem Dichter Rainer Maria Rilke, auf diese - m. E. unhaltbare - Hypothese zurückkommen.[83]

Für hier beschränke ich mich auf die Aussage: Der unverheiratete Jesus verkündete das Kommen des Reiches Gottes, die bedingungslose, allumfassende Liebe des himmlischen Vaters und (in Übereinstimmung mit der zeitgenössischen Theologie der Pharisäer, im scharfen Gegensatz aber zur damaligen Theologie der Sadduzäer) die Auferstehung aller Verstorbenen aus dem Totenreich.[84] Ob es dann im jenseitigen Leben, nach der Auferstehung, noch eine Geschlechterbeziehung und eine Art von Partnerliebe geben wird - dazu gibt es, man mag es bedauern oder nicht, kein eindeutiges Jesuswort.

Fest steht nur: Die Ehe von Mann und Frau erklärt Jesus zu einem in der Schöpfungsordnung Gottes begründeten Bund auf Lebenszeit (Mk 10, 2-12; Mt 19, 3-9). In einem Streitgespräch mit den Sadduzäern allerdings sagt Jesus, dass nach der Auferstehung *nicht mehr geheiratet* werde (Mk 12,

15 par.). Das muss freilich nicht heißen, dass es im endgültigen Reich Gottes keine Geschlechterdifferenz und keine personale Liebesbeziehung von Mann und Frau mehr geben könne.

Wir können, exegetisch gut begründbar, die Antwort Jesu auf die Spottfrage der Sadduzäer auch anders interpretieren, nämlich so: Im Jenseits wird es zwar die Institution der Ehe (als äußere *Form* der Liebe von Mann und Frau) nicht mehr geben, sehr wohl aber die liebevolle Kommunikation zwischen allen Erlösten und erst recht die Kommunikation zwischen den Menschen, die sich schon auf Erden in besonderer Weise geliebt haben.[85]

7. Das »Reich Gottes« und die Partnerliebe

Ehe und Familie nehmen in der Skala der von Jesus verkündeten Werte nicht die oberste Stelle ein. »Suchet zuerst das Reich Gottes« (Mt 6, 33), denn »die Zeit ist erfüllt, und das Reich Gottes ist nahe.« (Mk 1, 15) Dieser Imperativ bildet den Kern, die eigentliche Mitte der Verkündigung Jesu.

Mit dem »Reich Gottes« bzw., bedeutungsgleich, dem »Himmelreich« (Mt 3, 2 u.ö.) ist sowohl eine noch ausstehende als auch eine schon jetzt – in Jesu Worten und Taten – präsente Wirklichkeit gemeint: das Reich der Versöhnung, des Friedens und der Gerechtigkeit, das Reich der Alles umfassenden Liebe, die sich bedingungslos hingibt und die niemanden übersieht oder ausschließt. In der Nachfolge Jesu (vgl. Mt 4, 19 u.ö.) sollen diese Merkmale des »Gottesreichs« schon hier und schon heute verwirklicht werden.

Der ehelose Wanderprediger Jesus fordert von seinen »Jüngern«, seinen Freunden und Freundinnen, allerdings *nicht* den Verzicht auf Ehe und Familie. Ein solcher Verzicht, etwa als Zeichen der ›Vollkommenheit‹, war – so der katholische Neutestamentler Gerd Häfner – »weder Bedingung der Nachfolge Jesu noch allgemein ›apostolischer Lebensstil‹ zur Zeit der Urkirche«.[86]

In der Frühzeit des Christentums waren die Ehelosigkeit oder gar der völlige Verzicht auf jegliche Ausübung der Sexualität ein besonderes Kennzeichen des radikal-asketischen Mönchtums, etwa seit dem 4. Jahrhundert. Erst in wesentlich späterer Zeit wurde die sexuelle Abstinenz von *allen* Klerikern gefordert, die die Eucharistie feierten und mit den eucharistischen Gaben von Brot und Wein in Berührung kamen. Der katholische Kultur- und Kirchenhistoriker Hubertus Lutterbach bemerkt zu dieser Entwicklung sehr kritisch:

> Seit dem 4. Jahrhundert wollten sich die Mönche für ihr ewiges Leben durch ein ›Mehr‹ an irdischer Leistung empfehlen: »Auch durch den Verzicht auf die Ausübung der Sexualität suchten sie damit jene Christen zu übertreffen, die ihrer Taufberufung in Ehe und Familie folgten.« Insofern sich die Priester »von aller Sexualität unberührt« hielten und den Mönchen darin über anderthalb Jahrtausende nacheiferten, nahmen sie eine im Vergleich zu den Laien höherwertige Christusnachfolge für sich in Anspruch, wie sich religions- und sozialgeschichtlich rekonstruieren lässt.[87]

Demgegenüber ist festzuhalten: Die Nachfolge Jesu, das Streben nach dem »Reich Gottes«, ist sowohl innerhalb als auch außerhalb von Ehe und Familie möglich. Und auch wer *nicht* verheiratet ist und keine Familie hat, darf und soll in durchaus engen, intensiven und intimen menschlichen *Beziehungen* leben.[88] Denn es ist, der biblischen

Schöpfungstheologie und der allgemeinen Erfahrung nach, »nicht gut, dass der Mensch allein bleibt« (Gen 2, 18).

Jeder Christ und jeder Mensch ist zur Liebe bestimmt – zur Gottes- und zur Menschenliebe. Wenn ich nicht glaube, dass Gott zornig und eifersüchtig wird, sobald ich außer Gott auch bestimmte Menschen *in besonderer, in herausgehobener Weise* liebe (was ja nicht heißen muss, dass ich diese Menschen ›vergötze‹), dann kann und dann muss ich doch sagen: Die Nachfolge Jesu, die Suche nach dem Reich Gottes schließt die innige Liebe zu persönlichen Freunden oder zum Ehepartner oder zum Lebensgefährten nicht aus, sondern ein.

Ja, ich gehe noch einen Schritt, einen großen Schritt weiter: Nicht nur die Liebe zu Gott, auch die Liebe zum Menschen als dem »Ebenbild« Gottes (Gen 1, 26f.) reicht hinein in die *Ewigkeit*. Denn wenn ich einen Menschen liebe, wirklich und tief, dann führt diese Liebe, ihrem Wesen nach, zur Sehnsucht nach *Dauer*, nach unvergänglichem, *ewigem* Leben. Ganz im Sinne einer bekannten Maxime des Dichters und Existenzphilosophen Gabriel Marcel: »Einen Menschen lieben heißt ihm sagen: Du wirst nicht sterben.«[89]

8. Strittige Theorien der Kirchenväter

Auch Jesus, der das ewige Leben in der Herrlichkeit Gottes verkündete, hatte einen persönlichen Freundeskreis. Der »Lieblingsjünger« Johannes (nicht zu verwechseln mit dem gleichnamigen Evangelisten) wäre zu nennen oder Lazarus von Bethanien oder die Apostel Simon Petrus und Jakobus. Auch mehrere Frauen standen Jesus sehr nahe, z.B. Martha und Maria von Bethanien (Lk 10, 38-42; Joh 11, 5) oder Maria von Magdala – die mit Jesus zwar nicht verheiratet war, die aber, dem Johannesevangelium nach zu schließen (Joh 20, 11-

18), doch eine sehr enge Beziehung mit Jesus, ihrem »Rabbuni«, verband.

Zu so innigen Herzensfreundschaften passt es aufs Beste: Zur Botschaft Jesu, wie sie das Neue Testament überliefert, gehört wesentlich auch das Wiedersehen mit geliebten Verstorbenen im himmlischen Reich.

> Wenn ich gegangen bin und einen Platz für euch vorbereitet habe, komme ich wieder und werde euch zu mir holen, damit auch ihr dort seid, wo ich bin. (Joh 14, 3)

Mit diesen Worten tröstet Jesus angesichts des nahenden Todes seine Jüngerinnen und Jünger. Er tröstet sie in den großen ›Abschiedsreden‹, wie sie der Evangelist Johannes komponiert und literarisch gestaltet hat. In denselben Reden verheißt der scheidende Jesus seinen besonderen Freunden:

> So seid auch ihr jetzt bekümmert, aber ich werde euch wiedersehen; dann wird euer Herz sich freuen, und eure Freude nimmt niemand von euch. (Joh 16, 22)

Doch nicht nur den engeren Freunden verspricht Jesus ein Wiedersehen nach dem Tode. Auch einem völlig Fremden, einem der mit ihm gekreuzigten Verbrecher, gibt er unmittelbar vor seinem Sterben die Zusage: »Heute noch wirst du mit mir im Paradies sein.« (Lk 23, 43)

Man könnte nun fragen: Schließen solche Jesusworte mit ein, dass die irdischen Verwandtschafts-, die Freundschafts- oder Liebesverhältnisse auch in der Ewigkeit Gottes weiterbestehen? Will Jesus sagen, dass z.B. mein Vater auch noch im Jenseits mein Vater bleibt und meine Mutter für immer meine Mutter? Oder meine Freundin Julia auch im Himmel meine Lieblingsfreundin? Oder wird dann alles ganz anders sein? In dieser Hinsicht sind die – relativ spärlichen –

Hinweise Jesu, wie gesagt, nicht eindeutig. Im Verlauf der Kirchen- bzw. der Theologiegeschichte gab es naturgemäß sehr unterschiedliche Auslegungen.

Der große Kirchenlehrer Augustinus von Hippo (354 – 430) zum Beispiel vertrat in der Frühzeit seines literarischen Schaffens bzw. seines Wirkens als Prediger und Seelsorger die persönliche Ansicht: Irdische Beziehungen – »Freunde, Familie, Kinder und Frau«[90] – hätten im Himmel keinen Platz mehr. Individuelle Freundschaften würden, so der fromme und hoch gelehrte Jenseitsprediger, im Gottesreich aufgelöst zugunsten einer universalen Liebesgemeinschaft.

Doch in späteren Jahren korrigierte Augustinus seine Jenseitsvorstellung. In den ›Bekenntnissen‹ (397-401) und deutlicher noch im Spätwerk ›Der Gottesstaat‹ (413-426) kam der lateinische Kirchenvater und Bischof von Hippo zu einer neuen, zu einer weitaus positiveren Bewertung der auf Erden gewachsenen Beziehungen: Besondere Freundschaften oder verwandtschaftliche Bindungen werden, so heißt es jetzt, auch im Himmelreich ihre Gültigkeit behalten.[91]

Auch andere ›Väter‹ des frühen Christentums tradierten, noch vor Augustinus, ein ähnliches Jenseitsbild. Der bedeutende Kirchenschriftsteller Cyprian von Karthago z.B. beschrieb in seinem Werk ›Über die Sterblichkeit‹ (ca. 253) den Himmel sehr anschaulich und überaus menschlich: »Eine große Anzahl von Lieben erwartet uns dort, eine stattliche, mächtige Schar von Eltern, Geschwistern und Kindern sehnt sich nach uns.«[92] Sinngemäß dasselbe schrieb – in seiner Grabrede ›Über Theodosius‹ (395)[93] – der lateinische Bischof und Kirchenvater Ambrosius von Mailand, den Augustinus gut kannte und sehr verehrte.

9. Ein abschätziges Frauenbild

Nach Cyprian und Ambrosius, nach Augustinus und anderen Autoren des frühen Christentums wird es auch im Himmel eine zwischenmenschliche Liebe geben. Darüber hinaus erklärt der über siebzigjährige Augustinus im letzten (XXII.) Buch seines großen, heilsgeschichtlich orientierten Werkes ›Der Gottesstaat‹, dass die Geschlechterdifferenz von Mann und Frau auch im jenseitigen Leben Bestand haben werde.

Gegen die äußerst bizarre (von einigen Theologen des 3. oder 4. Jahrhunderts vertretene) Ansicht, dass die Frauen bei der endzeitlichen Auferstehung mit einem männlichen Körper ausgestattet würden, führt Augustinus ins Feld, dass »beide Geschlechter auferstehen werden«.[94] Gewiss werde den männlichen bzw. weiblichen Auferstehungsleibern »die Gebrechlichkeit abgestreift werden«, nicht aber »ihre Natur«. Gott, »der beide Geschlechter schuf, wird also auch beide wiederherstellen«.

Mir persönlich gefällt diese Aussage sehr, ich frage mich allerdings: Wie konnten frühkirchliche Theologen überhaupt auf den seltsamen, vom Kirchenvater Augustinus zu Recht abgelehnten Gedanken kommen, dass es im Himmelreich nur Männer geben werde?

Die Antwort wird wohl lauten müssen: Zum einen hat die von Augustinus getadelte Jenseitsvorstellung einer Reihe von christlichen Theologen (deren Namen uns Augustinus leider verschweigt) eine mythologische Entsprechung in der griechisch-römischen Antike, wonach das Elysium, die ewige Seligkeit, dem weiblichen Teil der Menschheit von vornherein nicht zugänglich ist. Zum anderen ist es eine unbestreitbare Tatsache, dass es teilweise auch in der *christlichen* Antike ein sehr abschätziges Frauenbild gab.

Es gab Äußerungen durch prominente Kirchenväter, die das ›Wesen‹, die ›Natur‹ des weiblichen Geschlechts erheblich diskriminieren. Solche despektierlichen, frauenfeindlichen Thesen, solche patriarchalischen Machtansprüche des Mannes gegenüber der Frau gingen zwar nicht ausdrücklich in die Lehre der Kirche ein. Sie wurden nicht endgültig dogmatisiert, aber ihre Wirkungsgeschichte ist bis zum heutigen Tag in der römisch-katholischen Kirche (und wohl ähnlich in den orthodoxen Kirchen) sehr deutlich zu erkennen. Nicht zuletzt die angebliche – durch den mittelalterlichen Kirchenlehrer Thomas von Aquin systematisch verfestigte,[95] noch von den Päpsten Johannes Paul II. und Benedikt XVI. vehement bekräftigte – ›Unfähigkeit‹ der Frau, die Priesterweihe zu empfangen und kirchliche Führungsämter zu übernehmen, hat ihre Wurzeln in der frühkirchlichen Vätertheologie bzw. in der vorchristlichen Antike.

Sehr abwertende, diffamierende Aussagen über das Wesen der Frau finden wir zum Beispiel (oft unter exegetisch fragwürdiger Berufung auf den Sündenfall Evas und auf zeitbedingte Lehrmeinungen des Apostels Paulus bzw. seiner Schüler) in den Schriften der griechischen Theologen Irenäus von Lyon und Johannes von Antiochia, ebenso bei lateinischen Kirchenlehrern wie Tertullian von Karthago, Ambrosius von Mailand oder Hieronymus von Dalmatien. Auch manche Frühwerke des Augustinus verraten eine höchst bedenkliche, eine diskreditierende, aus heutiger Sicht völlig inakzeptable Einstellung gegenüber den Frauen.[96]

Der Tenor in solchen Passagen ist immer: Der Mann sei der Herr und Gebieter, die Frau habe zu gehorchen, ihr komme von Natur aus eine untergeordnete, rein dienende Funktion als »Gehilfin« (Gen 2, 18) des Mannes zu. Bei der Lektüre einschlägiger Stellen im Werk mancher Kirchenväter könnte man durchaus den Eindruck gewinnen: Die höchste Zierde der Frau sei es, sich der Herrschaft Gottes bzw. der Autorität des Mannes bedingungslos zu unterwerfen. Und die eigentlich wichtigste Aufgabe der Ehefrau sei es, ihren Herrn und Meister stets willig und demütig zu bedienen und womöglich viele Knaben – vielleicht künftige Priester und Ordensmänner – zu gebären.

10. Ein theologischer Fortschritt

Zugleich wird die Frau in der Theologie der frühen Kirche sehr oft als erdgebundenes, der Welt des Geistigen äußerst fernes, durch und durch ›fleischliches‹ Geschöpf, ja als Quelle des Lasters, als Hindernis für die Gottesliebe, als Verlockung des Teufels desavouiert. Tertullian von Karthago (ca. 150 – ca. 220) z. B. redete selbstbewussten, unbotmäßigen, zu wenig unterwürfigen – oder gar widerspenstigen – Frauen ins Gewissen:

> Und du wolltest nicht wissen, daß du eine Eva bist? (…) Du bist es, die dem Bösen Eingang verschafft hat, du hast das Siegel jenes Baumes gebrochen, du hast zuerst das göttliche Gesetz außer acht gelassen; du bist es auch, die den betört hat, dem der Teufel nicht zu nahen vermochte. So leicht hast du den Mann, das Ebenbild Gottes, zu Boden geworfen.[97]

Ganz abgesehen von der willkürlichen, der einseitigen, den Mann auf Kosten der Frau entlastenden Deutung der biblischen Erzählung vom ›Sündenfall‹ (Gen 3) steckt hinter solchen ›Väter‹-Sprüchen ein manichäisches, leibverachtendes Gedankengut. Zum Teil aber lebt – mit einiger Wahrscheinlichkeit – auch die Auffassung des griechischen

Philosophen Aristoteles (384 – 322 v. Chr.) wieder auf, wonach nur der Mann ein ganzer Mensch und die Frau eine Art missratener Mann sei: nicht nur weil sie keinen Samen und folglich keine Nachkommen produzieren könne, sondern vor allem deshalb, weil sie generell und von Natur aus schwach sei. Wenn nämlich der Same bei der Zeugung irgendwelche Mängel aufweist, kommt – nach Aristoteles – nur ein physiologisch unvollkommenes Wesen, also eine Frau, zustande.[98]

Dementsprechend misst das altrömische Recht den Frauen einen sehr niedrigen Status bei. Partiell und abgeschwächt verstecken sich solche Vorstellungen noch heute im lateinischen Kirchenrecht.[99] Doch auch im nichtchristlichen Bereich finden wir ähnliche Ansichten, die alle auf eine essentielle Minderwertigkeit der Frau hinauslaufen. Derartige Vorurteile hielten sich lange und feierten noch im 19. Jahrhundert, z.B. bei Schopenhauer und Nietzsche, fröhliche Urständ.

Die sozialpsychologischen Folgen eines so abschätzigen Frauenbildes sind meines Erachtens verheerend. Ein Mann, der die Frau als Mängelwesen betrachtet, ist zur personalen Bindung, zur wirklichen Liebe, zur echten Partnerbeziehung nicht fähig. Auch umgekehrt ist eine Frau, die sich im Vergleich zum Mann als weniger wertvoll ansieht, nicht wirklich beziehungsfähig.

Inwieweit nun Augustinus im höheren Lebensalter diese Konsequenzen eines abfälligen Frauenbildes durchschaut hat, kann ich nicht sicher beurteilen. Doch immerhin muss es als theologischer und kultureller Fortschritt gelten, wenn der späte Augustinus der Frau ihre »Gottebenbildlichkeit« und somit ihre grundsätzliche *Gleichwertigkeit* dem Mann gegenüber nicht mehr (wie in früheren Schriften) abspricht, sondern – im Gegenteil – das Mann- bzw. Frausein auch für das vollkommene Leben in der Ewigkeit, für das Leben *nach* der Auferstehung von den Toten, postuliert.

Allerdings macht Augustinus im Buch ›Der Gottesstaat‹ – mit Bezug auf das Jesuswort Mk 12, 15 – eine gewichtige Einschränkung: Begattung und Geburten werde es in der Ewigkeit »nicht mehr geben«.[100] Auch werde es »keine Begehrlichkeit« mehr geben – eine Auffassung, die freilich die Frage provoziert, ob das Erotische, die Anziehungskraft der Geschlechter zwangsläufig etwas Unschickliches sei oder gar etwas Abgründiges, Böses impliziere und folglich aus der Ewigkeit verbannt werden müsse.

Sofern allerdings die Leidenschaft zugleich auch Leiden schafft, hat Augustinus sicherlich Recht: Es kann nicht sein, dass es Gier oder Liebesleid auch noch im Himmel geben wird. Sonst wäre der Himmel nicht der Himmel.

11. Zur Vita des heiligen Augustinus

In späteren Jahrhunderten wurde Augustins Theorie vom Fortbestand der menschlichen Geschlechterdifferenz in der Jenseitigkeit Gottes von manchen Theologen generell verworfen, von anderen aber (z.B. von Karl Barth und Joseph Ratzinger) erneut aufgegriffen und gedanklich erheblich vertieft. Ich werde auf diese schwierige Thematik noch öfter zurückkommen und im Finale des Schlussbandes einen vorläufigen Lösungsversuch unternehmen.[101]

In jedem Fall sind Augustins Schriften relevant für eine Kulturgeschichte der Liebe. Zweifellos ist Augustinus von Hippo eine der wichtigsten und wirkmächtigsten Säulen in der Geschichte des Abendlands und zugleich ein Wegweiser in der Glaubensgeschichte der Christenheit. Er hat dem christlichen Glauben und Denken den Weg in die Zukunft geöffnet. Viele bedeutende Philosophen und Theologen des Mittelalters, aber auch viele Denker der Neuzeit (von Martin Luther bis hin zu Joseph Ratzinger, dem zurückgetretenen Papst Benedikt XVI.) haben sich von den Schriften des heiligen Augustinus – maßgeblich und nachhaltig – inspirieren lassen.

Nicht allem zwar, was Augustinus geschrieben oder gepredigt hat, können wir heute noch zustimmen. Manche Ansichten des spätantiken Bischofs und Kirchenlehrers sind inzwischen, auch aus christlich-theologischer Sicht, überholt. Aber was Augustinus von Hippo (etwa in seinen Predigten über den Ersten Johannesbrief) über die *Liebe* – die göttliche wie die menschliche Liebe – verkündet hat, ist meines Erachtens zeitlos und deshalb, wie z. B. die jüdische Philosophin Hannah Arendt in ihrer systematischen Untersuchung unterstrichen hat,[102] im Prinzip auch weiterhin gültig.

In den autobiographischen ›Bekenntnissen‹ schildert der ca. 45-jährige Augustinus eine außerordentlich schöne, berühmt gewordene Szene, die die unzerstörbare, für immer und ewig bestehende Liebe zwischen zwei Menschen bezeugt. Zwar geht es hier nicht um die Paarbeziehung von Mann und Frau, sondern um die Mutter-Sohn-Beziehung zwischen Augustinus und Monika von Thagaste. Aber was Bischof Augustinus in dieser bewegenden, literarisch herausragenden und theologisch hoch brisanten Szene zu sagen hat, lässt sich unschwer übertragen auch auf die Seelenfreundschaft von Mann und Frau bzw. auf die tiefe und dauerhafte Partnerliebe.

Ich werde dieses Liebeskonzept noch ausführlicher besprechen. Zunächst aber einige wenige, zum besseren Verständnis der ›Bekenntnisse‹ erforderliche Daten zum Leben und zum geistigen Werdegang des heiligen

Augustinus: Er wurde am 13. November 354 in der nordafrikanischen Stadt Thagaste in der römischen Provinz Numidien (heute Souk Ahras in Algerien) als Sohn des heidnischen römischen Beamten Patricius Aurelius und der, mit Patricius verheirateten, tief gläubigen Christin Monika (332 – 387) geboren. Sein Vater Patricius trat erst 371, ein Jahr vor seinem Tode, zum Christentum über – nach langen Bekehrungsversuchen durch die Ehefrau Monika.

Auch Augustinus ließ sich erst in der Osternacht 387, im Alter von 32 Jahren, in Mailand taufen – stark beeindruckt von den Predigten des Bischofs Ambrosius. Gleichzeitig war er, wie er versichert, getragen von den flehentlichen Gebeten seiner Mutter Monika, die im Oktober 387, wenige Monate nach der Taufe des Sohnes, auf der Heimreise in der römischen Hafenstadt Ostia starb.

Zeitlebens suchte Augustinus nach Gott, nach der Tiefe des Seins, nach dem Wesen der Dinge und dem Wesen der Liebe. Als Redner und Autor, als Philosoph und Theologe wurde er ein Meister des Nachdenkens und ein Meister des sprachlichen Ausdrucks. Seine Muttersprache, das Lateinische, beherrschte er virtuos. Und seine Grundkenntnisse im Griechischen vertiefte er später durch das Studium der griechischen Bibel, der Septuaginta.

12. Beziehungsgeschichten

Ab 371 studierte der knapp siebzehnjährige, hoch begabte junge Mann Rhetorik in Karthago (nahe dem heutigen Tunis in Tunesien). In diesen ›Sturm- und Drang‹-Jahren hat Augustinus, der leicht erregbare Feuerkopf, den eigenen Angaben nach ein sehr ausschweifendes Leben geführt. Vielleicht hat der Autor in seiner Selbstdarstellung – in den

›Bekenntnissen‹ – ein wenig übertrieben. Zumindest dies aber steht fest: Aus einer unehelichen, ca. 15 Jahre währenden Verbindung mit einer namentlich nicht bekannten Frau aus Karthago ging ein gemeinsamer Sohn hervor: Adeodatus (»der von Gott Gegebene«), geboren im Sommer 372. Und nebenher hatte der junge Rhetoriker noch weitere Verhältnisse mit verschiedenen Frauen – was er später zutiefst bereute.

Anlässlich der bevorstehenden Konversion zum Christentum trennte sich Augustinus in Italien, auf Drängen seiner Mutter, im Jahre 385 von der Lebensgefährtin – während Adeodatus beim Vater blieb und gemeinsam mit diesem von Bischof Ambrosius getauft wurde. Was aber wurde aus der Mutter des Adeodatus? War sie mit der ›Scheidung‹ einverstanden? Oder hat sie darunter womöglich aufs schwerste gelitten?

Der norwegische Schriftsteller und Philosophieprofessor Jostein Gaarder bespricht solche Fragen eingehend und in plausibler Weise in seinem Roman ›Das Leben ist kurz‹ (1997). Augustins zeitweiliger Lebensgefährtin verleiht Gaarder den Namen »Floria Aemilia«.[103] Im Zentrum von Gaarders Darstellung steht ein langer fiktiver Brief aus der Feder »Florias« an Augustinus, ihren früheren Geliebten. Dieser Brief enthält schwere Vorwürfe und bittere Klagen über eine frauenfeindliche kirchliche Sexualmoral.

Doch Genaueres über die Art der Beziehung des späteren Kirchenlehrers Augustinus zu seiner langjährigen Freundin wissen wir leider nicht. Auch die eigentlichen, die tieferen Hintergründe der Trennung sind unklar. Ging es primär um die Sexualität? Gab es Differenzen bezüglich eines christlichen, sakramentalen, Eheverständnisses? Oder kam es zu unterschiedlichen Auffassungen in Fragen der Kindererziehung? Und – wie war dieser Frau im Innersten zumute, als sie verlassen wurde und als sie Abschied nehmen musste von ihrem Sohn?

Wir wissen nichts Sicheres, wir können es nur erahnen. Ein Auseinandergehen im wechselseitigen Einvernehmen zwischen den ehemaligen Lebensgefährten gab es wohl kaum. Was Augustinus betrifft, ist allerdings zu vermuten: Allzu schwer wird ihm die Loslösung von »Floria Aemilia« – oder wie immer sie hieß – nicht gefallen sein. Jedenfalls lebte er anschließend für fast zwei Jahre zusammen mit einer anderen Frau in Mailand.

Freilich war der jüngere Augustinus nicht nur ein Frauenheld, er war schon als Jugendlicher ein systematischer Denker und ein begnadeter Redner. Er befasste sich seit ca. 370 mit den Schriften des römischen Philosophen und Politikers Cicero. Seit dem Jahre 376 wirkte er als Rhetoriklehrer in Karthago, und 383 zog er nach Rom. Im folgenden Jahr wurde er als Rhetoriklehrer nach Mailand berufen. Dort traf im Jahre 385 auch seine Mutter Monika ein. Und um diese Zeit begann der dreißigjährige Augustinus, sich für das Christentum zu interessieren (das sich gleichzeitig zur römischen ›Staatsreligion‹ wandelte). Er lernte die platonisierende Bibelauslegung kennen und auch sonst die neuplatonische Philosophie, die grundlegend wurde für sein späteres Denken. Ebenfalls um 385/86 studierte er die Briefe des Apostels Paulus, dessen Gnadenlehre von zentraler Bedeutung für Augustins eigene Theologie wurde.

Am 15. August 386 hatte Augustinus, nach einer schweren psychosomatischen Krise, ein mystisch-religiöses Schlüsselerlebnis, das zur radikalen und endgültigen Lebenswende führte. Augustinus beschloss, auf seinen Beruf als Rhetorikprofessor sowie auf die Ehe, ja überhaupt auf jegliche Frauenliebe und jegliche sexuelle Aktivität zu verzichten und stattdessen ein kontemplatives Leben zu führen – in Anlehnung an den ägyptischen Wüstenmönch Antonius (ca. 250 – 356).

Augustins Frauengeschichten waren nunmehr beendet, für immer. Die Beziehung zumindest zu *einer* Frau, zu seiner Mutter Monika, aber hatte – wie wir sehen werden – eine nachhaltige Wirkung auf Augustinus. Ja mehr noch, die Mutterbeziehung hatte für ihn eine Ewigkeitsrelevanz.

Nach dem frühen Tod seiner Mutter kehrte Augustinus in die nordafrikanische Heimat zurück und ging 391 in die Küstenstadt Hippo, um dort ein Kloster zu gründen. Im selben Jahr noch ließ er sich vom Ortsbischof Valerius zum Priester weihen. Im Jahre 396, nach dem Tode des Valerius, wurde er dessen Nachfolger als Bischof von Hippo Regius. Wenig später, 397, begann er mit der Niederschrift seiner großen ›Bekenntnisse‹.

Bis zu seinem Lebensende blieb Augustinus als berühmter Bischof und Prediger in Hippo Regius. Mit dem kontemplativen Leben war es nun freilich vorbei. Mein ehemaliger Lehrer, der Historiker, Altphilologe und Augustinus-Übersetzer Hermann Endrös, schrieb:

> Fünfunddreißig Jahre lang tönte Gottes Wort aus seinem [Augustins] Mund durch die Basilika von Hippo, und es will uns nach der Lektüre der Bekenntnisse glaubhaft dünken, dass seine Rede in solchem Maße über alle Register beschwörender Überzeugungskraft verfügte, dass Augustin als die Erfüllung christlichen Predigens schlechthin gelten konnte, dass die Menschen über das Meer kamen, um ihn zu hören, von dem es hieß, er habe einer absterbenden Welt wieder die Hoffnungsfröhlichkeit eines neuen Äons geschenkt.[104]

13. Monika und Augustin

Bischof Augustin starb im schrecklichen Jahre 430 während der Belagerung Hippos durch die Vandalen. Schon früh wurde er in der lateinischen Westkirche als Heiliger verehrt. Vor allem auch als Theologe und intellektueller Verfechter der christlichen Lehre fand er die größte Anerkennung. Neben dem Theologen und Literaturkenner Hieronymus (dem Schöpfer der Vulgata, der lateinischen Bibelübersetzung) und neben Bischof Ambrosius von Mailand und Papst Gregor dem Großen zählt Augustinus von Hippo zu den vier lateinischen Kirchenlehrern der Spätantike.

Während seine dogmatischen Streitschriften mehr die Welt der Gelehrten, der Philosophen und Theologen erreichte, wurden die ›Confessiones‹ das populärste Werk des heiligen Augustinus. Diese ›Bekenntnisse‹, die sich in keine der herkömmlichen literarischen Kategorien einordnen lassen, sind in der Form eines inständigen Gebetes zu Gott verfasst. Und im 9. Buch dieser Lebenserinnerungen finden wir jene berühmte Szene, die wir als »Seelenhochzeit« von Mutter und Sohn verstehen könnten und die als »erste literarisch bezeugte *unio mystica*«[105] zwischen einer Mutter und ihrem Sohn bezeichnet wurde.

In direkter Anrede an Gott beschreibt Augustinus eine der letzten Zwiesprachen mit seiner Mutter Monika in der Stadt Ostia am Tiber:

Schon war der Tag ihres Hinscheidens nahe – Dir war er ja bekannt, uns nicht –, da fügte es sich wohl durch Deine geheimnisvolle Lenkung, dass wir beide zusammen allein dicht bei einem Fenster standen (…). So gingen denn nun zwischen uns beiden die Gespräche hin und her, und es waren Gespräche voller Herzlichkeit; wir »vergaßen das Vergangene und achteten dessen, was vor uns lag« [Phil 3, 13], und unter den Augen der Wahrheit, die Du bist, unterhielten wir uns über die Frage, wie es wohl dereinst um das ewige Leben der Heiligen bestellt sein werde, das »kein Auge je geschaut, von dem kein Ohr etwas gehört und das in keines Menschen Herz gedrungen ist« [1 Kor 2, 9].[106]

Trotz des absoluten Geheimnischarakters dieser Frage nach dem Inhalt des »ewigen Lebens« wagen es Augustinus und Monika, über dieses Thema nachzudenken:

Schließlich war das Gespräch dahin gelangt, dass jedes noch so große körperliche Lustempfinden, wie hell es auch aufleuchtete im Licht der irdischen Welt, einem Vergleich mit der Wonne jenes Lebens niemals gewachsen sei (…); da (…) durchwanderten wir Stück für Stück die gesamte Welt der körperlichen Dinge (…) und gelangten schließlich zu unseren Seelen, und auch ihr Reich durchschritten wir, um das Land des unerschöpflichen Überflusses zu erreichen (…); und das Leben dort ist die Weisheit, durch die alles wird, was da ist, durch die alles war und künftig sein wird (…). Und indem wir darüber sprachen und nach ihr begehrten, gerieten wir ganz leise an sie für einen einzigen ganzen Schlag unseres Herzens heran (…).

Die beiden, Monika und Augustinus, kommen zum Resultat: Gott *selbst* ist das ewige Leben und die ewige Seligkeit seiner »Heiligen«, d.h. der Himmelsbewohner. Augustinus erzählt in seinen ›Bekenntnissen‹:

So kamen wir dahin, dass wir sagten: Verstummte in einem des Fleisches Toben, (…) verstummte jedes Wort, jedes Zeichen, verstummte alles gänzlich, was da an einem vorbeihuscht, (…) und redete Er selber dann allein, nicht vermittels der Dinge, nein, durch sich selbst, so dass wir (...) Ihn selbst hörten, den wir in all dem Genannten lieben, (...) – und wenn dieser Augenblick Dauer hätte und die anderen Erscheinungen sich verflüchtigten, (...) und wenn diese Weisheit allein Besitz nähme von dem Schauenden und ihn an sich zöge und ihn in einen Zustand innerlichster Freude versetzte, (...): ist dies dann nicht die Erfüllung dessen, was geschrieben steht: »Geh ein in die Freude Deines Herrn« [Mt 25, 21]?

Nur noch wenige Tage, dann wird Monika in Frieden sterben. Denn ihre »einzige Aufgabe« seit dem Tod ihres Gatten Patricius war es ja, für das Seelenheil des Sohnes und für dessen Übertritt zum christlichen Glauben zu beten. Und die Erfüllung dieses Wunsches wurde ihr, schreibt Augustinus, »in überreicher Fülle« durch Gottes Gnade gewährt.

Jetzt also konnte die Mutter sterben. »Ich drückte ihr die Augen zu, und mein Herz durchströmte eine unsagbare Trauer, (...). So ward meine Seele verwundet, da sie [Monika] mich verlassen hatte; wie zerborsten war nun das Leben, das aus dem meinen und dem ihren sich *zu einem einzigen verschmolzen* hatte.«[107] Nach dieser Zeit der Trauer und der Tränen aber gelangte Augustinus zur festen Überzeugung: Monika hat zur ewigen Seligkeit, zur vollkommenen Freude gefunden!

14. Eine »Seelenhochzeit«

Nach den vergänglichen Freuden und den Beschwernissen der Erdenzeit hat Monika von Thagaste ihr ewiges Ziel erreicht. Was heißt das nun aber?

Manche Passagen aus den ›Bekenntnissen‹ könnten so verstanden werden, als sei Gott *allein* der Inhalt der ›ewigen Freude im Herrn‹. Dass es so nicht gemeint ist vom Autor, belegt jedoch das Finale des 9. Buches der ›Bekenntnisse‹: Die verstorbene Mutter ist nur »für eine Zeit«, eine *vorübergehende* Zeit von ihrem Sohne getrennt. Monika wie auch »Patricius, der einst ihr Mann war«, werden Augustins »Mitbürger« sein »im ewigen Jerusalem«. Oder anders gesagt: Der Inhalt des ewigen Lebens ist eben nicht nur die Gottheit selbst, sondern *auch* die Gemeinschaft der ›Heiligen‹, der Himmelsbewohner/innen, untereinander.

Wenn wir nun diese Aussage verknüpfen mit Augustins Lehre im ›Gottesstaat‹ (wonach die irdischen Beziehungen im Jenseits nicht getilgt, sondern vervollkommnet werden), dann ist die These sicher erlaubt: Augustinus und Monika und in anderer Form auch Patricius und Monika sind – im Verständnis Augustins – in alle Ewigkeit miteinander vereint, als ›unsterbliche Paare‹.

Die mystische Vereinigung, die in den ›Bekenntnissen‹ des heiligen Augustinus angedeutet wird, meint primär zwar die Einheit mit *Gott* als dem Urgrund des Seins. Da das Leben Monikas und ihres Sohnes allerdings, laut Augustinus, »zu einem einzigen verschmolzen« waren, können wir – mit der Germanistin Waltraud Wiethölter – zu Recht auch von einer »Seelenhochzeit« zwischen Mutter und Sohn sprechen: von einer »unio mystica«,[108] die auf Erden gegründet wurde und die, in der Sicht des heiligen Augustinus, in der Ewigkeit Gottes zur Vollendung gelangen wird. Ähnliche und gleichfalls ins Jenseits reichende ›Seelenhochzeiten‹ kennt die Literatur und die Geistesgeschichte, wie wir in den folgenden Buchkapiteln sehen werden, in nicht geringem Ausmaß.

Dass es sich im Falle ›Augustinus und Monika‹ nicht um eine erotisch-sexuelle Partnerbeziehung handelt, scheint mir von untergeordneter Bedeutung. Ich vermute: Aufgrund extrem schlechter Erfahrungen (die er in den ›Bekenntnissen‹ möglicherweise verschweigt oder verschleiert) wollte der ehemalige Frauenfreund Augustinus nach seinem ›Bekehrungserlebnis‹ im Jahre 386 von Ehe und erotischer Liebe nichts mehr wissen. Gleichwohl räumt er zumindest indirekt ein, dass auch der (überwiegend glücklich verlaufenen) Partnerbeziehung zwischen Monika und ihrem Gatten Patricius eine Ewigkeitsrelevanz zukommen werde. Der spätantike Theologe und Kirchenvater Augustinus könnte somit als berufener Zeuge für die unsterbliche Liebe auch von Mann und Frau angesehen werden.

Nun soll freilich nicht verschwiegen werden, dass Augustins Philosophie und sein theologisches Denken nicht nur auf Zustimmung und Bewunderung stießen. Neben differenzierter Kritik innerhalb der christlichen Kirchen gab es auch massive Ablehnung: vielleicht am schärfsten im Buch ›Von der Gottesvergiftung zu einem erträglichen Gott‹ (2003)[109] von Tilmann Moser, dem bekannten, an Sigmund Freud orientiertem Psychoanalytiker.

Tilmann Moser sieht in Augustins ›Bekenntnissen‹ lediglich einen Niederschlag von neurotischen Schuldgefühlen und, damit verwoben, den Ausdruck einer krankhaften Verschmelzungssehnsucht mit Gott: eines Syndroms, das bis heute bei vielen Christen noch fortwirke und zu schweren Belastungen geführt habe. Eine derartige Fundamentalkritik halte ich freilich für verfehlt oder zumindest für stark überzogen.

Dass in Augustins Leben und Werk der menschlichen Schuld bzw. den Schuld-*Gefühlen* eine große Bedeutung zukommt, ist nun zwar richtig. Es könnte auch sein, dass diese Schuldgefühle nicht immer angemessen und stimmig waren. Es mag sein, dass sie übertrieben und in unnötiger Weise für Augustinus belastend waren.

Vielleicht hat der Kirchenvater auch manches verdrängt, vielleicht hat er die positiven Seiten etwa des

Zusammenlebens mit seiner langjährigen Freundin im Nachhinein verdächtigt und abgewertet. Es mag zudem ja sein, dass Augustins Beziehung zu seiner Mutter Monika eine regressive Komponente hatte und in mancher Hinsicht problematisch war. Ich kann mir auch vorstellen, dass Monika eine zweifelhafte Rolle spielte bei der Trennung des Sohnes von seiner Lebensgefährtin. Aber deswegen muss man nicht pauschal das Gottesbild Augustins verwerfen – und schon gar nicht seine Sehnsucht nach ewigem Leben, nach Einheit mit Gott, nach vollkommener, unvergänglicher Liebe von Du zu Du.

Omnia vincit amor.
Die Liebe besiegt alles.
Hildegard von Schwaben

Kapitel IV
Die Hochform der Liebe im frühen Mittelalter

Die Philosophie, die Theologie des heiligen Augustinus hat eine immense Wirkungsgeschichte bis hin zur Gegenwart. Besonders das christliche Mittelalter blieb – neben dem religiös-kulturellen Einfluss des von Benedikt von Nursia um 530 in Süditalien gegründeten Benediktinerordens – sehr weitgehend von Augustins Vorstellungswelt geprägt: von seinem Gottes- und Menschenbild, von seiner Metaphysik, seiner Gnadenlehre, seiner Bibelauslegung, seiner Dialektik von Diesseits und Jenseits, seinem heilsgeschichtlichen Denken, seinem Liebesbegriff, seinem Lobpreis der leiblichen ›Auferstehung von den Toten‹ sowie seinen (heute freilich kaum mehr vertretbaren) Auffassungen von Fegefeuer und ewiger Hölle.

Auch von mystischen ›Seelenhochzeiten‹ wissen mittelalterliche Autoren zu berichten: allerdings, im Unterschied zu Augustinus, wohl weniger zwischen Mutter und Sohn, sondern – in der Regel – zwischen Mann und Frau. Wie bei Augustinus zwar und wie bei anderen Kirchenlehrern der Spätantike gipfelt das Frömmigkeitsideal des Mittelalters in der Vereinigung, in der ›unio mystica‹ des Menschen mit *Gott*, seinem Schöpfer. Doch auch die Geschlechterliebe, die elementare Anziehungskraft zwischen Mann und Frau, kann für den Menschen des Mittelalters zum starken Hinweis werden auf die *ewige* Liebe im Himmelreich.

Wenn im folgenden Abschnitt von der ›Hochform‹ der Liebe die Rede ist, so steht im Fokus meiner zeitgeschichtlichen Darstellung, meiner gedanklichen Reflexionen und meiner eingestreuten Textbesprechungen vor allem die ideale, auf Dauer angelegte Liebe speziell von Mann und Frau, aber auch ein allgemeines soziales Verhalten, das von Herzensgüte und umfassender Menschenliebe geprägt ist. Der Zeitraum, den dieses Buchkapitel umspannt, ist das frühe Mittelalter, also die ausgedehnte Epoche von ca. 500 bis ca. 1050.

Wenn wir das europäische Mittelalter – insbesondere seine Hochkultur der Gottes- und der Menschenliebe – unter historischen, theologischen und kulturellen Gesichtspunkten eingehender betrachten und annähernd richtig beurteilen wollen, müssen wir natürlich die antike Vorgeschichte hinreichend kennen. Wir müssen zum Beispiel bedenken und kritisch hinterfragen: Das für die spätere Christentumsgeschichte wohl folgenreichste Ereignis in der Spätantike war die ›Konstantinische Wende‹, die das Christentum aus der Verfolgungssituation befreite und, nach einer Übergangszeit der wohlwollenden Duldung durch die römischen Herrscher, zur offiziellen ›Staatsreligion‹ des, schon im Verfall begriffenen, römischen Kaiserreichs erhob.

Seinen Sieg über den ›Gegenkaiser‹ Maxentius an der Milvischen Brücke (unmittelbar vor Rom) im Jahre 312 verstand Kaiser Konstantin der Große, zumindest der Legende nach, als göttliches Zeichen für die Wahrheit des christlichen Glaubens. Die von Konstantin I. eingeleitete

Entwicklung führte schließlich zum Triumph der christlichen Kirche über die heidnische Götterverehrung.

Dieser Paradigmenwechsel hatte freilich einen sehr ambivalenten Charakter. Unter Kaiser Theodosius I. avancierte das Christentum in den Jahren 380 bis 392 zur ›Staatsreligion‹, zur mächtig werdenden Institution, die mit weitreichenden Privilegien ausgestattet war und ihren Ausschließlichkeitsanspruch gegen die heidnischen Kulte rigoros durchsetzen konnte. Dies ging so weit, dass das christianisierte römische Staatswesen von vielen Christen mit dem neutestamentlichen ›Reich Gottes‹ nahezu gleichgesetzt wurde (eine Auffassung, die Augustinus von Hippo in seinem Werk ›Der Gottesstaat‹ zu Recht kritisierte und ablehnte).

Das römische Reich wandelte sich zum ›Imperium Romanum Christianum‹, und manche Kirchenführer vergaßen über ihre eilfertige ›Staatsfrömmigkeit‹ die eigentliche Botschaft Jesu Christi: die Botschaft der Gottes- und der Nächstenliebe, die Predigt der Barmherzigkeit, der Gewaltlosigkeit, der Versöhnung, des Friedens. Dieses ursprüngliche Anliegen des Wanderpredigers Jesus von Nazareth wurde im Früh- und Hochmittelalter zunehmend verdunkelt durch die absolutistischen Machtansprüche der kirchlichen Hierarchie, die mit weltlichen Königreichen in oft unseliger Weise verschränkt war.

Jesus wollte kein »Reich von dieser Welt« (Joh 18, 36) errichten. Der Dreh- und Angelpunkt der Verkündigung Jesu war vielmehr das ›Reich Gottes‹ bzw. die ›Metanoia‹, das vollständige ›Umdenken‹ des Menschen (vgl. Mk 1, 15 par.). Jesus ging es um ›Bekehrung‹ im Sinne einer ›Umkehr‹ des Menschen zu *Gott*. Er verkündete – in Worten und Taten – ein ›neues Leben‹ in der bedingungslosen Liebe zu Gott und zu allen Menschen, besonders auch zu den Armen und Kranken, den Verachteten und Verstoßenen. Innerhalb dieses universalen Rahmens ist, wie wir oben im Abschnitt III sahen, auch das Leitbild der *Ehe* – als einem nachhaltigen, von Gott gesegneten Bund der unverbrüchlichen Liebe und Partnertreue von Mann und Frau – ein wesentlicher Bestandteil der Botschaft Jesu.

Auch außerhalb des Christentums ist zu vermerken: Eines der größten Menschheitsthemen in allen Erdteilen und in allen Kulturepochen ist die (gelingende oder nicht gelingende) Geschlechterbeziehung, die auch im Zentrum der folgenden Ausführungen steht. Weil sie mit der allgemeinen Nächstenliebe *und* der erotischen Geschlechterliebe in sehr eigentümlicher Weise assoziiert ist, müssen wir freilich – im Rahmen einer umfassenden Kulturgeschichte der Liebe – auch die *geistliche* ›Minne‹, d.h. die Gottesliebe bzw. die *Marienminne*, gebührend beachten. Denn gerade im Mittelalter bilden die leiblich-geistige Geschlechterliebe und die christlich-›marianisch‹ geprägte Volksfrömmigkeit ein hoch interessantes Spannungsfeld.

Im Mittelpunkt der Betrachtung stehen diesmal nicht (wie in den Kapiteln I und II) literarische oder mythologische Figuren, sondern historische Personen, reale Ehepaare wie Karl der Große und Hildegard von Schwaben oder Kaiser Otto I. und Kaiserin Adelheid von Burgund. Beginnend mit dem ausgehenden 8. Jahrhundert, mit Karl dem Großen und seinen Frauen, sollen im Folgenden die Beziehung von Mann und Frau – und ebenso die Gottes- bzw. Marienminne – anhand von historischen Dokumenten und aussagekräftigen Legenden illustriert werden.

1. Karl der Große und Hildegard von Schwaben

Zu den interessantesten, zum Teil aber auch fragwürdigsten und skandalträchtigsten ›Liebesgeschichten‹ des frühen Mittelalters gehören sicher die Beziehungen Karls des Großen (ca. 747 – 814) zu seinen vier oder fünf Ehefrauen und seinen zahlreichen Nebenfrauen. Wobei, menschlich und wirkungsgeschichtlich gesehen, die bedeutsamste Lebenspartnerin des fränkischen Herrschers zweifellos seine dritte Ehefrau, Hildegard von Schwaben (ca. 758 – 783), war.

In einer Kulturgeschichte der Liebe gebührt der jungen Königin Hildegard aus meiner Sicht ein besonderer Platz. In ihrer Ehe mit Karl jedenfalls erwies sich Hildegard als große Liebende und als sehr einflussreiche Partnerin.

Diese Ehe währte ca. zwölf Jahre, bis zu Hildegards Tod. Bei der Trauung mit dem Frankenkönig um 770/771 war Hildegard freilich erst zwölf oder dreizehn Jahre alt: für die damalige Zeit allerdings keine Seltenheit, da das heiratsfähige Alter – im Anschluss an das römische Recht, das die Kirche weitgehend übernommen hatte – mit der Geschlechtsreife gleichgesetzt wurde.

Karl der Große, ein Enkel des fränkischen Hausmeiers Karl Martell, war von 768 bis zu seinem Tode, also 46 Jahre lang, zunächst König und später Kaiser des Fränkischen Reiches. Durch Papst Leo III. wurde Carolus Magnus – wohl der bedeutendste und wirkmächtigste Herrscher aus dem Geschlechte der Karolinger – am Weihnachtsfest des Jahres 800 in der Peterskirche in Rom zum Kaiser gekrönt. Somit erlangte er als erster westeuropäischer Regent seit der Antike die Kaiserwürde. Seine Hauptresidenz wurde ab 794 die Stadt Aachen.

Carolus, der sein König- bzw. Kaisertum auf den Willen Gottes zurückführte, fühlte sich persönlich von Gott erwählt.

Seit Jahrtausenden schon wurden Könige durch Priester geweiht und oft auch als gottgleich verehrt. *So* weit konnte Karl natürlich nicht gehen. Aber ein sakral überhöhter Machtanspruch lag auch der Herrschaft Karls des Großen zugrunde. Die enge Verbindung von ›Thron und Altar‹, die eine archaische Tradition hat, blieb freilich noch lange, bis ins 19./20. Jahrhundert, eine Selbstverständlichkeit, die in weiten Teilen Europas erst mit dem Ende des Ersten Weltkriegs erschüttert wurde.

Karls wohl größtes Verdienst war eine umfassende Bildungsreform, die das Frankenreich kulturell neu belebte.[110] Der Ruhm des »allergnädigsten« und »allerchristlichsten« Königs aber gründet primär auf seinen, aus heutiger Sicht, sehr anrüchigen und – vor allem von der Botschaft Jesu her gesehen – sehr kritisch zu beurteilenden Eroberungskriegen, die dem Reich der Franken seine größte Machtentfaltung und die größte Ausdehnung brachten. Karl eroberte in kurzer Zeit die nördliche Hälfte Italiens. Unter seiner Alleinherrschaft umfasste somit das Frankenreich den Kernteil der frühmittelalterlichen lateinischen Christenheit.

Zu den vielen von Karl geführten Kriegen, bei denen entsetzlich viel Blut floss, gehörten die barbarischen Sachsenkriege von 772 bis 804, die die Zwangschristianisierung Sachsens zur Folge hatten. Da die heidnischen Sachsen »mit religiösen Argumenten nicht zu überzeugen waren, setzte Karl seinen Willen ›mit eiserner Zunge‹ durch, wie ein mittelalterlicher Chronist es nannte«:[111]

Karls Argument war das Schwert, und damit war er erfolgreich. Trauriger Höhepunkt dieses Krieges gegen die Sachsen war das berühmt gewordene »Blutbad von Verden«, bei dem im Jahr 782 an nur einem Tag 4500 Sachsen enthauptet worden sein sollen. Nach mehr als drei Jahrzehnten hatte Karl sein Ziel endlich erreicht: Sein nunmehr weite Teile Mitteleuropas umfassendes Reich grenzte im Norden an die dänischen und slawischen Siedlungsgebiete.

Wie fast alle Herrscherfiguren dieser Welt war auch Karl der Große ein Gewaltmensch. Dass er auf Betreiben der Aachener Stiftskleriker im Jahre 1165 durch Paschalis III., den Gegenpapst zu Alexander III., heiliggesprochen wurde, hatte machtpolitische Hintergründe, die gewiss zu den dunkleren Seiten des ›christlichen‹ Mittelalters gehören.

Mehr als bedenklich – aber nicht untypisch für den Lebensstil im damaligen Hochadel – erscheint uns Heutigen auch Karls Umgang mit seinen Frauen.[112] Freilich müssen wir berücksichtigen: Die Hochzeiten des Hochadels waren in der Regel ohnehin keine Liebesheiraten, sondern politische Verbindungen, die dem Erhalt und der Vergrößerung der Macht dienten.

Von seiner ersten Frau Himiltrud, mit der er einen Sohn namens Pippin hatte, trennte sich der ca. 22-jährige Karl, um im Jahre 769 (oder 770) eine ebenfalls politisch motivierte, von seiner lebensklugen, imperialistisch denkenden Mutter Bertrada eingefädelte Ehe mit einer Langobardenprinzessin zu schließen. Der Name dieser Prinzessin ist unbekannt, in der Forschung wird sie oft als ›Desiderata‹ bezeichnet. Doch Karl verstieß, schon im folgenden Jahr, auch diese Frau. Er schickte sie zu ihrem Vater, dem Langobardenkönig Desiderius, zurück und heiratete die fränkisch-alemannische Grafentochter Hildegard. Wahrscheinlich stand dieser Schritt im Zusammenhang mit sich anbahnenden kriegerischen Auseinandersetzungen mit Desiderius (die ja auch zur Eroberung des Langobardenreichs durch Karl führten).

2. Eine liebende Frau

Die Ehe mit ›Desiderata‹ wurde aber zunächst nicht geschieden. Erst im Jahre 778 wurde diese frühere Ehe durch Papst Hadrian I. annulliert (auch wieder eine fragwürdige, höchst anfechtbare Geschichte!), und Hildegard wurde vom Papst nun endlich als die rechtmäßige Gattin des Königs Karl anerkannt.

Die neue Ehe diente für Carolus dem Zweck, seine Position in den Gebieten östlich des Rheins zu stärken und den alemannischen Adel an sich zu binden. Zugleich aber wurde Hildegard, als vermutlich sehr hübsches Mädchen, von Karl wohl schon in frühen Jahren begehrt. Die wesentlich jüngere Königin Hildegard – der Überlieferung nach eine bildschöne Frau, eine zartfühlende und wahrhaft liebesfähige Weggefährtin – gebar ihm jedenfalls neun Kinder, darunter Ludwig den Frommen, der Karls Nachfolger als Kaiser des Frankenreichs wurde.

Nachdem Hildegard schon im Alter von ca. 25 Jahren nach der Geburt ihrer letzten Tochter verstarb, nahm Karl nach kurzer Trauerzeit im Oktober 783 die ostfränkische Grafentochter Fastrada (ca. 765 – 794) zur vierten Ehefrau, mit der er später zwei Töchter bekam. Unmittelbar nach Fastradas frühem Tod wurde die – von Zeitgenossen als große Schönheit beschriebene – Alemannin Luitgard die neue Lebenspartnerin Karls des Großen. Ob diese, bis zu Luitgards Tod im Jahre 800 währende, Verbindung eine legitime Ehe war, lässt sich aufgrund der unsicheren Quellenlage nicht klären.

Parallel zu seinen Ehefrauen leistete sich Carolus Magnus noch eine stattliche Schar von Konkubinen, die ihm ebenfalls viele Kinder schenkten. Das damalige weltliche Recht schloss einen derartigen Lebenswandel der Fürsten nicht aus. Mit den kirchlichen Vorstellungen von einer sakramentalen Ehe mit *einem* Partner war das Konkubinenwesen freilich schwer zu vereinbaren. Umso erstaunlicher die Heiligsprechung des großen Karl, die der reguläre Papst Alexander III. zwar nicht akzeptieren wollte, gegen die die päpstliche Kurie aber, so weit es bekannt ist, keinen Einspruch erhob.

Bemerkenswert ist auch: Während der Lebemensch Karl der Große das Zusammensein mit verschiedenen Frauen genoss, verbot er seinen hübschen Töchtern, »zu heiraten oder von ihm fortzugehen (...). Dennoch führten sie heimliche Liebschaften – Karl erfuhr zwar davon, ließ es sich aber nicht anmerken.«[113]

Doch zurück wieder zu Hildegard von Schwaben. Die menschlich wichtigste Partnerbeziehung hatte Carolus Magnus, wie gesagt, zu seiner dritten Ehefrau Hildegard. Als sie ihr erstes Kind gebar, war sie wohl vierzehn Jahre alt. Die reifer gewordene Hildegard war – späteren Zeugnissen nach – eine auffällig schöne, eine kluge und liebenswürdige Frau, die es bestens verstand, ihren Ehemann glücklich zu machen. Sie hat, dies scheint mir durchaus wahrscheinlich, alle Sinne Karls erregt und das Bedürfnis des harten Kriegsmannes nach Wärme und zärtlicher Nähe befriedigt.

Überdies war Hildegard eine spirituelle Persönlichkeit. Sie war eine überzeugte Christin und eine enge Freundin der heiligen Lioba von Tauberbischofsheim (um 710 – 782): einer Missionsbenediktinerin, die ihre theologische Lehrerin und ihre geistliche Ratgeberin war.

3. »Omnia vincit amor«

Hildegard stiftete bzw. förderte viele Klöster und Kirchen, z.B. das Benediktinerkloster auf der Bodenseeinsel Reichenau.

Nach ihrem Tode in Diedenhofen (dem heutigen Thionville in Frankreich) rankten sich viele Legenden um Hildegard. Und schon zu Lebzeiten durfte sie ein hohes Ansehen genießen. Das Volk sah in ihr wohl zu Recht eine gute, wohltätige Königin. Vor allem in der Allgäu-Metropole Kempten wurde Hildegard, als großzügige Stifterin, wie eine Heilige verehrt und auf Bildern stets mit einem Nimbus dargestellt.

In den ersten Jahren ihrer Ehe hatte die schöne Königin freilich ein nicht geringes Problem:

> Der Makel, sich ehebrecherisch mit dem König eingelassen zu haben, und der Vorwurf der unrechtmäßigen Eheschließung belasteten die junge Frau.[114]

Die moralische Last seiner Jugendsünden hatte weniger Karl, umso mehr aber Hildegard zu tragen. *Sie* galt in den Augen mancher Zeitgenossen als Ehebrecherin, während man *ihm* – schließlich war er ein Mann und obendrein ein König ›von Gottes Gnaden‹ – alles durchgehen ließ.

In ihrer Liebe zu Karl aber ließ sich Hildegard durch üble Gerüchte nicht irritieren. Ihren Gatten begleitete die etwa sechzehn bis zwanzigjährige Ehefrau auf etlichen Kriegszügen in Sachsen und Italien. In den Jahren 773/774 zum Beispiel ließ der König und Feldherr seine hochschwangere Gemahlin nachkommen, während er die Hauptstadt des Langobardenreiches, das norditalienische Pavia, belagerte.

Es ist nicht zu bezweifeln: Hildegard, die junge Frau »de gente Suaborum« (eine Schwäbin also), leistete ihrem Ehemann auf seinen Feldzügen liebevolle Gesellschaft, so oft und so lange es ging, »und ertrug die Härten des Lagerlebens. Sie trennte sich jedes Mal genauso schwer von ihrem Mann wie er sich von ihr.«[115]

Einer aufschlussreichen, von den Brüdern Grimm überlieferten, in mehreren Versionen verbreiteten Legende nach soll Karl eines Tages erfahren haben, Hildegard sei ihm untreu geworden und habe während eines Kriegszuges einem fremden Mann ihre Liebesdienste gewährt oder angeboten. In seiner maßlosen Wut habe Karl befohlen, seine Ehefrau blenden zu lassen, d.h. ihr die Augen auszustechen oder ihre Augen mit einem glühenden Eisen zu verbrennen. Als sich herausstellte, dass Hildegards ›Untreue‹ auf einer Verleumdung beruhte, soll Carolus vor seiner Gemahlin auf die Knie gefallen sein und sie um Verzeihung gebeten haben. Sie soll ihm in lateinischer Sprache geantwortet haben: »Omnia vincit amor.« Zu Deutsch: »Die Liebe besiegt alles.«[116]

Einen wahren Kern kann diese Legende durchaus enthalten. Carolus Magnus galt zwar als heiterer, lebenslustiger Mensch, konnte aber auch jähzornig, rücksichtslos und brutal sein. Vermutlich aber war Hildegard von Schwaben in der Tat eine große Liebende, fähig zur Hingabe und bereit zur Vergebung. Wenn sie seit dem 13. Jahrhundert als Heilige und als Vorbild einer christlichen Königin verehrt wird und auch im ›Ökumenischen Heiligenlexikon‹ (einem privaten, überkonfessionellen Internetprojekt) mit einer ehrenden Vita vertreten ist, so hat dies sicher eine wesentlich größere Berechtigung als die Heiligsprechung Karls des Großen durch den umstrittenen Gegenpapst Paschalis III.

4. Das Kaiserpaar Otto und Adelheid

Hildegard von Schwaben wurde in der Abtei St. Arnulf in Metz bestattet. Es war der ausdrückliche Wunsch Karls des Großen, dass an ihrem Grab immer Kerzen brennen sollten und dass täglich für Hildegard gebetet werde.[117]

Karl der Große und Hildegard von Schwaben hatten bedeutende Nachkommen. Eine großartige, gleichermaßen wie Hildegard bewundernswerte Frau aus dem frühen Mittelalter war zum Beispiel Hildegards Urururenkelin Adelheid von Burgund (ca. 931 - 999), die zunächst mit Lothar II., dem König von Italien, und später mit Kaiser Otto dem Großen (912 - 973) verheiratet war.

Die schöne, gebildete, in vielfacher Hinsicht reich begabte Adelheid - eine Tochter Rudolfs II., des Königs von Hochburgund (der heutigen Westschweiz), und der Herzogstochter Bertha von Schwaben - gilt als eine der bedeutendsten Frauengestalten der deutschen Geschichte. Und schon zu Lebzeiten wurde sie vom gläubigen Volk als eine beispielhafte, ungewöhnlich sympathische, ja heiligmäßige Christin verehrt. Denn sie hatte nach allem, was wir von ihr wissen, ein großes Herz. Sie war eine wirklich liebende Frau - vielleicht nicht so sehr im erotischen, ganz gewiss aber im sozialen und karitativen Sinne.

Die wichtigste Quelle für Adelheids Vita ist eine Biographie aus der Feder des Benediktinerabtes Odilo von Cluny, der mit Adelheid in persönlicher Verbindung stand. Abt Odilo verfasste diese einfühlsame, als weitgehend verlässlich geltende Lebensbeschreibung wenige Jahre nach dem Tode der Kaiserin.

Historisch gesichert ist: Mit ca. sechs Jahren verlor Prinzessin Adelheid ihren Vater und wurde mit dem damals zehnjährigen Prinzen Lothar von Italien (927 - 950) verlobt. Zehn Jahre später, 947, wurden Adelheid und der nunmehrige Regent Lothar II. ein königliches, von der Kirche sakramental gesegnetes Ehepaar. Doch diese Ehe, aus der eine Tochter namens Emma hervorging, währte nur drei Jahre. König Lothar starb nach einem mörderischen Giftanschlag, die junge Adelheid wurde somit als 19-jährige Frau zur Witwe.

Die selbstbewusste, charakterstarke Adelheid nahm von jetzt an ihr Leben energisch in die Hand. Berengar II., der tyrannisch regierende Markgraf von Ivrea und selbsternannte König der Langobarden, wollte Adelheid mit seinem Sohn Adalbert verheiraten – um durch diese Verbindung seine Herrschaft über Italien zu legalisieren. Doch Adelheid widersetzte sich diesem Ansinnen vehement. Daraufhin ließ Berengar sie auf der Burg Como am Gardasee einsperren. Nach vier Monaten aber glückte ihr mit Hilfe eines Priesters und einer Magd die abenteuerliche Flucht durch einen selbst gegrabenen Tunnel.[118]

Die entmachtete Herrscherin schlug sich mit ihrem Töchterchen Emma (der späteren Königin von Westfranken) bis nach Canossa durch. Von dort aus bat sie den ostfränkischen König Otto um Hilfe. Dieser folgte – keineswegs uneigennützig – sofort ihrem Ruf. Nachdem er Adelheid vor den Nachstellungen Berengars II. gerettet hatte, entschieden sich der verwitwete König Otto und die zwanzigjährige Witwe Adelheid im Jahre 951 für die Eheschließung in der lombardischen Königsstadt Pavia. Diese Verbindung wiederum brachte für Otto zugleich auch die Regentschaft über Italien.

König Otto, der seit dem 12. Jahrhundert – zurückgehend auf den Bischof und Geschichtsschreiber Otto von Freising – ›Otto der Große‹ genannt wurde, war ein ebenso ehrgeiziger wie erfolgreicher Nachahmer Karls des Großen, mit dem der eher kleine, körperlich untersetzte Otto freilich keine äußere Ähnlichkeit hatte.[119] Im Jahre 936 wurde er in Aachen zum ostfränkischen König gekrönt. Und später sollte sein größter Traum in Erfüllung gehen. Otto I. gelang es tatsächlich, das fränkische Kaisertum (das 924 mit dem Tode Berengars I. von

Italien erloschen war) zu erneuern, das Ostfrankenreich (das spätere Deutschland) zu festigen und die politische Grundlage für das ›Heilige Römische Reich‹ zu schaffen. Fakt ist, dass das westeuropäische Kaisertum von Otto dem Großen an bis zum Jahre 1806 fest mit dem deutschen Königtum verbunden war.

5. Eine unergründliche Paarbeziehung

Das Königs- bzw. Kaiserpaar Otto und Adelheid hat eine maßgebliche Bedeutung für die Entwicklung des Abendlands, für die Profan- wie für die Christentumsgeschichte Europas. Das Leben und die Regierungszeit Ottos I. sind gut dokumentiert, die älteste Quelle ist eine (in den letzten Lebensjahren des Kaisers entstandene) Chronik des sächsischen Mönches Widukind von Corvey. Aus dieser und aus anderen Quellen können wir entnehmen:

Otto der Große war ein starker Regent. Doch anders als seine zweite Ehefrau Adelheid war Kaiser Otto I., der mächtige Herrscher über das ›christliche Abendland‹, wohl keine sehr charismatische und keine besonders spirituelle Persönlichkeit. Er war auch kein wirklich gebildeter Mann. Erst im Alter von 34 Jahren, nach dem Tod seiner ersten Gemahlin Editha (einer Enkelin Alfreds des Großen von England), erlernte Otto das Lesen und Schreiben, »um die Regierungsgeschäfte effektiver und selbstständiger ausüben zu können«.[120]

Ottos Stärke war gewiss nicht die geistige Arbeit, sondern eher die Kriegsführung, die ihn zum ›Retter der Christenheit‹ machte – hatte er doch im Jahre 955 mit einem gemeinsamen Heer aus fränkischen, bayerischen und schwäbischen Truppen in der Schlacht auf dem Lechfeld (bei Augsburg) die

Ungarn, die heidnischen Angreifer, vernichtend geschlagen und somit die nicht seltenen Ungarneinfälle für immer beendet.

Für Königin Adelheid war die Verbindung mit Otto I. – obwohl es eher eine ›Vernunftehe‹ war und wohl weniger eine Liebesheirat – eine wichtige und zunächst durchaus glückliche Zeit:

> Sie fühlte sich ebenbürtig und hatte Einfluss auf die Politik des Reiches. Sie sprach vier Sprachen und fungierte als Dolmetscherin. Bittsteller wandten sich zuerst an die einflussreiche Herrscherin. Die Menschen erlebten die vorbildliche Christin freundlich und freigebig.[121]

Das Eheglück Ottos und Adelheids war auch ein Thema der bildenden Kunst im Hochmittelalter. Eine dem Naumburger Meister zugeschriebene Sandsteinskulptur aus dem 13. Jahrhundert im Chor des Meißener Doms zeigt die kaiserlichen Stifterfiguren Adelheid und Otto als frommes Ehepaar, das einander zugewandt am Gottesdienst teilnimmt. Die gekrönte, mit einem fürstlichen Umhang dekorierte junge Adelheid besticht durch ihr liebes Gesicht und ihr freundliches, etwas schelmisches Lächeln.

Adelheids Größe als charismatische Frau und kluge Regentin blieb unvergessen. In späteren Jahrhunderten wurde der Kaiserin Adelheid auch musikalisch wiederholt ein Denkmal gesetzt: in den Opern ›Adelaide‹ (1729) von Giuseppe Orlandini, ›Adelaide di Borgogna‹ (1817) von Gioachino Rossini und ›Adelheid von Italien‹ (1823) von Ignaz von Seyfried. Adelheids Sohn Otto II. und seiner byzantinischen Gemahlin indessen wurde die Oper ›Otto und Theophanu‹ (1723) von Georg Friedrich Händel gewidmet.

Was aber können wir über Adelheid und Otto I. *als Ehepaar* sagen? Der gemeinsame Höhepunkt in Ottos und Adelheids

Leben war, vom äußeren Aufstieg her gesehen, natürlich die Kaiserkrönung. Im Februar 962 wurden der bisherige König und seine zweite Ehefrau im Petersdom zu Rom von Papst Johannes XII. zum Kaiser bzw. zur Kaiserin erhoben. Auf einer ganz anderen Ebene aber liegt die - schwierige - Frage nach der Qualität der *Partnerbeziehung* Ottos und Adelheids.

Sicherlich hatten sowohl die erste Ehe Ottos mit Editha wie auch dessen zweite Ehe mit Adelheid machtpolitische Hintergründe - für die Verhältnisse im damaligen Hochadel ja eine pure Selbstverständlichkeit. Dies muss aber, ähnlich wie bei Karl dem Großen und Hildegard von Schwaben, nicht unbedingt ausschließen, dass auch starke persönliche Gefühle im Spiel waren. Einer so charakterfesten und eigenständigen Frau wie Königin Adelheid jedenfalls ist es zuzutrauen, dass sie König Otto nicht nur aus rationalem Kalkül geheiratet hat.

6. Eine große Frau des Mittelalters

Die Regierungszeit Ottos I. ist leider verknüpft mit einem, zumindest aus heutiger Sicht, sehr schwerwiegenden Missstand in der christlichen Kirche: Schon seit den Anfängen seiner Königsherrschaft hatte Otto den hohen geistlichen Amtsträgern des Reiches, also vor allem den Bischöfen, immer größere weltliche Macht verliehen, um sie auf diese Weise an sich zu binden. So entstand das ›Reichskirchensystem‹, das heißt die - seit jeher problematische, ja unselige - personelle und institutionelle Verquickung von weltlichem Königtum und geistlicher Gewalt.

Im 11. Jahrhundert wurde diese (für die Kirche, für ihren eigentlichen Auftrag, für ihre Heilssendung im Namen Christi) höchst schädliche Entwicklung noch weiter ausgebaut. Die Kaiser und Könige schufen sich oftmals »ein loyales Netzwerk, indem sie zur Besetzung freier Bischofsstellen auf Angehörige ihrer eigenen Hofkapelle zurückgriffen«.[122]

Gewiss muss eine starke Machtposition nicht von vornherein etwas Verwerfliches sein. Nein, wer Macht hat, kann sehr viel Gutes tun und sehr viel Böses verhindern. Die Weltgeschichte und die Kirchengeschichte lehren jedoch, dass die Übermacht nur allzu oft missbraucht wird, dass sie in skrupelloser Weise genutzt wird zu selbstsüchtigen Zwecken und zur Unterdrückung von Menschen. Ein sehr schönes (aber leider nur seltenes) Gegenbeispiel freilich ist der Regierungsstil der Kaiserin Adelheid. Ihre Macht war im Wesentlichen eine Macht der Weisheit und Liebe, des vernünftigen Ausgleichs und der diplomatischen Verständigung.

Kaiser Otto und Kaiserin Adelheid waren gewiss zwei grundverschiedene Menschen. Es ist aber wohl anzunehmen, dass sie sich in den besten Zeiten ihrer Ehe auf fruchtbare Weise ergänzten und gegenseitig bereicherten. Darüber hinaus freilich wissen wir über ihr privates Leben und über die Art ihrer ehelichen Beziehung, wie schon angedeutet, sehr wenig.

Otto und Adelheid hatten vier gemeinsame Kinder, von denen aber nur zwei das frühe Kindesalter überlebten: Mathilde (die spätere Äbtissin von Quedlinburg) und Otto (der künftige Kaiser Otto II.). Den biographischen Quellen nach kam es im Verlauf der zweiundzwanzig Ehejahre zu einer gewissen Entfremdung zwischen den Partnern. Ob mehr aus politischen oder mehr aus privaten Gründen, ist fraglich. Jedenfalls wurde Adelheids politischer Einfluss geringer. Als ihr Gemahl schließlich starb, wurde er neben seiner ersten Frau Editha im romanischen (später gotischen)

Dom zu Magdeburg beigesetzt – »eine herbe Enttäuschung für die stolze Adelheid«.[123]

Wie nun kam es zur Bestattung Ottos I. in Magdeburg? Mit der Zustimmung des Papstes Johannes XIII. hatte der Kaiser im Jahre 968 das Missionserzbistum Magdeburg gegründet. Diese Gründung – im Rahmen der deutschen Ostsiedlung – stand wiederum im Zusammenhang mit der Imperialpolitik, dem Expansionsstreben des deutsch-römischen Kaisers, das zur Missionierung der heidnischen Slawen in den ostelbischen Gebieten führte. Insofern war die Beisetzung Ottos im Magdeburger Dom konsequent.

Als man das Grab Kaiser Ottos im Jahre 1844 öffnete, fand man ein Skelett und spärliche Kleidungsreste. Später (2008) wurde auch das Grabmal Edithas geöffnet, mit ähnlichen Funden. Wie Königin Editha zu Lebzeiten aussah, wissen wir nicht. Dass die gotische Sitzstatue eines Herrscherpaares in der sechzehneckigen, um 1250 entstandenen Kapelle des Magdeburger Domes König Otto I. und seine erste Gemahlin Editha darstelle, ist ein wahrscheinlich unzutreffender Volksglaube.

Die Särge des Königspaars Otto und Editha finden sich bis zum heutigen Tag im selben Sakralgebäude. Die sterblichen Überreste des Kaiserpaars Otto und Adelheid indessen ruhen relativ weit voneinander entfernt. Vielleicht könnte dieser räumlichen Distanz auch eine symbolische Bedeutung zukommen.

Otto und Adelheid stehen für sehr unterschiedliche, ja gegensätzliche Regierungsformen. Ottos Herrschaft war eine rein weltliche, machtorientierte Angelegenheit. Adelheids Herrschaft aber wies in ihrer christlichen Demut und Menschenliebe über diese irdische Welt hinaus. Ob und wie tief sich Otto und Adelheid dennoch verstanden und geliebt hatten, ist freilich eine ganz andere Frage, die mit getrennten

Gräbern und verblichenen Skelettresten nichts mehr zu tun hat.

7. Macht und Demut

Nach dem Tod ihres Gatten im Jahre 973 war die jetzt 42-jährige Witwe und Kaiserin die wichtigste Beraterin ihres achtzehnjährigen Sohnes Otto II. Aber ein Zerwürfnis mit ihrer – geistig ebenfalls bedeutenden und sehr selbstständig agierenden – Schwiegertochter, der byzantinischen Mitkaiserin Theophanou (die 972 die Gemahlin Ottos II. wurde), zwang Adelheid im Jahre 975 zum Verlassen des kaiserlichen Hofes. So kehrte sie in ihre burgundische Heimat zurück.

Bei Adelheids Vertreibung könnten auch staatsrechtliche Gründe eine Rolle gespielt haben. Denn die Kaiserin unterstützte die klösterliche Reformbewegung, die von der Abtei Cluny (nördlich von Lyon) ausging: eine geistliche Bewegung, die – unter anderem – die Befreiung der Klöster aus der Jurisdiktionsgewalt der Bischöfe (zugunsten einer engeren Bindung an das Papsttum) anstrebte und somit die Mitbestimmung des Kaiserreichs über die Klöster erheblich schwächte.

Als ihr glückloser Sohn Otto II. im Alter von erst 28 Jahren in Italien starb, gewann Adelheid erneut einen großen politischen Einfluss:

> Die kluge Politikerin teilte sich die Herrschaft für den dreijährigen Enkel Otto III. mit ihrer Schwiegertochter. Nach Theophanous Tod war Adelheid wieder die allein regierende Kaiserin und stand im Zentrum der Macht. Die Regentin herrschte selbstständig und weise bis zur Volljährigkeit ihres Enkels.[124]

Während ihrer Regentschaft anstelle des noch unmündigen Enkels ließ sich Adelheid durch ihre Tochter Mathilde, die Äbtissin von Quedlinburg, unterstützen. Dem Protz, der Herrschsucht, der Gewalt der gewöhnlichen Potentaten setzte Kaiserin Adelheid eine Kultur der Liebe, eine Regierungsform der Herzensgüte und der Menschenfreundlichkeit entgegen. Nach der ›Schwertleite‹ (einem martialischen Zeremoniell beim Erreichen der männlichen Volljährigkeit) ihres Enkels Otto III. jedoch, im Jahre 994, musste Adelheid den kaiserlichen Hof nun endgültig verlassen. Ohne Groll zog sie sich zurück in das von ihr selbst gegründete elsässische Benediktiner-Doppelkloster Seltz.

Der Historiker David Fraesdorff kommentiert die hohe, wahrhaft christliche Gesinnung und den edlen Charakter der – schon von ihrem ersten Ehemann Lothar hoch geschätzten – Regentin Adelheid so:

> Bei allem Selbstbewusstsein, das Adelheid auszeichnete, blieb sie jedoch erstaunlich bescheiden. Sie strebte nicht nach Reichtümern und weltlichen Genüssen, verlangte keine extravaganten Mahlzeiten, trug schlichte Kleidung und wollte nicht gelobt werden. Für ihr zurückhaltendes Auftreten, aber auch für ihre Schönheit, Klugheit und Sittenstrenge wurde Adelheid zeit ihres Lebens geschätzt. Dazu kamen eine ausgeprägte Frömmigkeit und christliche Demut. Sie schrieb selbst, dass sie von Gott lediglich »für eine gewisse Zeit mit der Herrschaft über das christliche Volk betraut« worden sei.[125]

Vielleicht war gerade ihre Demut auch ein wichtiger Bestandteil ihres Einflusses und ihrer politischen Macht. Auch der Rückzug ins klösterliche Leben passte durchaus zu Adelheid. Sie war ja ihrem Wesen nach eine ausgeprägt religiöse Frau. Von der klösterlichen Lebensform fühlte sie sich immer schon angezogen. Ihre besondere Machtposition hatte sie, ihrer persönlichen Neigung entsprechend, auch stets genutzt, um – wie schon erwähnt – die monastische Reformbewegung von Cluny zu unterstützen und um, im Sinne der ursprünglichen Ordensregel des heiligen Benedikt, Klöster in Italien und am Rhein zu gründen.

Ich komme zum Ergebnis: Kaiserin Adelheid, die ihre beiden Ehemänner und ihre fünf Kinder überlebte, war eine große und starke Frau, eine wegweisende Regentin, eine glaubwürdige Christin. Sie hatte den Glanz des höfischen Lebens und die Verehrung des Volkes erfahren, aber auch schwere Enttäuschungen und bitteren Schmerz. Nach einem oft leidvollen, aber wahrlich erfüllten Leben starb sie im Alter von 68 Jahren am 16. Dezember 999 im Kloster Seltz.

Parallel zu ihren Regierungsgeschäften und verstärkt in der Zeit ihres ›Ruhestands‹ hatte sich Adelheid in Werken der Buße und der Mildtätigkeit geübt. Sogar Wunder und Visionen wurden ihr zugesprochen. Und knapp hundert Jahre nach ihrem Tod wurde sie als erste Regentin des Mittelalters durch Papst Urban II. offiziell heiliggesprochen – meines Erachtens durchaus zu Recht (im Unterschied zu manchen anderen Heiligsprechungen). Ihre Grabstätte im Kloster Seltz wurde zu einem überaus beliebten Wallfahrtsort.

8. Die Marienverehrung

Offizielle Heiligsprechungen durch die Päpste gab es erst im Mittelalter: erstmals durch Johannes XV., der den Augsburger Bischof Ulrich im Jahre 993 heiligsprach.[126] Die Heiligenverehrung in der christlichen Antike indessen war noch eine spontane Praxis des gläubigen Kirchenvolks.

Die katholische und die ostkirchliche Heiligenverehrung gipfeln noch heute im Marienkult, der ebenfalls erst im

Mittelalter zur vollen Blüte kam und als besonderes Phänomen, oder gar als eine treibende Kraft, in der ›Kulturgeschichte der Liebe‹ verstanden werden kann. Weil – in meinen Augen – auch die Marienverehrung zumindest teilweise von der Polarität des Weiblichen und des Männlichen her zu erklären ist, gehe ich im Folgenden etwas ausführlicher auf diesen Sonderfall der sublimierten Geschlechterbeziehung ein.

Vielleicht ist die Sehnsucht nach der vollkommenen Liebe und der vollendeten Schönheit ein Wesensmerkmal der suchenden Existenz. Die (oft heimliche) männliche Sehnsucht nach der vollkommenen Frau, der ›himmlischen Königin‹, hatte schon in der christlichen Spätantike – und weit mehr noch im Mittelalter – eine deutliche Affinität zur enorm populären Marienverehrung. Dabei ist offenkundig: Mit der ›allerseligsten Jungfrau und Gottesmutter‹ Maria konnte keine irdische Frau konkurrieren.

So kann es auch nicht überraschen: Offiziell stand im Zentrum der mittelalterlichen Frömmigkeit und Theologie natürlich nicht die erotische Liebe, nicht die Partnerbeziehung von Mann und Frau, sondern – neben der Gottes- oder Christusminne – die kirchliche Marienverehrung, die alles Sexuelle und alles Erotische tendenziell verdrängt oder sublimiert.

Die innige Verehrung Marias war (und ist) allerdings keine spezielle Männerdomäne. Nicht nur bei Priestern und zölibatären Mönchen war die Marienminne beliebt, sondern überhaupt in allen Schichten des gläubigen Volkes.

Die ›allzeit jungfräuliche Gottesmutter‹ Maria wurde und wird – von Männern wie von Frauen – in jeglicher Art von Bedrängnis als Schutzherrin angerufen: in Hymnen und Litaneien, in weit verbreiteten, im 11., im 12., im 13. Jahrhundert entstandenen Gebeten wie dem ›Ave Maria‹ (das in seiner heutigen Form auf den gelehrten Benediktiner und Kirchenlehrer Petrus Damiani zurückgeht), dem meditativen ›Rosenkranz‹-Gebet, dem biblischen ›Magnificat‹ (nach Lk 1, 46-55) oder dem poetisch-klangvollen ›Salve Regina‹ (das dem verehrungswürdigen Benediktinermönch, Wissenschaftler und Kirchenschriftsteller Hermann von Reichenau zugeschrieben wird).

Das ›Salve Regina‹, das um 1050 in lateinischer Sprache verfasst wurde, lautet in der deutschen Übersetzung:[127]

Sei gegrüßt, o Königin,
Mutter der Barmherzigkeit,
unser Leben, unsre Wonne,
unsre Hoffnung, sei gegrüßt!
Zu dir rufen wir verbannte Kinder Evas;
zu dir seufzen wir
trauernd und weinend in diesem Tal der Tränen.
Wohlan denn, unsre Fürsprecherin,
wende deine barmherzigen Augen uns zu,
und nach diesem Elend zeige uns Jesus,
die gebenedeite Frucht deines Leibes.
O gütige, o milde, o süße Jungfrau Maria.

Die Anrufungen im letzten Vers (»o clemens, o pia, o dulcis Virgo Maria«) dürfte der Mystiker Bernhard von Clairvaux (ca. 1090 - 1153) dem ursprünglichen Text hinzugefügt haben. Treuen, in der kirchlichen Tradition verwurzelten Katholiken sind diese gefühlsbetonten, zu Herzen gehenden Gebetsworte gewiss sehr vertraut. In der schönen, außerordentlich einprägsamen Vertonung durch den belgischen Barockkomponisten Henri Dumont (1610 - 1684) wird das ›Salve Regina‹ noch heute in Klöstern und Gemeinden sehr oft gesungen. Bei katholischen

Seelsorgertreffen und bei der Beerdigung von Priestern gehört dieses Lied nach wie vor zum festen Ritual.

Eine herausragende Bedeutung kommt dem ›Salve Regina‹ auch in der Musikgeschichte zu. Viele namhafte Komponisten im Zeitraum vom 15. Jahrhundert bis zur Gegenwart vertonten dieses Werk in Motetten, mehrstimmigen Chorgesängen, Opern, geistlichen Konzerten, Sinfonien oder Orgelstücken: z.B. Johannes Ockeghem (ca. 1420 – 1497), Georg Friedrich Händel, Giovanni Battista Pergolesi, Joseph Haydn, Antonio Salieri, Franz Schubert, Otto Nicolai, Franz Liszt oder Andrew Lloyd Webber (im Musical ›Evita‹, 1974).

Nimmt im ›Salve Regina‹ die Mutter Jesu fast schon göttliche Züge an, so finden wir diese Art von Überhöhung – bei entsprechender Textauslegung – erst recht in der ›Lauretanischen Litanei‹.[128] Dieser tieffromme Text, der seine Wurzeln im Mittelalter hat, wurde im Laufe der Jahrhunderte mehrfach verändert und ergänzt. In der katholischen Kirche wird diese althergebrachte Litanei noch immer gebetet. Maria wird hier, unter anderem, als »heilige Jungfrau über allen Jungfrauen« angerufen, als »Mutter des guten Rates«, als »Mutter der göttlichen Gnade« und als »Mutter des Schöpfers«. In poetischen Bildern und Symbolen, die zum Teil der Bibel entstammen, wird Maria als »geheimnisvolle Rose« gepriesen, als »elfenbeinerner Turm«, als »goldenes Haus«, als »Pforte des Himmels«. Die Mutter Jesu gilt in der ›Lauretanischen Litanei‹ als »Zuflucht der Sünder«, als »Königin der Apostel«, als »Königin aller Heiligen« und sogar als »Königin aller Engel«.

9. Das weibliche Antlitz Gottes

Gleich mit mehreren Attributen wird die *Jungfräulichkeit* Marias in der ›Lauretanischen Litanei‹ unterstrichen: Die »reine«, die »keusche«, die »unversehrte« Mutter des Erlösers war und ist und bleibt in alle Ewigkeit die »weise«, die »lobwürdige«, die »mächtige«, die »gütige« Jungfrau aller Jungfrauen.

Wie könnten wir diese unendliche Fülle des Lobpreises einordnen und verstehen? Ich würde sagen: Texte wie das ›Salve Regina‹ oder die ›Lauretanische Litanei‹ entspringen dem Sprachspiel der *Liebe* – nur dass die erotisch-sexuelle Komponente in solchen Gebetstexten transformiert wird in eine andere Dimension. In jedem Fall ist es Fakt: Die wohl ›archetypische‹ Vorstellung von der keuschen, der ›unbefleckten‹ Jungfrau, zugleich aber – in eigenartiger Verquickung – auch die Vorstellungen vom ›ewig Weiblichen‹, von der ›großen Mutter‹, ja vom ›mütterlichen Antlitz Gottes‹[129] wurden festgemacht an Maria von Nazareth.

Im weiteren ist bemerkenswert: Seit dem Konzil von Ephesos, das im Jahre 431 die Gottesmutterschaft Marias zum Dogma erklärte, nahmen auch die künstlerischen Darstellungen Marias an Häufigkeit zu. In der Regel wird die »Gottesgebärerin« Maria als königliche junge Frau mit dem Jesuskind auf ihrem Schoß gezeigt – ein Motiv, das eine religionsgeschichtliche Parallele hat in den altägyptischen Bildern von der Göttin Isis mit dem Horusknaben.

In der mittelalterlichen Kunst des westlichen Christentums entwickelten sich – seit dem 11. Jahrhundert – marianische Typologien wie die ›Schwarze Madonna‹, die ›Mondsichelmadonna‹ oder die ›Schutzmantelmadonna‹. Wie überirdisch, wie erhaben über alles Weltliche diese Maria von Nazareth gesehen wurde, zeigen auch die Marienbilder des

Spätmittelalters, z.B. die zahlreichen Madonnen des flämischen Malers Jan van Eyck (ca. 1390 – 1441) oder die berühmte Darstellung ›Madonna im Rosenhag‹ (um 1450) von Stefan Lochner.

Rein ästhetisch gesehen sind einige dieser Bilder ganz wunderbare, ja faszinierende Kunstwerke. Theologisch gesehen aber werfen der mittelalterliche und der neuzeitliche Marienkult doch einige Fragen auf. Im ökumenischen Gespräch mit den Kirchen der Reformation gibt es hier – vor allem im Blick auf Gebetstraditionen wie die ›Lauretanische Litanei‹ und die neuzeitlichen Mariendogmen der Päpste Pius IX. (1870) und Pius XII. (1950) – noch immer viel Klärungsbedarf.

Psychologisch betrachtet ist die überbordende Marienverehrung – meines Erachtens – ein Gegengewicht zum abschätzigen Frauenbild in der frühkirchlichen Theologie. Und sie ist ein Gegengewicht zum einseitig männlich gefärbten Gottesbild der christlichen Überlieferung. Allein schon die *Sprache* der kirchlichen Theologie bzw. Liturgie ist sehr weitgehend maskulin: Gott ist *der* Vater, *der* Sohn und *der* Heilige Geist. Hinzu kommt die männlich-hierarchische Struktur der Kirche: An der Spitze steht *der* Papst, *der* Kardinal, *der* Bischof usw. Da muss man sich nicht wundern: Die christliche Volksseele sucht nach einem Ausgleich, einem gleichwertigen Pendant – und findet es in der Gottesmutter Maria.

Einige Religionswissenschaftler sind sogar der Meinung, dass sich in der römisch-katholischen bzw. der ostkirchlichen Marienverehrung des Mittelalters (wie auch der Barockzeit und des 19./20. Jahrhunderts) verschiedene Elemente der heidnischen *Göttinnen*-Kulte wiederfinden. An die ägyptische Isisverehrung könnten wir denken oder an die altgriechische Artemis oder an Kybele, die phrygische ›Große

Gottesmutter‹. Die christliche Theologie und das offizielle Lehramt der katholischen Kirche weisen zwar solche Vergleiche, sofern sie auf eine Vergöttlichung Marias hinauslaufen, mit guten Gründen zurück. In der schlichten, ›unkontrollierten‹ Volksfrömmigkeit aber wird die ›Himmelskönigin‹ Maria, gelegentlich, durchaus wie eine Göttin gesehen.[130]

Wie auch immer die Sonderrolle Marias theologisch oder tiefenpsychologisch gedeutet wird, in jedem Fall muss der weltweiten Verehrung der Gottesmutter Maria in einer ›Kulturgeschichte der Liebe‹ ein besonderer Platz eingeräumt werden. Denn die Sehnsucht des Menschen nach Geborgenheit und Liebe, die Sehnsucht nach einer *ewigen*, den Tod überdauernden Liebe werden im christlichen Mittelalter und in der katholisch geprägten Barockzeit vor allem mit Maria – quasi der ›weiblichen Seite‹ der göttlichen Barmherzigkeit und Liebe – in Verbindung gebracht. So wird es plausibel: Im katholischen bzw. ostkirchlichen Kulturraum steht in erster Linie die Jungfrau und Gottesmutter Maria für jene vollkommene Liebe, für jene vollendete ›Weiblichkeit‹, über die der Tod keine Macht hat.

Zwischen religiöser Marienminne und sonstiger – erotischer – Frauenminne in der Epoche des Mittelalters besteht ein gewisser Zusammenhang. Wie oben im Abschnitt III schon ausführlich erörtert wurde, war allerdings mit der Marienverehrung – seit der christlichen Spätantike – das Keuschheitsideal sehr eng verbunden. Dieses ›Jungfräulichkeitsideal‹ konnte nun freilich nicht verhindern, dass die meisten Menschen und die meisten Christen auch des Mittelalters in der *Paarbeziehung* von Mann und Frau das irdische – gelegentlich auch das himmlische – Glück suchten. Es gab große Liebespaare, die, über diese Erdenzeit hinaus, ihr gemeinsames Heil mit der absoluten Zukunft in der Ewigkeit

Gottes verknüpften. Sie hofften, dass ihre Liebe unsterblich sei im eigentlichen, wörtlichen, Sinne.

Die du in der Welt für kurze Zeit
auseinandergerissen,
vereinige sie mit dir im Himmel
für alle Ewigkeit.
Pierre Abaelard

Kapitel V
Die Zeit der Ritter und der Minnesänger

Von der *idealen* Liebe, sei es in der Geschlechterbeziehung oder in der Gottes- bzw. Marienminne, war im vorigen Abschnitt überwiegend die Rede. Auf der anderen Seite gab es im Mittelalter – nicht anders als in der römisch-griechischen und der christlichen Antike – auch rein weltliche und auch sehr anrüchige Formen der Geschlechterbeziehung. Von Theologen wie Augustinus und Thomas von Aquin als ›kleineres Übel‹ angesehen, blühte auch im Mittelalter die institutionalisierte Prostitution. So gab es in vielen Städten Bordelle, die im Gemeindebesitz waren und von den Behörden kontrolliert wurden.

Was nun die höheren, leiblich-seelischen, Formen der Liebe betrifft: Im europäischen Mittelalter, in der ›Hoch-Zeit‹ der Minnesänger, wird die ›ritterliche‹ Liebe zu den Frauen, sowohl in der weltlichen wie auch in der religiösen

Perspektive, aufs innigste besungen. Die Geschlechterliebe in all ihren Facetten ist, wie wir vor allem in Kapitel VI sehen werden, das zentrale Motiv der Minnedichtung. Aber auch die religiöse Liebe, die tiefe unsterbliche Gottesbeziehung, wird in der Dichtkunst des Mittelalters zum großen Thema.

Nach meinem Dafürhalten müssen sich die mystische Liebe zu Gott (bzw. die Marienverehrung) und die erotische Liebe von Mann und Frau nicht unbedingt ausschließen. Deshalb stehen ›unsterbliche‹ Liebespaare, die offen sind für das geistige Leben und für die himmlische Seligkeit, im Fokus auch der folgenden Abschnitte.

Nicht nur das Gelingen, auch das Scheitern einer Liebesbeziehung (oder die stark eingeschränkte, auf Erden nur wenig oder gar nicht realisierbare Beziehung) kann auf den Himmel verweisen. Weniger in den amtlichen Lehraussagen der christlichen Kirchen, umso mehr aber in belletristischen Texten finden wir für diese Auffassung zahlreiche und interessante Belege: etwa in der Verserzählung ›Der arme Heinrich‹ von Hartmann von Aue, in der Sage von Tristan und Isolde oder in anderen Erzählungen des Mittelalters. Besonders auch der Briefwechsel zwischen dem Benediktinermönch Pierre Abaelard und der Ordensfrau Héloïse verdient in diesem Zusammenhang unsere Aufmerksamkeit.

Könnte der ›Himmel‹, die ewige Seligkeit bei Gott, auch als Vollendung der zwischenmenschlichen Liebe – und somit auch der Partnerliebe von Mann und Frau – verstanden werden? Friedrich Schiller bringt mit der (oben in Kapitel I beschriebenen) Idee einer ›Hochzeitsfeier im Himmel‹ ein Motiv ins Spiel, das in den Mythen und Religionen, aber auch in der christlichen Kulturgeschichte bis hin zur Gegenwart seinen Platz hat. Wir finden dieses Motiv – in sehr reizvollen Variationen – bei antiken Schriftstellern und bei

Minnesängern des Mittelalters, mehr noch bei Künstlern und Dichtern der Renaissancezeit, ebenso eindrucksvoll bei barocken Dichtern, erhellend auch bei Goethe, Schiller und Hölderlin und erst recht bei den Romantikern, sehr imponierend auch bei Dichtern des 19./20. Jahrhunderts und, freilich sehr indirekt und verhalten, sogar bei einigen Autoren zu Beginn des dritten Jahrtausends.

Anhand von bewegenden Briefen, berühmten Ritterlegenden und sehr unterschiedlichen (in vielen Punkten inhomogenen) literarischen Texten bis zum 13. Jahrhundert soll in den folgenden Kapiteln das hochmittelalterliche Liebeskonzept – das damalige Verständnis von Ehe, Paarbeziehung und Sexualität – illustriert werden. Zunächst sollen Briefe Abaelards und Héloïses, das erotische Liebestraktat ›De amore‹ von Andreas Capellanus, die großen Vers-Epen ›Der arme Heinrich‹ von Hartmann von Aue und ›Parzival‹ von Wolfram von Eschenbach sowie ähnliche Texte von anderen Autoren vorgestellt und kommentiert werden.

Das Gemeinsame dieser ausgewählten Texte ist im Wesentlichen das Sujet: der religiöse Horizont in Verbindung mit der Vorstellung einer auf Dauer angelegten Liebesbeziehung von Mann und Frau, die möglicherweise sogar ins – mal sinnlich, mal geistig gedachte – Jenseits hinüberreicht. Einschlägige Texte aus späteren Jahrhunderten bis hin zur Gegenwartsliteratur werden unten in den Kapiteln IX bis XXX besprochen.

1. Abaelard und Héloïse

In einem religiös und erotisch im Höchstmaße aufgeladenen – und zugleich ausgesprochen tragischen – Spannungsfeld zwischen Gottesliebe und Partnerliebe befand sich das, seinem Selbstverständnis und seiner literarischen Bedeutung nach, ›unsterbliche‹ Paar Abaelard und Héloïse. Freilich verhüllt diese beiden Liebenden in mancherlei Hinsicht ein Schleier des Mysteriösen, des historisch nur unzureichend Verifizierbaren.

Aufgrund der Dokumente aber können wir immerhin sagen: Die theologische Tiefe, die die Liebesgedichte und die Jenseitsphantasien der vorchristlichen Dichter – etwa Albius Tibullus und Sextus Propertius – so offenkundig vermissen lassen, zeigt sich umso beachtlicher in der Liebesbeziehung zwischen dem umstrittenen, schon in frühen Jahren berühmt gewordenen Theologen Pierre Abaelard (1079 – 1142) und dessen hoch intelligenter, in jeglicher Hinsicht attraktiven Schülerin, der späteren Äbtissin Héloïse (um 1095 – 1164).[131] Es ist sehr ergiebig und besonders lehrreich, diese außergewöhnliche Liebesgeschichte näher zu betrachten.

Der frühscholastische Theologe, Philosoph und Hymnendichter Pierre Abaelard – der zu den maßgeblichen Denkern des Mittelalters gehört – wurde im Jahre 1117 Héloïses Privatlehrer im Hause des Domkanonikers Fulbert in Paris. Binnen kürzester Zeit entwickelte sich eine leidenschaftlich erotische Affäre zwischen Héloïse und Abaelard. In seinem autobiographischen »Trostbrief« an einen (fiktiven?) Freund erzählt Abaelard über diese Zeit:

> Unter dem Deckmantel der Unterweisung gaben wir uns ganz der Liebe hin, und unsere Beschäftigung mit Lektüre bot uns die stille Abgeschiedenheit, die unsere Liebe sich wünschte. Da wurden über dem offenen Buch mehr Worte über Liebe als über Lektüre gewechselt; da gab es mehr Küsse als Sprüche. Nur allzu oft zog es die Hand statt zu den Büchern zu ihrem Busen, und öfter spiegelte Liebe die Augen ineinander, als dass die Lektüre sie auf die Schrift lenkte. (...) Kurz: Keine Stufe der Liebe ließen wir Leidenschaftlichen aus.[132]

Die Folge dieses Verhältnisses war ein gemeinsamer Sohn, der spätere Kleriker Petrus Astralabius (geb. 1118). Die Zeit ihrer Schwangerschaft verbrachte Héloïse in der Bretagne als verkleidete Nonne, bei einer Schwester Abaelards. Entgegen dem ausdrücklichen Willen Héloïses, aber dem drängenden Wunsch des Kanonikers Fulbert, des Onkels und Vormunds Héloïses, entsprechend schlossen Abaelard und Héloïse im Jahre 1118 in aller Heimlichkeit den Bund der Ehe.

Héloïse hatte sich zuvor dieser Eheschließung widersetzt, weil sie ›nur‹ die Geliebte sein wollte und keineswegs die häusliche Ehefrau! Um diese, ›liberal‹ anmutende, Einstellung Héloïses zu verstehen, müssen wir natürlich beachten: In den Zeiten des Mittelalters galt die Ehe in der Hauptsache als Institution zur materiellen Versorgung und zur legalen Befriedigung des Geschlechtstriebs, kaum aber als personale Liebesgemeinschaft von Mann und Frau.[133] Die junge Héloïse aber wollte *lieben*, in bedingungsloser *Hingabe.*

Schon bald nach der Heirat nötigte Abaelard – vielleicht aus Misstrauen und krankhafter Eifersucht – seine Gattin, als scheinbare Novizin in das Benediktinerkloster Notre-Dame d'Argenteuil einzutreten (wo sie schon früher als verwaistes Kind gelebt hatte). Den sexuellen Kontakt mit ihr aber wollte er keineswegs preisgeben. Er besuchte sie im Kloster, wo sie in einem verborgenen Winkel als Mann und Frau miteinander verkehrten.

2. Äußere Trennung und innere Bindung

Fulbert, der strenge Kirchenmann, indessen war empört. Er empfand das Vorgehen Abaelards – vor allem die ›Abschiebung‹ Héloïses in die Dunkelheit hinter den Klostermauern – als schändlich und niederträchtig, als einen

Akt der Verstoßung seiner Nichte. In maßloser Wut ließ er den, seiner Meinung nach, perfiden und lasterhaften Theologen durch mehrere Männer überfallen und kastrieren. »Sie beraubten mich«, so berichtet Abaelard, »der Körperteile, mit denen ich begangen hatte, worüber sie klagten.«[134]

Wie könnte sich das abgespielt haben? In romanhafter Ausschmückung wird die grauenhafte ›Entmannungs‹-Szene durch den norwegischen Schriftsteller Tomas Espedal beschrieben, in seiner Erzählung ›Wider die Natur‹ (2011):

Abaelard (...) will bei Héloïse sein, sie umarmen, er braucht sie jetzt. (...) Er hört Stiefeltritte, Hunde, die das Haus durchschnüffeln, Männer und Hunde; sie suchen ihn. Abaelard setzt sich im Bett auf, er hört seinen Diener vor der Tür. Die Tür fliegt auf, Fackeln erleuchten das Zimmer. Fulbert und drei Männer, sie lassen die Hunde los. Die Hunde stürzen los, verbeißen sich bellend in der Decke, in die Abaelard sich hüllt. Dann wird er auf das Bett gezwungen. Ein Mann setzt sich ihm auf den Kopf. Hände halten seine Arme fest. Ein Mann setzt sich auf seine Beine; Abaelard kann sich nicht mehr bewegen.[135]

Einzelheiten sind nicht überliefert. Aber was Fulbert und seine Handlanger dem Theologen Abaelard und indirekt seiner Héloïse antaten, war in jedem Fall ein kapitales und äußerst brutales Verbrechen. Tomas Espedal schildert es so:

Man schneidet ihm die Hosen vom Leib. Er sieht das Messer und schreit. Er wird festgehalten, man stopft ihm ein Tuch in den Mund. Sie sitzen auf ihm; ein Mann auf seinem Kopf, einer auf seiner Brust. Der Mann auf seiner Brust beugt sich vor und schneidet ihm sein Geschlechtsteil ab, ein rascher Schnitt. Abaelard spürt es fast nicht, er spürt die Wärme und das Blut, und wie er zwischen den Beinen feucht wird. Sie lassen ihn los und werfen ein paar Lumpen über ihn. Er greift danach und drückt sie auf die Wunde, auf sein Geschlechtsteil, dahin, wo sein Geschlechtsteil gewesen ist.

So oder so ähnlich mag es gewesen sein. Wenig später wurde der entsetzlich gedemütigte Abaelard als Mönch in der Benediktinerabtei Saint-Denis aufgenommen. Seine Leidensgeschichte und die Scham über seine körperliche Verstümmelung deutete er fortan – theologisch-spirituell – als Läuterungsgeschehen, als Werk der göttlichen *Gnade*. Diese veränderte Sichtweise führte dann allerdings bei Abaelard zu einer nachträglichen Verurteilung, ja Verteufelung seiner sexuellen Erlebnisse, seiner »elenden Genüsse«[136] in der ›sündigen‹ Paargemeinschaft mit Héloïse.

Die einstige Geliebte und Ehefrau, die inzwischen das Ordensgelübde abgelegt hatte, wurde auf Abaelards Betreiben Priorin in Argenteuil. Eine starke *innere Verbindung* zwischen den Beiden dürfte freilich – trotz Abaelards Sinneswandel, was die Erotik und die Sexualität anbelangt – auch weiterhin geblieben sein, ja sie könnte sich noch vergrößert haben: »Allein die körperliche Trennung«, schrieb Abaelard (allerdings mit Bezug auf Héloïses Abwesenheit schon während der Schwangerschaft), »war das stärkste Band unserer Seelen, und unsere Liebe wurde umso glühender, je mehr die Erfüllung ihr versagt war«.[137]

3. Die geistliche Dimension

Erst nach zehn Trennungsjahren nahmen Abaelard und Héloïse – beide reifer geworden – erneuten Kontakt zueinander auf. Im Geiste des heiligen Benedikt von Nursia gründeten sie im Jahre 1129 gemeinsam einen Nonnenkonvent: das (von Abaelard zunächst, 1122, als Einsiedelei eingerichtete) Kloster ›Le Paraclet‹. Die Literaturwissenschaftlerinnen Sabine Anders und Katharina Maier erläutern hierzu:

Die Aufgabe, die Grundsätze des Benediktinerordens und Abaelards humanistisches Ideal an ein weibliches Klosterleben anzupassen, bildete den Anlass zu einem regen Briefwechsel zwischen den beiden einstigen Eheleuten, die nun in eine neue Beziehung als ›Bruder‹ und ›Schwester‹ und als gemeinsame Ordensgründer treten konnten. In diesem Briefwechsel arbeiten Heloisa und Abaelard zum einen die Geschichte ihrer Liebe auf; zum anderen führen sie jedoch auch tiefgehende theologisch-philosophische Diskussionen. Auf beiden Ebenen erweist sich Heloisa dem publizierten Poeten und Kirchenlehrer Abaelard gewachsen. Heute wird sie als eine große Philosophin und Literatin aus eigenem Recht anerkannt, und ihr Briefwechsel mit Abaelard gehört zu den großen Büchern der Weltliteratur.[138]

Ob und bis zu welchem Grad dieser Briefkorpus im Wortlaut und in der tradierten Anordnung authentisch ist, ist in der heutigen Forschung freilich umstritten. Wörtliche Zitate aus diesen Briefen stehen also unter einem gewissen Echtheitsvorbehalt. Weitgehend unstrittig ist aber: Héloïse – vermutlich die illegitime Tochter einer adeligen Nonne – war eine große Frau, eine literarisch gebildete, eine selbstbewusste, kluge und willensstarke Persönlichkeit. Und Abaelard war ein heißblütiger Mann, dabei ein bedeutender, scharfsinniger Denker. Überdies waren die beiden Ordensleute, bei aller intellektuellen Brillanz, auch wahrhaft spirituelle Menschen – ein durchaus ebenbürtiges Paar. Und ihrer Zeit waren sie in mancher Hinsicht weit voraus.

Der Philosoph und Theologe Pierre Abaelard könnte als Vorläufer der Renaissance und der Reformation verstanden werden.[139] Jedenfalls vertrat er zum Teil sehr eigenwillige, individualistische, fast schon aufklärerische Ideen, die ihm unter Fachkollegen viel Widerspruch, ja gefährliche

Feindschaften einbrachten.[140] Der Zisterzienserabt, Kreuzzugsprediger und Mystiker Bernhard von Clairvaux (ca. 1090 – 1153) zum Beispiel verwarf einige Lehren Abaelards als häretisch und klagte den unbotmäßigen (seit 1136 in Paris lehrenden) Dialektik-Professor auf der Synode von Sens im Jahre 1141 der Ketzerei an – was zu einer päpstlichen Verurteilung zu Klosterhaft und zum kirchlichen Schweigegebot führte. Außerdem wurden Abaelards Werke öffentlich in Rom verbrannt.

Als Mensch nun hatte Abaelard zwar mancherlei Schattenseiten. Er war z.B. allzu ehrgeizig, vielleicht sogar streitsüchtig und gelegentlich egoistisch. Als unruhiger Geist, als glühender Gottsucher indessen war er zweifellos glaubwürdig. Doch seiner späteren Abwertung der Partnerliebe, seinen nachgeschobenen Deutungs- und Spiritualisierungsversuchen im Blick auf die Liebe zu Héloïse, hat diese leidenschaftliche Frau – so die deutsche Theologin Elke Pahud de Mortanges – »ein Leben lang« widersprochen[141] oder, richtiger, nur in Teilaspekten zugestimmt. Zumindest in *einem* Punkt aber stimmten Abaelard und Héloïse ohne Vorbehalt überein: Sie wollten, wie wir sehen werden, *gemeinsam* in den Himmel kommen!

Wie soll man die Liebesgeschichte zwischen Abaelard und Héloïse nun theologisch bewerten? Wir werden auf diese Frage zurückkommen. Doch dies schon vorweg: Héloïse liebte Pierre, den ihr angetrauten Mann, bedingungslos – in einer Treue, die sich durch nichts beirren ließ, die freilich noch der weiteren Reifung bedurfte. Aber auch der Gottesgelehrte musste noch einiges lernen, um als liebender Mann zur wirklichen Reife zu gelangen.

4. Ein Kampf um die Liebe

In einem um 1133 entstandenen Brief an Abaelard, ihren »Geliebtesten«, beschwört Héloïse ihren Seelenschmerz angesichts der Trennung von ihrem Ehemann. Zwar liebt sie Abaelard, wie sie ihm versichert, ohne Vorbehalt und ohne Einschränkung. Aber dass ›bedingungslose‹ Gattenliebe nicht zu verwechseln ist mit völlig ›wunschloser‹ Partnerliebe, zeigt Héloïses Brief auf das Schönste und Eindringlichste. Von Abaelard fordert sie nicht weniger als dessen ganzes Herz, nicht weniger als seine volle Gegenliebe:

> Du weißt, Geliebtester, alle wissen es, wie viel ich in Dir verloren habe [...]. Je größer aber die Ursache des Leidens ist, desto größere Mittel des Trostes müssen angewandt werden, nicht von einem anderen sonst, sondern von Dir selbst, dass, der Du allein des Leidens Ursache warst, auch allein seist in der Gnade des Tröstens. Du bist es ja allein, der mich betrüben, der mich erfreuen oder mich trösten kann.[142]

Héloïse war – zunächst ja unfreiwillig, später aber doch in eigener Entscheidung – eine Nonne, eine Benediktinerin, eine geistliche Frau. Da könnte man erwarten, dass sie *allein in Gott* ihren Trost suchen würde und nicht in der Gegenliebe eines Menschen, und sei es auch des früheren Ehegatten. Doch die Priorin bzw. (seit 1136) Äbtissin wagte es, auf ihr *Herz* zu hören und dieses Herz dann sprechen zu lassen: Nicht Gott, so sagte ihr Herz, sondern Pierre Abaelard hat sie verletzt – und deshalb kann allein Pierre Abaelard sie trösten.

Ob Gott selbst in seiner Weisheit und Güte dies alles ganz und gar anders sieht als Héloïse, die enttäuschte Ehefrau Abaelards? Ich wage die These: So gänzlich Unrecht hatte Héloïse keineswegs. Gewiss hätte die barmherzige Gottheit sie erlösen können – auch *ohne* Abaelard. Aber ihr ganz persönlicher Schmerz war eben die Trennung von Abaelard. Und *diesen* Schmerz konnte deshalb nur er, nur Pierre Abaelard heilen.

Als Ordensfrau und *als* Nachfolgerin Christi jedenfalls stand Héloïse ohne Abstriche zu ihrer Liebe zu Abaelard. Sie schrieb ihm:

Nichts habe ich jemals, Gott weiß es, in Dir gesucht, als Dich selber, rein nur Dich und nicht das Deinige begehrend. Nicht den Bund der Ehe, nicht andere Heiratsgüter habe ich erwartet, nicht meinen Willen und meine Lust, sondern Deine [Lust] zu erfüllen gestrebt, wie Du selber weißt. Und wenn der Name der Gattin heiliger und würdiger scheint, süßer doch war mir's immer, Deine Geliebte zu heißen, oder, wenn Du nicht darüber zürnen willst, Deine Buhle oder Hätere; damit je tiefer ich mich für Dich erniedrigte, ich umso größere Huld und Gnade bei Dir fände und den Glanz Deiner Herrlichkeit weniger beleidigte.

Deutlich genug lässt Héloïse erkennen: Am Anfang ihrer Beziehung zu Abaelard dominierte klar die sinnliche, die erotisch-sexuelle Seite der Liebe. Aber auch in dieser Anfangsphase ging es ihr nicht zuerst um sich selbst, nicht um das eigene Wohl, sondern um das Du des geliebten Mannes. Erst recht nun in späteren Jahren suchte sie Abaelards Nähe weniger »in fleischlicher Lust« und umso mehr um Abaelards selbst willen. Ja sie verlangte nach dem Geliebten auf einer ganz neuen, ganz anderen Ebene: Héloïse suchte in Abaelard den einmalig besonderen Seelenfreund, den unentbehrlichen Weggefährten auf einem gemeinsamen – geistlichen – *Weg zu Gott*.

So wandte sich Héloïse, bittend und fordernd, an ihren Pierre:

Bei ihm selbst also, dem Du Dich geweiht, bei Gott flehe ich zu Dir, dass Du, auf welche Art Du kannst, mir wieder Deine Gegenwart schenkest und mir ein Wort des Trostes schreibest, mindestens auf den Beding, dass ich dadurch erquickt dem göttlichen Dienste heiterer obliegen könne. Als Du mich einst zu zeitlichen Freuden verlangtest, da brachtest Du durch manches Lied Deine Heloisa in aller Munde. Von mir hallten alle Straßen, von mir alle Häuser wider. Aber mit welch größerem Recht würdest Du mich jetzt zu Gott, als damals zur Lust erwecken! Erwäge, ich beschwöre Dich, was Du schuldig bist, beachte, was ich fordere, und so schließe ich den langen Brief mit dem kurzen Ende: Lebe wohl, Du Einziger!

Erstrebten Héloïse und Abaelard in früheren Jahren die »*zeitlichen* Freuden«, so suchte Héloïse jetzt zunehmend die *ewige* Freude in Gott – aber *nicht nur in Gott*, sondern ebenso in der Liebesgemeinschaft mit ihm, mit Pierre Abaelard! Pierre selbst sah dies genauso und hatte im Grunde dieselbe Sehnsucht wie Héloïse. In einem um 1133/34 verfassten Brief an Héloïse bat er Gott:

»[…] Du hast uns vereint, o Herr, und wiederum getrennt, wie es dir gefallen und wann es dir gefallen. Nun, Herr, vollende in deiner großen Barmherzigkeit, was du so barmherzig begonnen; die du in der Welt für kurze Zeit auseinandergerissen, vereinige sie mit dir im Himmel für alle Ewigkeit. Denn du bist unsere Hoffnung, unser Erbteil, unsere Sehnsucht, unser Trost, o Herr, gepriesen in Ewigkeit. Amen.«
Lebe wohl in Christo, du Braut Christi, in Christo lebe wohl, und lebe Christo! Amen.[143]

Dies bedeutet also: Abaelards Liebe zu Héloïse reichte der Intention nach über diese Erde hinaus in die Ewigkeit, in die bleibende Gemeinschaft mit Gott *und* in die bleibende Gemeinschaft mit Héloïse. Er sah in ihr die »Braut Christi«

und zugleich seine eigene, seine künftige, seine ihm in einzigartiger Weise zugedachte Herzensfreundin im Himmel.

Auch Héloïse verstand ihre Liebe als unvergänglich in Zeit und Ewigkeit. Ihre Liebe und Treue sollten den Tod Abaelards überdauern und niemals verblassen. Über Petrus Venerabilis, den mit Abaelard befreundeten Abt von Cluny, erreichte Héloïse, dass Abaelards Leichnam in Saint-Marcel exhumiert und ins Kloster ›Paraklet‹ überführt wurde. Zudem erfüllte Petrus Venerabilis ihre Bitte, ihr ein Siegel mit der offiziellen Bestätigung zu senden, dass Pierre Abaelard alle seine Sünden »kraft der Vollmacht des allmächtigen Gottes« vergeben wurden.[144]

Nach ihrem Tod, zweiundzwanzig Jahre später, ließ sich Héloïse neben Abaelard bestatten. Auch diese Geste können wir als Symbol für die Hoffnung verstehen: In der Ewigkeit Gottes werden Héloïse und Abaelard in neuer Weise, in verwandelter Form, miteinander vereint sein. Eine hübsche Legende bringt es ins Bild: Sie sagt, »dass Abaelard bei der Beisetzung Heloises seine Arme geöffnet und die Geliebte an sich gezogen hat«.[145]

5. Das Handbuch ›De amore‹

Eine Liebesbeziehung von Mann und Frau auch im Jenseits war in der Vorstellungswelt des christlichen Mittelalters keineswegs undenkbar. In Kapitel II wurde herausgestellt: Im Unterschied zur Auffassung anderer Dichter der Antike erscheinen z.B. bei Albius Tibullus das Leben und die Liebe im Elysium durchaus erstrebenswert. Und auch später, im europäischen Hochmittelalter, sind recht pralle und ziemlich erotische Himmelsbilder zu finden.

In der Zeit der Minnesänger, um 1180, verfasste der Kleriker Andreas Capellanus ein Handbuch der höfischen Liebeskunst mit der Überschrift ›De amore‹, ›Die Liebe‹. Der geistliche Autor, der als königlicher Hofkaplan am Hof einer französischen Prinzessin verkehrte, führt seine Leser in prächtige Landschaften und auch in jenseitige Gefilde. Dort aber begegnen wir nicht dem dreifaltigen Christengott und nicht der Gottesmutter Maria, sondern – keltischen Anschauungen entsprechend – dem König und der Königin der Eros-Liebe.

Den Leser/innen enthüllt sich im Andreas-Handbuch das Jenseits als ein nie endender Liebesgenuss, der jedem Ritter und jeder Edeldame offen steht und mitnichten an die Institution der Ehe gebunden ist: »Jeder Liebesritter wählt sich eine Dame aus, jede selige Dame besitzt ein eigenes Liebesbett, auf dem sie sich mit Leidenschaft vergnügen können.«[146]

Die ›freie Liebe‹ also wird der ehelichen Bindung grundsätzlich vorgezogen. Um diese Grundeinstellung des Andreas Capellanus nicht von vornherein falsch zu interpretieren, müssen wir uns erinnern: Jahrhunderte lang wurde die Ehe – wie im Blick auf das Liebespaar Abaelard und Héloïse schon erwähnt – sehr einseitig als Einrichtung zur Zeugung von Nachkommen, zur Regelung des Geschlechtstriebs und zur Sicherung des Besitzstandes angesehen. »Nicht zwei Menschen werden durch die Ehe verbunden, sondern zwei Vermögen, zwei Güter, zwei Familien. Innerhalb der Ehe kommt der Liebe daher nur eine untergeordnete Bedeutung zu.«[147] In der mittelalterlichen Minnezeit jedoch entwickelte sich eine neue Sichtweise der Geschlechterbeziehung. Die Theologen und Geschichtsforscher Bernhard Lang und Colleen McDannell bemerken dazu:

Die neu aufkommende ritterliche Minne macht es möglich, außerhalb der Ehe dauerhafte, auf Liebe gegründete Beziehungen zu unterhalten. Diese sind niemals ohne erotische, aber in ihrer reinsten Form ohne geschlechtliche Seite.

Auch die postmortale, die bleibende, für ewig gültige Liebe von Mann und Frau erscheint in dieser ›ritterlichen‹ Sicht durchaus erotisch. Im Handbuch des Capellanus wird unter anderem berichtet: Ein adeliger Ritter habe höchstpersönlich das jenseitige Paradies gesehen und den Himmel als einen Ort mit »vielen wundervoll gestickten Liegen (›Ehebetten‹) aus syrischem Tuch und mit purpurnen Ornamenten« geschildert. Zuletzt sei dem Ritter noch eine besondere Audienz beim König der Liebe gewährt worden. Der König habe ihm erklärt:

Wir haben Dir erlaubt, all unsere Wunderdinge kennen zu lernen, damit Du allen, die dies alles noch nicht kennen, von unserem Ruhm erzählen kannst, damit Du mit dem Gesehenen vielen Frauen zur Rettung dienst. Wir geben Dir hiermit den feierlichen Auftrag, jeder Frau, der Du begegnest, ganz gleich wie tugendhaft sie auch sei, wenn sie von unserem Pfad abweicht und nicht den Kampf der Liebe auf sich nehmen will, zu erzählen, was Du gesehen hast. Und bringe sie von ihrem falschen Wege ab, damit sie (…) in diese Herrlichkeit hier mit eingehe.[148]

Der spezielle Auftrag, die ›göttliche‹ Sendung des Ritters besteht also darin, die edlen Frauen zu ›retten‹, d.h. sie zur ›richtigen‹ Liebe (die sich an die Regeln der Minne und der ritterlich-höfischen Kultur hält) zu ermuntern – damit sie in alle Ewigkeit dieser Liebe teilhaftig werden. Ein kurioser, ein absurder und schon im Ansatz verwerflicher Gedanke? Nicht in jeglicher Hinsicht! Was ich in solchen Minne-Texten für bemerkens- und auch für bedenkenswert halte: Die Leiblichkeit des Menschen, der Eros, die Sinnlichkeit, die Sexualität werden aus dem Jenseits nicht einfach verbannt!

Doch die Schultheologen des späteren Mittelalters dürften an der Liebesdidaktik des Andreas Capellanus keine Freude gefunden haben. Und zwar nicht nur aus Prüderie, nicht nur aus klerikaler Engstirnigkeit. Denn die Defizite in den Jenseitsbildern des Handbuchs sind ja nicht unerheblich. Es mangelt an theologischer Reflexion, an geistiger Tiefe und menschlichem Ernst. Wir kommen um die Feststellung nicht herum: Das Liebestraktat ›De amore‹ (das im 13. Jahrhundert auf den Index der verbotenen Bücher kam) ist eine schlichte Projektion von irdischen Vergnügungen ins himmlische Leben. Es findet keinerlei Verwandlung statt, keine Transformation in ein höheres Sein. Und es fehlt jeder Gottesbezug im christlichen Sinne.

6. ›Der arme Heinrich‹

Zeitliche Glücksmomente, wunderbare Erlebnisse könnten, aus meiner Sicht, bis zu einem gewissen Grade den Himmel vorwegnehmen. Aber die Seligkeit des Himmels kann nicht schlichtweg identisch sein mit dem irdischen Liebesglück der Ritter und ihrer Damen.

Innerhalb der Minnekultur ist allerdings zu unterscheiden: Anders als die ›niedere Minne‹, die eher die sexuelle Befriedigung suchte, kannte die ›höhere Minne‹ durchaus den Verzicht – um einer *geistigen* Liebe willen. Der edle Minnesang des Mittelalters richtete sich ja meist an hochgestellte und überdies verheiratete Frauen, die von den Rittern und Troubadouren zwar auf ewig geliebt und verehrt werden durften, die aber nicht zu ›haben‹ waren im ›handfesten‹ Sinne.

Wir sahen: Auch die große Liebe, die das einstmalige Ehepaar und die späteren Ordensleute Héloïse und Abaelard verband, konnte in der Erdenzeit nicht oder nur unzureichend verwirklicht werden. Eine ähnliche und doch wieder sehr andersartige Konstellation finden wir in der berühmten Legenden-Novelle ›Der arme Heinrich‹ (ca. 1190). Diese Erzählung des mittelhochdeutschen Epikers Hartmann von Aue handelt – in der Form weitaus kunstvoller und im Gehalt sehr viel spiritueller als das Capellanus-Traktat ›De amore‹ – von wahrer Partnerliebe, die sich auf Erden entwickelt, die größer und größer wird und die jenseits des Todes zur Vollgestalt, zu ihrer eigentlichen Erfüllung kommt.

Die äußere Handlung nimmt einen märchenhaften Verlauf. Der angesehene Ritter Heinrich stürzt aus einem Leben voller Reichtum und Glück in tiefste Verzweiflung, als er vom Aussatz befallen wird. Nur das Herzblut eines schuldlosen Mädchens, nur das Selbstopfer einer Jungfrau kann ihn heilen. In dem sehnsüchtigen Wunsch, die ewige Seligkeit zu erlangen, will eine Bauerntochter für den Ritter ihr Leben hingeben. Doch als der Chirurg das Herz des Mädchens herausschneiden will und Heinrich ihren schönen Leib erblickt, verzichtet der Ritter auf das Opfer der jungen Frau. Seinen entstellten Körper akzeptiert er als Strafe für seinen Stolz. Diese Fügung in den göttlichen Willen ermöglicht die wunderbare Heilung des Ritters, der nun, trotz des Standesunterschiedes, das Mädchen heiratet und mit seiner Frau eine glückliche Ehe führt.

Eine andere Textfassung endet mit der Ankunft der beiden in der Heimat, enthält also keine Vermählung. Eine dritte Variante lässt die beiden die Ehe nicht vollziehen, sondern ins Kloster gehen. Wohl in jedem Fall aber werden Heinrich und seine Braut nach ihrem Tode *gemeinsam* die *Seligkeit* finden: »Nach einem langen, zufriedenen Leben wohnten sie beide im ewigen Reich.«[149]

So steht es im Finale der Legenden-Novelle in der Ehepaar-Version. Leider ist die ursprüngliche Textgestalt des ›Armen Heinrich‹ nicht gesichert. Dessen unbeschadet ist zu vermerken: Neben dem anonym verfassten Nibelungenlied, neben dem ›Tristan‹ des Gottfried von Straßburg, neben dem ›Parzival‹ des Wolfram von Eschenbach und neben der Minne-Dichtung Walthers von der Vogelweide steht ›Der arme Heinrich‹ am Ende des 19. Jahrhunderts als eine der beliebtesten Dichtungen des deutschen Mittelalters da.

Um 1900 erfreute sich ›Der arme Heinrich‹ der ungebrochenen Beliebtheit in breiten Leserkreisen. In vielen Übersetzungen und Nachdichtungen wurden neue Zugänge zu der Erzählung vom aussätzigen Ritter und der opferwilligen Jungfrau versucht: u. a. von Ludwig Uhland, Conrad Ferdinand Meyer, Gerhart Hauptmann und Ricarda Huch. Auch die, 1895 uraufgeführte, Oper ›Der arme Heinrich‹ von Hans Pfitzner wäre zu nennen.

Das Motiv von der jungfräulichen Schönheit, die sich aufopfert für den schuldig gewordenen Mann, scheint unsterblich zu sein. Man kann dieses Motiv psychologisch hinterfragen und kritisch kommentieren. In der vorliegenden Kulturgeschichte aber geht es zwar auch um (stereotype) Geschlechterrollen, im Zentrum jedoch steht vor allem die Liebe – im Idealfall: die wechselseitige Liebe, die bereit ist, *alles* zu geben, auch das eigene Leben. Und darüber hinaus geht es um die endgültige Rettung der Partnerbeziehung, um ihre Bergung in Gottes unerschöpflicher Liebe und Zuwendung. Diesen Jenseitsgedanken, der die Partnerliebe mit einbezieht, finde ich in der Novelle ›Der arme Heinrich‹ von Hartmann von Aue zwar vorsichtig und dezent, ohne zu breite und zu weit gehende Ausmalungen, aber doch in unübersehbarer - und theologisch, wie ich meine, verantwortbarer - Deutlichkeit.

7. Die Ritter von der Tafelrunde

Liebe, die nicht nur den Körper des anderen meint, sondern viel mehr noch das ›Herz‹ des Geliebten, will tendenziell die Ewigkeit, die Unsterblichkeit des geliebten Du. Die Vermutung liegt also nahe, dass der Gedanke einer jenseitigen Vereinigung der Liebenden nicht nur im ›Armen Heinrich‹, sondern in ähnlicher Weise auch in anderen Werken des klösterlich gebildeten, in der christlichen Denktradition verwurzelten Dichters Hartmann von Aue zu finden sei. Am ehesten wäre dies, so könnten wir meinen, im ›Gregorius‹ (ca. 1190) zu erwarten: einer in Versen geschriebenen - auf die anonym verfasste französische Erzählung ›Vie du pape Grégoire‹ zurückgehenden - mittelhochdeutschen Heiligenlegende über den ›guten Sünder‹ Gregorius.

Der Titelheld, der aus einer inzestuösen Verbindung, einem geschwisterlichen Beischlaf, hervorgegangen war, heiratet eine Frau, die (wie sich erst später herausstellt) seine eigene Mutter ist. Der Inzest wiederholt sich also im Falle der Mutter. Worin nun aber die Schuld des Ritters Gregorius zu suchen ist und warum er eine so fürchterliche Buße auf sich nimmt (er lässt sich 17 Jahre lang an einen Felsen ketten, während seine Gattin bzw. Mutter ins Kloster geht), wird nicht so recht ersichtlich. Jedenfalls wird Gregorius und seiner Mutter durch Gottes Gnade verziehen, ja Gregorius wird am Ende sogar zum Papst gekrönt.

Was aber wird aus der Beziehung zwischen Gregorius und seiner Mutter bzw. Ehefrau? Im subjektiven Erleben, im

Bewusstsein der Liebenden war es ja eine echte Zuneigung, eine tiefe Partnerbeziehung! Könnte diese Liebe in einer anderen Welt, im ›Himmel‹, vielleicht doch noch zu ihrem Recht kommen? Man möchte es annehmen. Der Erzähler freilich gibt keinerlei Hinweis auf eine neue, auf eine glückliche, die tragischen Verwicklungen außer Kraft setzende Verbindung zwischen den beiden im Jenseits.

Bedeutet dieses Schweigen, dass nach der Auffassung des Autors nur ›richtige‹, den objektiven Gesetzen der Moral entsprechende Ehen im Himmel gerettet und verewigt werden? Fündig werden wir jedenfalls – im Blick auf eine ewige, ins Jenseits reichende Partnerliebe – im Ritterepos ›Erec‹ (ca. 1180/90): einem Abenteuer- und Liebesroman aus der Feder Hartmanns von Aue. Im Finale dieses wohl ersten Artus-Romans in deutscher Sprache erklärt der Erzähler, kurz und bündig, dass Gott »mit väterlicher Huld« dem Ritter Erec, da er »nach dem Gebot der Ehre« lebte, die weltliche Krone gewährte und zuletzt »ihm und seiner Frau [Enite] die Krone des ewigen Lebens schenkte«.[150]

Diese Wendung mag etwas floskelhaft und blass erscheinen. Wir werden aber (vor allem in Kapitel VIII) noch sehr viel deutlicher sehen: Die Vorstellung einer – höchst intensiven – irdischen *und* postmortalen Partnerbeziehung von Mann und Frau hat es in der großen Literatur des christlichen Mittelalters tatsächlich gegeben, hoch poetisch und sehr zu Herzen gehend.

Die Kulturepoche um 1200 hat in Europa viele – literarisch bedeutende – Liebesgeschichten hervorgebracht. Bekannter noch als ›Der arme Heinrich‹ und wesentlich berühmter noch als ›Gregorius‹, verbreiteter auch als ›Erec‹ oder andere Epen des Mittelalters wurde die Sage von Tristan und Isolde. Dieses Liebespaar wiederum ist kulturgeschichtlich verwandt mit einem anderen ›unsterblichen‹ Paar aus der europäischen

Literatur: mit Lancelot und Guinevere (auch Ginevra oder Guenièvre) in den mittelalterlichen Artus-Romanen.

Sir Lancelot, einer der berühmtesten Ritter der Tafelrunde des legendären, in Britannien beheimateten Königs Artus, entbrennt in Liebe zu Guinevere, der Gemahlin des Königs, die Lancelots Gefühle mit Leidenschaft erwidert. Durch diese ehebrecherische Beziehung aber wird Lancelot unwürdig, nach dem Heiligen Gral (einem wundertätigen, ewige Lebenskraft spendenden Gefäß in Form einer Schale, eines Kelches oder eines Steines) zu suchen. Zumindest in den Augen der Gralsritter sind Lancelot und Guinevere ein sündiges Paar. Und von einer Läuterung oder gar einer jenseitigen Bergung ihrer Liebesbeziehung wird in der einschlägigen Literatur nichts überliefert.

Wie die meisten Sagen des Mittelalters wurde die – in der keltischen Mythologie verwurzelte – Lancelot-Sage in höchst unterschiedlichen Versionen tradiert und, seit dem ausgehenden 12. Jahrhundert, schriftlich fixiert: zunächst in ›Le Chevalier de la charrette‹ (um 1170), einem höfischen Versroman des französischen Dichters Chrétien de Troyes, und wenig später im Versroman ›Lanzelet‹ (1190 bis ca. 1225) des deutschen Erzählers Ulrich von Zatzikhoven. Am weitesten verbreitet aber war ein umfangreicher, auf Chrétien de Troyes zurückgehender, im ersten Drittel des 13. Jahrhunderts entstandener Prosa-Lancelot (›Lancelot en prose‹).

8. Der Heilige Gral und die Liebe

Aufs engste mit der Geschichte von König Artus und den Rittern der Tafelrunde verwoben sind die geheimnisvollen, noch heute in Romanen, im Kino und im Fernsehen präsenten Sagen vom Heiligen Gral:

Artus' tapfere Ritter sollen in die Welt hinausgeritten sein auf der Jagd nach dem Heiligen Kelch, ein strapaziöses Abenteuer, an dem die meisten scheiterten, das heißt alle jene, die nicht genügend rein und unschuldig waren, um den Gral zu finden. Die Grallegende wird als Klimax der Artus-Geschichte aufgefasst, als das letzte große Abenteuer und Mysterium vor dem Fall des Königs.[151]

In diesen Gralsgeschichten vermischen sich keltische, christliche und orientalische Mythen. Vor der zweiten Hälfte des 12. Jahrhunderts war der Gral wahrscheinlich noch unbekannt. Wir wissen nicht einmal genau, was mit dem Wort ›Gral‹ eigentlich gemeint ist. In der Überlieferung des Mittelalters nämlich kann der Gral recht unterschiedliche Bedeutungen haben. In jedem Fall hat er einen religiösen Hintergrund. Er kann sogar die Bezeichnung für den Becher sein, den Jesus beim letzten Abendmahl verwendet hat (vgl. Mk 14, 23 par.).

Bevorzugtes Thema der Gralsgeschichten ist das Spannungsfeld zwischen der höfischen Gesellschaft und der spirituellen Gemeinschaft der Gralshüter, zwischen Sexualität und hoher Minne, zwischen existenzieller Schuld und gnadenhafter Erlösung durch Gottes Huld. In der Literatur begegnet uns der Heilige Gral zum ersten Mal um 1180/90 im unvollendeten Perceval-Roman ›Le Conte du Graal‹ des Dichters Chrétien de Troyes. Chrétiens Held, Perceval le Gallois (Perceval von Wales), sieht hier den Gral als eine goldene, mit Juwelen verzierte, von grellem Licht umgebene Schale, die von einem jungen Mädchen getragen wird. Ein anderes Mädchen trägt einen Teller aus Silber, und ein junger Mann geht den beiden Mädchen mit einer Lanze voran, von der Blut tropft. Wie diese drei Gegenstände zusammengehören, ist nicht ganz klar. Chrétien gibt keine sicheren Anhaltspunkte.

Der schwedische Historiker Dick Harrison erläutert hierzu:

> Eine Deutung geht davon aus, Chrétien habe eine rituelle Prozession zeigen wollen, in der die Lanze die heilige Lanze symbolisiere, mit der man Jesus bei der Kreuzigung in die Seite stach, und dass der Gral einen Kelch versinnbildlichte. Eine andere Deutung (...) besagt, dass Chrétiens Gral thematisch auf eines der Füllhornsymbole zurückgeht, die in vorchristlichen Legenden vorkommen, insbesondere in der als »keltisch« bezeichneten Erzählkultur in Wales und Irland. In diesem Fall könnte der Gral eine entwickelte Variante jenes (...) Kelches sein, der in den Sagen meist in der zweiten Dimension zu finden ist, wohin der Held reisen muss, um ihn heimzuholen oder an seinen Gaben teilzuhaben.[152]

Die Gralssage wurde von vielen Autoren des Mittelalters weiter ausgebaut und variiert, in Deutschland vor allem durch den Minnedichter Wolfram von Eschenbach im Versepos ›Parzival‹ (um 1200 bis 1210). In diesem Meisterwerk Wolframs ist der Gral kein Kelch und keine Schale, sondern ein kostbarer Stein mit heilenden Kräften, der von Engeln auf die Erde gebracht wurde und dessen magische Kraft alljährlich, am Karfreitag, durch eine vom Himmel kommende Hostie erneuert wird. Die eucharistische Symbolik ist in Wolframs Erzählung eindeutig erkennbar.

Zugleich nun sind die Gralslegenden Wolframs und anderer Autoren stets mit glücklichen oder unglücklichen Liebesgeschichten verknüpft. Auf möglichst höfische Weise dürfen die Gralsritter schöne Damen umwerben, doch die Grenzen der Ehrbarkeit dürfen natürlich nicht überschritten werden. Ehebruch, sexuelle Untreue ist auf keinen Fall gestattet. Am Beispiel der verbotenen Liebesbeziehung Sir Lancelots zur Königin Guinevere sehen wir ja deutlich genug: Wer sich nicht an Gottes Gebot und an die Normen der Gesellschaft hält, hat auf der Suche nach dem Heiligen Gral keine Erfolgschance.

9. Fahrender Ritter und treuer Gemahl

Die überragende Position in den Gralsgeschichten kommt durchweg dem Ritter Perceval (oder Parzival) zu. Im Versepos des Dichters Wolfram von Eschenbach freilich gibt es noch viele weitere Handlungsstränge, die mit den Taten des Helden nur lose verbunden sind. Im Vergleich zur Vorlage, dem Perceval-Roman Chrétiens, ist der Parzival-Roman Wolframs fast dreimal so umfangreich. Wolfram veränderte die ursprüngliche Erzählung und fügte noch zahlreiche Geschichten hinzu.[153]

Andere Autoren verfuhren in ähnlicher Weise. Bis hinein in unsere Gegenwart wurde das Parzival-Thema literarisch aufgegriffen und modifiziert, im 19. Jahrhundert z.B. durch den deutschen Romantiker Friedrich de la Motte Fouqué und vor allem durch den Komponisten und Dramatiker Richard Wagner. In der Gegenwartsliteratur wurde die Parzivalsgeschichte u.a. durch den österreichischen Schriftsteller Peter Handke (1989) und den Schweizer Dichter und Literaturwissenschaftler Adolf Muschg (2002) neu bearbeitet.[154]

Zum Kern der ursprünglichen Handlung: Parzival entwickelt sich vom »tumben Tor«, vom unwissenden Naivling, der das Gewand eines Narren trägt und von der Welt nichts versteht, zum großen Weisheitssucher, zum überlegenen Helden und zum liebenden Mann. Ja, in einem religiösen Reifungs- und Läuterungsprozess wird aus dem mehrfachen Sünder – nach tätiger Reue – die Erlösergestalt, der mächtige Gralskönig.

Auf einer seiner ersten Bewährungsfahrten gewinnt Parzival – die ehemalige Zerrfigur eines höfischen Ritters – die Hand der schönen Königin Condwiramur. Doch noch vor der Geburt des gemeinsamen Sohnes Loherangrin verlässt er für mehrere Jahre die Gemahlin, um seine Mutter zu besuchen und, nach langer gefahrvoller Wanderschaft, den Gral zu entdecken. Auf seinen abenteuerlichen Reisen begegnen ihm mehrere schöne Frauen, doch bleibt er seiner angetrauten Gattin ohne größere Anfechtung treu – zumal seine außerordentliche Sendung, sein sakraler Auftrag, sein Erlösungswerk weit höher stehen als eine oberflächliche, unverbindliche Frauenminne.

Den weltlichen Gipfel seiner ritterlichen Karriere erklimmt Parzival durch die Aufnahme in die Tafelrunde des Königs Artus. Doch sein eigentliches – spirituelles – Ziel ist der Heilige Gral, den die Gralshüter in einer mysteriösen, für normale Sterbliche unzugänglichen Burg bewachen. Parzival aber wird, als er die Burg nach langer Irrfahrt schließlich erreicht, in dieser geistlichen Gralsgemeinschaft zum neuen Gralskönig erkoren. Seinen Vorgänger, den schwer verwundeten König Anfortas, erlöst er von seinen Leiden, indem er ihn heilt. Mit seiner geliebten Ehefrau Condwiramur und seinen Söhnen führt er fortan ein segensreiches, ein märchenhaft erfülltes, paradiesisches Leben.

Die *Partnerbeziehung* Parzivals und Condwiramurs wird in Wolframs Epos freilich nicht näher beleuchtet. Condwiramur ist die treue Gattin, die – wie Penelope in Homers ›Odyssee‹ – die glückliche Heimkehr des Ehemannes erwartet. Als eigenwertige Persönlichkeit aber tritt sie kaum in Erscheinung. Umso mehr rücken die möglichen

Beziehungskonstellationen – wir werden es sehen – in Wolframs Minneliedern ins Zentrum des Interesses.

10. Parzival oder Die Ehe als Heilszeichen Gottes

Was die Gralslegenden betrifft, ist noch ein weiterer, kultur- und religionsgeschichtlich interessanter Gesichtspunkt zu beachten: Die vielen Gralsgeschichten, die im 12. und 13. Jahrhundert entwickelt wurden, konkurrierten in seltsamer Weise mit der neutestamentlichen Erlösungstheologie und der kirchlichen Lehre.

Zur biblischen Tradition, die in den Gralssagen zum Teil übernommen und erheblich umgedeutet wurde, bildet der Mythos vom Heiligen Gral eine Art Parallelwelt. Folglich wurden die Gralsgeschichten von der Kirche nie akzeptiert. Sie wurden aber auch nicht ernsthaft bekämpft. Denn sie waren kirchenpolitisch nicht so brisant und nicht so gefährlich:

> (…) jene, die vom Heiligen Gral träumten, waren ja kaum dieselben Menschen, die die Eigentumsgemeinschaft, päpstliche Armut, weibliche Prediger und Bibelübersetzungen in der Volkssprache forderten. Die Artusträumer den Scheiterhaufen der Inquisition zu überantworten, war nicht aktuell.[155]

So wurde am Ende die Gralssage »zu einem von der Kirche tolerierten, aber nicht ausdrücklich anerkannten weltlichen und literarischen Phänomen«.

Die kirchliche Distanz von den Gralslegenden hielt sich wohl auch deshalb in Grenzen, weil an die Gralsritter von Seiten der Erzähler sehr hohe moralische Ansprüche gestellt wurden. Immerhin wird ja zum Beispiel in Wolframs

›Parzival‹ die *Ehe* als Heilszeichen Gottes, als ›Sakrament‹ angesehen, während der Ehebruch als schwere Verfehlung gilt – eine Einstellung, die Wolfram von Eschenbach sicher mit vielen zeitgenössischen Dichterkollegen geteilt hat.

Zweifellos, darin hat Wolfram sicher Recht, ist eine gute Ehe als die ideale Form des Zusammenlebens von Mann und Frau zu betrachten. Dass es wirkliche Partnerliebe *nur* innerhalb der Ehe geben könne und dass die ritterliche Liebe zu einer verheirateten Frau *in jedem Fall* gegen den Willen Gottes verstoßen müsse, war freilich – wie wir noch sehen werden – keineswegs die übereinstimmende Meinung aller Dichter und Minnesänger im christlichen Mittelalter. Was das Verständnis von Sexualität und Ehe betrifft, gab es auch im Mittelalter neben der offiziellen Moral eine beachtliche Vielfalt der Ansichten.

Aus christlich-ethischer Sicht können wir gewiss der Überzeugung sein: Was wirklich Gewicht hat, was einzig zählt in den Augen Gottes, ist nicht das Verheiratetsein oder Nichtverheiratetsein, sondern die Echtheit der Partnerliebe. Ob sich diese Liebe (wie bei Parzival) in der institutionalisierten Ehe verwirklicht oder (wie bei vielen Menschen der Gegenwart und in früheren Epochen) in einer anderen Lebensform, dies kann – in manchen Situationen – von zweitrangiger ethischer Bedeutung sein.

Es kann Gründe geben, die einer Eheschließung mit einer bestimmten Person im Wege stehen, eine echte Liebesbeziehung zu diesem Menschen aber nicht notwendig ausschließen. Es kann in besonderen Fällen auch gewichtige Gründe geben, die eine Trennung vom bisherigen Ehepartner und eine Bindung an einen neuen Partner moralisch rechtfertigen. Wie sich noch vielfach zeigen wird, spiegeln sich solche speziellen Situationen – aus unterschiedlicher Perspektive und mit verschiedenartigsten Verwicklungen – in herausragenden literarischen Texten des Mittelalters und aller Kulturepochen.

Ich will mein Herz
von allen Sorgen befreien.
Liebe Freundin,
jetzt hilf mir zu tanzen!
Burkhard von Hohenfels

Kapitel VI
Die Poesie der Liebe im 12./13. Jahrhundert

Neben Sir Lancelot und Königin Guinevere, neben den Fahrten des Ritters Parzival und den vielen sonstigen Gralslegenden wurden auch andere Erzählstoffe – meist aus der keltischen Sagenwelt – mit der Artus-Sage verknüpft, zum Beispiel der Mythos von Tristan und Isolde: die traurig-glückselige Geschichte vom edlen Ritter und der schönen Königstochter. Sie wurden *das* ›unsterbliche Paar‹ des europäischen Mittelalters. Über viele Jahrhunderte hinweg beflügelte dieses mystifizierte Liebespaar die Phantasie der Dichter und der Künstler.

Tristan und Isolde stehen, so könnten wir es auffassen, für die Ambivalenz der Geschlechterbeziehung schlechthin. Als Musterpaar stehen sie für die Liebe von Mann und Frau, die unendlich schön und beglückend, mitunter aber auch bedrohlich, ja verderblich und zerstörerisch sein kann. So vielseitig, so facettenreich, so widersprüchlich wie das Leben überhaupt ist die Liebe Tristans und Isoldes – und auch sonst die Liebe der Geschlechter zu allen Zeiten und in allen Kulturkreisen.

Seit jeher, seit Menschengedenken ist die Liebe das Lieblingsthema in der Kunst, in der Musik und in der Poesie. In unseren Träumen und in der Realität unseres Lebens, immer schaut die Liebe uns an. Was aber *ist* die Liebe?

›Liebe‹ ist ein großes, gelegentlich auch sehr missverständliches Wort, das viele Bedeutungen hat. Es gibt so unterschiedliche Formen und so verschiedenartige Dimensionen der Liebe: eine gesunde Selbstliebe zum Beispiel, eine allgemeine Nächstenliebe, eine besondere Seelenfreundschaft, eine Herzensverbindung zwischen Eltern und Kindern, eine mystische Liebe zu Gott, eine geschlechtliche Liebe zwischen Mann und Frau. Speziell wiederum die Geschlechterliebe kennt sehr unterschiedliche Nuancen und sehr verschiedene Spielarten, natürlich auch sehr unterschiedliche Intensitäts- oder Reifegrade.

Es gibt die vermeintliche und die wirkliche Liebe. Es gibt die fordernde ›Liebe‹, die den anderen einengt, ihn vereinnahmen und gleichsam besitzen will. Und es gibt die bedingungslose Liebe, die sich verschenkt und der der Partner noch viel wichtiger ist als das eigene Ich. Es gibt eine unreife ›Liebe‹, die den anderen beherrschen will oder, umgekehrt, sich ihm unterwirft. Und es gibt eine achtsame Liebe ›auf Augenhöhe‹. Außerdem gibt es verschiedene *Ausdrucksformen* der Partnerliebe, von denen die sexuelle Begegnung, die genitale Vereinigung, nur eine Form unter anderen ist.

Die Liebe kann sich in sehr unterschiedlichen Situationen realisieren oder auch nicht realisieren. Es gibt die erfüllte Liebesbeziehung und die unerfüllte Sehnsucht des Herzens. Es gibt die Affäre, die vorübergeht, und die Liebe, die bleibt.

Es gibt die wechselseitige und die asymmetrische (d.h. die nicht oder nicht ganz oder auf einer anderen Ebene erwiderte) Liebe. Es gibt die heiße sexuelle Leidenschaft, aber auch die subtile Erotik und die einfühlsame, zärtliche Verbundenheit. Es gibt die platonische Liebe, die auf genitale Kontakte, aus welchen Gründen auch immer, verzichtet. Es gibt die Geborgenheit, den geschützten Raum der Geschlechterbeziehung in einer gelingenden Ehe. Und es gibt die heimliche Liebesbeziehung, die nach außen hin verleugnet werden muss.

Im Mittelalter spiegelt sich diese Vielfalt der Beziehungskonstellationen aufs deutlichste und am schönsten in den Minneliedern. Die bekanntesten Vertreter dieser Gattung von Liebesliteratur sind in Deutschland Hartmann von Aue, Wolfram von Eschenbach und Walther von der Vogelweide. Relevant im Blick auf die Liebespoesie des Mittelalters sind aber auch viele andere Autoren, z.B. Neidhart von Reuental, Dietmar von Aist, Albrecht von Johansdorf, Heinrich von Morungen, Burkhard von Hohenfels, Reinhard von Westerburg, Johannes Hadlaub oder die französische Lyrikerin Beatriz de Dia.

Auf die Frühzeit des mittelhochdeutschen Minnesangs anzusetzen sind Texte wie das berühmte ›Falkenlied‹ – verfasst um 1150 von einem Sänger mit dem Namen ›Der von Kürenberg‹. Im ›Falkenlied‹ zeigt sich sehr schön: Hinter der Allegorie der Zähmung und des Fortflugs eines Jagdfalken verbirgt sich die Frauenklage über den Verlust des Geliebten. Der wegfliegende Falke wird zum Symbol für die Trauererfahrung der Trennung und der Einsamkeit.[156]

Im Zentrum des Minnesangs steht durchweg die Geschlechterliebe. Bei Burkhard von Hohenfels zum Beispiel, einem Minnesänger aus der zweiten Hälfte des 13.

Jahrhunderts, ist das Grundthema fast aller seiner Lieder der Lobpreis der Dame, der edlen Minnepartnerin:

> Burkhard steht (...) in der Tradition des klassischen hohen Minnesangs, dessen Formel- und Motivschatz er souverän beherrscht. Neu an seiner vom Grundton der Freude geprägten Minnelyrik ist, daß ihr die gemeinschaftsstiftende moralisch-ethische Komponente des hochhöfischen Minnesangs weitgehend fehlt, während die artistische Seite stärker in den Vordergrund tritt.[157]

In eine andere Richtung ging Neidhart von Reuental, ein besonders erfolgreicher Lieddichter des 13. Jahrhunderts. Die Grundsituation des höfischen Minnesangs übertrug er in ein bäuerliches Milieu:

> Der Liebhaber tritt als Ritter auf, seine Minnedamen sind Bauernmädchen und -weiber, seine Konkurrenten Bauernburschen, der Schauplatz ist das Dorf. Der Dichter montiert eine bizarre poetische Welt, in der erhabene Gefühlsäußerungen und dem Minnesang entlehnte Ausdrucksmittel schroff mit der derben, oft obszönen (...) Realität der bäuerlichen Sphäre, die bis dahin nie in der deutschen Literatur erschienen war, zusammenstoßen. (...) Der Hintergrund des Minnesangs der hohen Minne und seine Kenntnis beim Publikum sind für Neidharts Lieder Voraussetzung. Vermutlich handelt es sich um Tanzlieder, die Gebrauch bei höfischen Festen fanden. Neidhart muß man sich vielleicht nicht nur als Dichter und Sänger, sondern auch als Festarrangeur vorstellen.[158]

Im folgenden Abschnitt können nicht alle Minnesänger zu Wort kommen. Ich beschränke mich auf Texte der Minnedichter Walther von der Vogelweide und Wolfram von Eschenbach. Ferner sollen der Mythos von Tristan und Isolde sowie – fokussiert auf die Liebesbeziehung Siegfrieds und

Kriemhilds – das Nibelungenlied besprochen werden. Die Minnedichtung aus spezifisch *weiblicher* Perspektive wird am Beispiel einer namentlich unbekannten deutschen Autorin sowie der französischen Comtessa de Dia veranschaulicht.

1. ›Under der linden‹

Einer der bedeutendsten deutschen Lyriker des Mittelalters war zweifellos Walther von der Vogelweide (ca. 1170 – ca. 1230). Der Minnesänger und Sangspruchdichter Walther stammte wahrscheinlich aus einem Rittergeschlecht und konnte sich am Hofe des Babenberger Herzogs Friedrich I. in Wien eine herausragende Bildung aneignen. Im Jahre 1198, nach dem Tode des Herzogs Friedrich, musste er den Wiener Hof verlassen. Seither war er gezwungen, sich als ›fahrender Sänger‹ auf den größeren Adelshöfen in Deutschland, Italien und Österreich um künstlerische Auftrittsmöglichkeiten zu bemühen. Erst um 1220 erhielt er von Kaiser Friedrich II. das begehrte Lehen, das ihm eine gesicherte Existenz ermöglichte.

Walthers Sprachkenntnisse und sein vielfältiges Hintergrundwissen entstammen wohl »eher der Reiseerfahrung als schulmäßiger Bildung«.[159] Neben einer geringeren Anzahl von religiösen Gedichten – und parallel zu seiner Kreuzzugslyrik – schuf der Autor vor allem sehr unterschiedliche Minnelieder, »sowohl im Sinne des höfischen Frauendienstes als auch, in seinen ›Liedern der niederen Minne‹, als Ausdruck eines Liebesverhältnisses mit einem unebenbürtigen Mädchen«.[160]

Neunzig Minnelieder und hundertfünfzig Sangsprüche Walthers von der Vogelweide sind überliefert. Einer seiner schönsten Texte ist das vierstrophige Lied ›Under der linden‹. In diesem (ohne wesentliche Abweichungen in zwei

Handschriften überlieferten, chronologisch nicht näher bestimmbaren) Minnelied – das um die Mitte des 19. Jahrhunderts durch den Maler Wilhelm von Kaulbach in kongenialer Weise illustriert wurde – erinnert sich eine junge Frau an das Treffen mit ihrem Geliebten. Vor ihrem inneren Auge werden die Szenen und Bilder dieser erotisch-intimen Begegnung lebendig:

Under der linden/Unter der Linde
an der heide,/auf der Heide,
dâ unser zweier bette was/wo unser beider Lager war,
dâ mugt ir vinden/da könnt ihr entdecken
schône beide gebrochen/gleichmäßig gebrochen
bluomen unde gras/Blumen und Gras,
vor dem walde in einem tal/vor dem Wald in einem Tal
tandaradei,/tandaradei –
schône sanc diu nahtegal./schön sang die Nachtigall.[161]

Das Liebeslager auf der Heide im Frühling ist das eigentliche Thema des gesamten Liedtextes (dessen Melodie wir leider nicht kennen). Schon aus den wenigen Versen der ersten Strophe erfahren wir sehr viel: In der nahen Vergangenheit gab es ein glückliches Zusammensein zweier Liebender in der freien Natur. Dieses ruhende Naturbild wird in der folgenden Strophe durch die bewegte Begrüßungsszene zwischen den Liebenden erweitert. Die Frau oder das Mädchen erlebt alles neu in ihrer Erinnerung:

Ich kam gegangen/Ich kam gegangen
zuo der ouwe:/zu der Wiese,
dô was mîn friedel komen ê./da war mein Liebster schon vor mir dort.
dâ wart ich enpfangen,/Da wurde ich so begrüßt
hêre frowe,/– heilige Jungfrau –,
daz ich bin saelic iemer mê./dass ich für immer glücklich sein werde.

kust er mich? wol tusentstunt,/Ob er mich küßte? Wohl tausendmal!
tandaradei,/tandaradei –
seht wie rôt ist mir der munt.'/seht, wie rot mein Mund ist.

Die Sprecherin ist selig, die Anrufung der heiligen Jungfrau (in Vers 5) unterstreicht noch ihr Glücksgefühl. Und der rote Mund der jungen Frau steht für das nach-geträumte Liebeserlebnis. In der mittelhochdeutschen Literatur nämlich gilt der gerötete Mund »als hervorstechendster erotischer Reiz«.[162] Walther von der Vogelweide will also sagen: Durch die Küsse des Geliebten wird die schöne Frau noch schöner als je zuvor.

Auch die dritte Strophe des Lindenlieds ist Ausdruck eines großen, von der Frau als gegenwärtig empfundenen Glücks:

Dô het er gemachet/Er hatte schon vorbereitet
alsô rîche/so wunderschön
von bluomen eine bettestat./aus Blumen eine Lagerstatt.
des wirt noch gelachet/Darüber freut sich noch
inneclîche,/von Herzen
kumt iemen an das selbe pfat./wer dort vorüberkommt.
bî den rôsen er wol mac/Bei den Rosen kann er
tandaradei,/tandaradei –
merken wâ mirz houbet lac./ sehen, wo mein Kopf lag.

2. Wenn zwei sich einig sind

Die vierte Strophe des Liebeslieds schließlich holt die Sprecherin wieder zurück in die reale Gegenwart:

Daz er bî mir laege,/Daß er mit mir schlief,
wessez iemen/wüßte es jemand,

nu enwelle got! sô schamt ich mich./das verhüte Gott! so schämte ich mich.
wes er mit mir pflaege,/Was er mit mir tat,
niemer niemen/soll niemals jemand
bevinde daz, wan er unt ich,/wissen außer ihm und mir
und ein kleinez vogellîn:/und dem kleinen Vöglein
tandaradei,/tandaradei –
daz mag wol getriuwe sîn./das wird sicher verschwiegen sein.

Diese letzte Strophe beinhaltet eine demonstrative Abwehr gegen alle denkbaren Widersacher oder Neider, die sich in die Liebesbeziehung einmischen könnten. Das Finale spiegelt, so eine heutige Interpretin, »uneingeschränkte Sicherheit und ein unerschütterliches Zusammengehörigkeitsgefühl der Frau mit ihrem Geliebten wider«. Doch der große Ernst der vierten Liedstrophe »löst sich in der Leichtigkeit des Abgesangs und in der schelmischen Pointe, daß es doch noch einen dritten Eingeweihten gäbe – das *vogellîn*, auf dessen Verschwiegenheit aber Verlaß sei«.[163]

Auffällig an Walthers Lindenlied – und für den Minnesang des Mittelalters nicht unbedingt typisch – ist der offenkundige Anschein: Es handelt sich um eine wechselseitige, durch nichts behinderte, rundum erfüllte Geschlechterliebe. In völlig ungebrochener Freude spricht die Frau über ihr schönes Erlebnis. Die Germanistin Heike Sievert erklärt dazu:

Es gibt kein Anzeichen von Trauer über die Trennung, die als solche nicht einmal erwähnt wird. (…) Sie [die Frau] ist nicht die Zurückgebliebene, Trauernde. Ihre Liebe zeigt sich nicht seelenzerstörend oder leidvoll, sondern über die unmittelbare Begegnung hinaus glückbringend.[164]

Nichts von dem, was geschehen ist, wird in Walthers Lindenlied bereut oder in Frage gestellt. Die liebende Vereinigung von Mann und Frau wird in keiner Weise problematisiert. Heike Sievert charakterisiert und kommentiert den Unterschied dieser ›niederen‹ Art von Minne zur ›hohen Minne‹ (die Walther von der Vogelweide in seiner Dichtkunst ja ebenfalls pflegte):

Im Kontext hoher Minne bedeutet das [die glückliche, leidfreie Liebesbeziehung im Lindenlied] die Aufhebung des merkwürdigen Widerspruchs zwischen dem ungehört werbenden Mann in den Männerstrophen [des hohen Minnesangs] und der sehnsüchtig, aber ebenso unerfüllt Liebenden in den Frauenstrophen. Diese Fremdheit der Geschlechter (…) scheint in Under der linden zumindest für den Augenblick außer Kraft gesetzt zu sein.

Im Lindenlied geht es um eine *erfüllte* Geschlechterliebe. Dementsprechend bemerkt der Literaturwissenschaftler Gerhard Hahn zu Minnetexten wie ›Under der linden‹:

Gegen die (…) Tendenz, Minne als unausweichliches Leid nicht erhörter, nicht erhörbarer Werbung zu bestimmen und ihre Werte aus dem Trotzdem unentwegten Dienstes zu erschließen (…), setzt Walther seine Definition von Minne als Beglückung (…), die sich aus dem liebenden Entgegenkommen auch der Partnerin, also aus der Gegenseitigkeit der Zuwendung und Verpflichtung ergibt (…) und daraus die erotischen und ethischen Impulse der Minne freisetzt.[165]

Eine weitere Beobachtung scheint mir interessant: Die liebende Frau in ›Under der linden‹ ist offenbar keine Adelige, sondern eine ganz ›gewöhnliche‹ Frau ohne soziale Auszeichnung. Der entscheidende Punkt aber ist: Mann und Frau wollen in Walthers Lindenlied dasselbe, sie sind sich einig. Auch gibt es auf beiden Seiten nichts Frivoles oder Verschämtes, nur zärtliche Liebe und echtes Glück.

Ein kirchenrechtlicher Gesichtspunkt sei beiläufig angesprochen: Nach der Auffassung vieler Theologen des Mittelalters und der beginnenden Neuzeit begründet allein schon der *Konsens* beider Liebespartner (sofern sie auf Dauer beieinander bleiben wollen und sofern sie keine anderweitigen, der Eheschließung entgegenstehenden Verpflichtungen haben) die ›Sakramentalität‹, die ›Heiligkeit‹ einer Liebesbeziehung – die eben durch den Konsens zur Ehe, zur ›unauflöslichen‹ Bindung wird.[166] Doch über solche juridischen Dinge machte sich Walther von der Vogelweide wohl keine diffizilen Gedanken. Im Lindenlied jedenfalls will er nur sagen: Wenn sich Mann und Frau so begegnen wie in diesem Minnesang, so ist das einfach nur schön.

3. Ein Warnlied des Wächters

Ob die Liebenden in Walthers Lindenlied als ›unsterbliches Paar‹ wohl für immer glücklich sein werden? Oder genügt ihnen, ohne Trennungsschmerz, schon ein kurzweiliges Liebesglück? Den Autor des Lindenlieds scheint diese Frage nicht zu interessieren. Doch wie schwierig, wie leidvoll und bedrohlich die Geschlechterliebe unter Umständen sein kann, zeigt exemplarisch – in grandiosen Metaphern – das Minnelied ›Seine Klauen sind durch die Wolken geschlagen‹ von Wolfram von Eschenbach.

Den aus dem mittelfränkischen Eschenbach bei Ansbach stammenden Wolfram (ca. 1170 – ca. 1220) zwang seine Armut, fremde Dienste anzunehmen. Er lernte Franken, Bayern, Schwaben und die Steiermark kennen, später auch Thüringen, wo er beim Landgrafen und Literaturförderer

Hermann von Thüringen (dessen Sohn Ludwig 1221 der Ehegatte der hl. Elisabeth von Thüringen wurde) mit Walther von der Vogelweide zusammentraf. Ansonsten ist zu bedenken:

> Wie bei den meisten seiner literarischen Zeitgenossen sind Lebenszeit und Lebensumstände Wolframs nur aus Angaben in den Werken selbst zu rekonstruieren. Da sie dort an das Medium einer exzessiv ausgespielten Erzählerrolle gebunden sind, muss ihr Realitätsgehalt nicht selten offenbleiben.[167]

Unter allen mittelhochdeutschen Dichtern gilt Wolfram als der selbstständigste und eigenwilligste. Neben seinem Hauptwerk, dem Epos ›Parzival‹, und neben seinem zweiten Großwerk ›Willehalm‹ schuf er mehrere Minnelieder. »Ihre Leidenschaft und eine den lyrischen Rahmen fast sprengende Kraft der Sprache rücken sie von der sonstigen höfischen Minnedichtung weit ab.«[168] Überdies sind diese Lieder gekennzeichnet durch eine »Sinnlichkeit, die alle Nuancen zwischen Obszönität und subtiler Erotik umfasst«.[169]

Wolframs fünfstrophiges Minnelied ›Sîne klâwen‹ (›Seine Klauen‹) schildert sprach- und bildgewaltig den Tagesanbruch, der für das Liebespaar sehr gefährlich ist. Der sprachliche Klang des Wolfram-Textes geht durch die Übertragung ins heutige Deutsch zum Teil nun freilich verloren. Da es mir vorrangig um die inhaltliche Botschaft geht, nehme ich diesen Nachteil in den folgenden Ausführungen aber in Kauf.

Doch die erste Strophe des Liedes ›Sîne klâwen‹ sei noch in beiden Sprachen, im Original und im heutigen Hochdeutsch, wiedergegeben:[170]

»Sîne klâwen/»Seine Klauen
durch die wolken sint geslagen,/sind durch die Wolken geschlagen.

er stîget ûf mit grôzer kraft/Er steigt herauf mit großer Kraft.
ich sich in grâwen/Ich sehe ihn grauen,
tegelîch, als er wil tagen:/täglich, so wie er jetzt tagen wird,
den tac, der im geselleschaft/den Tag, der ihn um das Zusammensein mit der Geliebten
Erwenden will, dem werden man,/bringen will, den edlen Mann,
den ich mit sorgen în verliez./den ich voll Sorge eingelassen habe.
ich bringe in hinnen, ob ich kan./Ich bringe ihn wieder fort, wenn ich kann.
sîn vil mánigiu tugent mich daz leisten hiez.«/Seine hervorragenden Eigenschaften haben mich dazu bestimmt, dieser Pflicht nachzukommen.«

Sprecher dieser ersten Strophe ist der Wächter, der den Anbruch des Tages bemerkt. Das Grauen des neuen Tages wird mit einem riesigen Raubvogel verglichen, der seine mächtigen Klauen durch das Gewölk geschlagen hat. Der Wächter nun sieht sich verantwortlich für die Sicherheit des edlen Ritters, für den das Heraufziehen des Tages unweigerlich die Stunde des Abschieds von der Dame zu sein hat. Denn das nächtliche Zusammensein mit ihr verstößt offenkundig gegen die Normen der Gesellschaft (obwohl nicht ausdrücklich gesagt wird, dass es sich um eine Ehebruchssituation handelt). Die Aufgabe des Wächters ist es jedenfalls, den Ritter – der um seine Ehre, ja um sein Leben fürchten muss – zum rechtzeitigen Verlassen der Dame zu bewegen.

4. Die Tag- und Nachtseite der Liebe

In der zweiten Strophe kommt die schöne Dame zu Wort. Sie gebietet dem Wächter, zu schweigen. Denn sie will den geliebten Mann nicht loslassen. Sie weigert sich einfach, das Gesetz der Zeitlichkeit zu akzeptieren: das Gesetz des Tages, das ihr täglich am frühen Morgen den Geliebten von den Brüsten reißt. Doch der Wächter hält in der dritten Strophe dagegen:

»Er muß nun einmal fort,
sogleich und ohne zu säumen.
Verabschiede ihn nun, schöne Frau.
Laß ihn dich später
so im Verborgenen lieben,
daß er sein Ansehen und sein Leben behalten kann.
Er hat sich meiner Treue anvertraut,
so daß ich ihn auch wieder sicher von hier wegbringen sollte.
Es ist jetzt Tag. Nacht war es,
als in inniger Umarmung dein Kuß ihn von mir trennte.«

Der Wächter also verlangt von der Dame, dass sie ihren Ritter nur heimlich, nur »im Verborgenen« (»sô verholen«) lieben solle. Denn bei Tageslicht – das bei Wolfram für das Recht der öffentlichen Moral steht – haben die Ehre und das Leben des Ritters den Vorrang vor der Minne.

Die edle Frau widerspricht dieser (für heutige Begriffe nach Doppelmoral klingenden) Auffassung in der vierten Strophe nicht grundsätzlich. Dass nur die ›Nachtseite‹ ihres Lebens der Minne gehört, dass sie nach außen hin ihre Liebe verleugnen muss, sieht auch die Dame als ihr besonderes Schicksal an, das sie nicht ändern kann. Allerdings hat sie den Wunsch, die Zeit möge gewissermaßen stehen bleiben. Nach wie vor ist sie nicht bereit, die Zeit in ihrem gesetzmäßigen Ablauf wahrzunehmen und zu akzeptieren. Nein, sie fühlt sich vom Wächter betrogen: »Stets hat der Weckruf des Wächters – so will sie es sehen – die Liebenden aufgestört, ehe der Morgenstern aufgegangen sei über dem Geliebten (...).«[171]

Im Abgesang der vierten Strophe indessen bringt die Dame einen neuen Gesichtspunkt ins Spiel. Sie erklärt dem Wächter:

»Du hast ihn [den Ritter] mir immer wieder
aus den hellschimmernden Armen [den »blanken armen«] gerissen,
aber nicht aus dem Herzen.«

Im *Herzen* der Dame also verliert das Gesetz des Tages, das Gesetz der Trennung, seine Geltung. Doch äußerlich rollt das Geschehen unaufhaltsam ab. Was in der fünften Strophe noch folgt, ist eine Erzählung in knapper Zusammenfassung:

Von den Blicken,
die der Tag durch die Scheiben warf,
und als der Wächter sein Warnlied sang,
erschrak sie unwillkürlich
um seinetwillen, der dort bei ihr war.
Ihre zarten Brüste drückte sie an seine Brust.
Der Ritter erinnerte sich seiner Männlichkeit;
davon wollte ihn das Lied des Wächters abbringen:
Der Abschied, nah und immer näher,
gab ihnen im Kuß – und auch sonst – den Lohn der Liebe.

In einer anderen Übertragung lautet der letzte Vers: »[Der Abschied] brachte ihnen mit Küssen und auf andere Weise die Erfüllung ihrer Liebe.«[172] Dies jedenfalls ist das Ende vom Lied: Ein letztes Mal vor dem unausweichlichen Abschied geben sich die Liebenden einander hin – ein zentrales Motiv, »das sich auch sonst in Wolframs Tagliedern findet«.[173] Wobei der Abschied freilich, im Minnelied ›Sîne klâwen‹, die innere Bindung der Liebenden nicht schwächt, sondern im Gegenteil noch stärkt und intensiviert!

Merkwürdig aber erscheint, dass der Ritter selbst sich überhaupt nie zu Wort meldet. Der ›Wächter‹, gleichsam sein ›Über-Ich‹ (wenn wir an Freuds Instanzenlehre denken),[174] hat allein das ›Sagen‹. Warum? Fehlt dem Ritter der Mut, hat er ein schwach entwickeltes ›Ich‹? Sehr vieles bleibt in der Schwebe. So wird in Wolframs Minnesang auch nicht ausdrücklich gesagt, warum eigentlich Mann und Frau zu ihrer Liebesbeziehung in der Öffentlichkeit des Hofes nicht stehen können. Sehr wahrscheinlich, weil er oder sie oder weil beide verheiratet sind. Über nähere Umstände aber kann man nur spekulieren.

Eine andere Frage ist: Handeln der Ritter und seine Dame auch in den Augen des Dichters gegen den Anstand und die Ehrbarkeit? Lieben sie sich gegen die Stimme des eigenen Gewissens? Wohl eher nicht. Das *Ideal* einer Liebesbeziehung besingt das Minnelied ›Sîne klâwen‹ allerdings nicht. Das Beste wäre sicher – auch nach der Auffassung Wolframs von Eschenbach – eine geschützte Verbindung, ein Zusammenleben in der Ehe. Zu diesem Schluss nämlich führen, neben dem ›Parzival‹-Epos, auch andere Wolfram-Texte, zum Beispiel das Minnelied ›Der helden minne ir klage‹. Dieser Text »gibt sich als Anti-Tagelied, das den Wächter verabschiedet und den Aufbruch unnötig macht – wenn es sich bei der Dame um die geliebte Ehefrau handelt«.[175]

5. Tristan und Isolde

Mag auch die eheliche Bindung das Ideal und das Leitbild sein – viele oder die meisten Liebesgeschichten der Literatur spielen dennoch in einer vor- oder außerehelichen Situation.

Eine interessante Variante zu Wolframs Minnelied ›Sîne klâwen‹ findet sich übrigens in Enzensbergers, in den 1950er Jahren entstandenem, Gedicht ›Utopia‹, wo die freie Liebe als Beispiel für die damals vom Autor gepriesene Anarchie erwähnt wird.[176]

Eine prekäre außereheliche Situation liegt auch dem Mythos von Tristan und Isolde zugrunde. Die Liebesbeziehung zwischen Tristan und Isolde ist einer der großen – für unser Thema ›Unsterbliche Paare‹ besonders bedeutsamen – Stoffe, mit denen sich im 12. Jahrhundert der volkssprachliche Roman in Frankreich etablierte.[177] In der Minnedichtung ist Tristan als beispielhafter Liebhaber etwa seit der Mitte des 12. Jahrhunderts bekannt. Zahlreiche Literaten erprobten ihr Können an der Gestaltung des Tristan-Stoffes. Dichterische Bearbeitungen erfuhr die Sage schon früh in fast allen europäischen Sprachen. Doch längst vor den schriftlichen Aufzeichnungen des Mittelalters gab es eine mündliche Tradition, die mindestens bis ins 6. Jahrhundert n. Chr. zurückreicht.

Vermutlich von dem mittelhochdeutschen Dichter Eilhart von Oberg stammt eine deutsche Bearbeitung des keltischen Tristan-Stoffes unter dem Titel ›Tristrant‹. Als die klassische Textgestalt indessen ist die um 1205 entstandene Version des großen Dichters Gottfried von Straßburg zu betrachten. Dieses Epos blieb freilich Fragment. Fortgesetzt und zum Abschluss gebracht wurde Gottfrieds Textfassung durch die Minnesänger Ulrich von Thürheim und Heinrich von Freiberg. Spätere Variationen wurden von Autoren wie Hans Sachs (1553), Richard Wagner (1859), Thomas Mann (1901) und Ruth Nestvold (2009) verfasst.

Der Inhalt der Tristan-Sage ist hoch komplex. Stark verkürzt lässt sich der Plot so zusammenfassen: Tristan, ein vornehmer Ritter, soll die irische Königstochter Isolde ihrem künftigen Ehemann Marke, dem König von Cornwall, zuführen. Während der Überfahrt nach Britannien trinken die beiden versehentlich einen – für Isoldes Hochzeitsnacht mit Marke bestimmten – Liebestrank, der sie unwiderstehlich in eine Leidenschaft bis zum Tode verfallen lässt. Die Folge sind heimliche Liebesvereinigungen, Verdächtigungen, Enthüllungen, Tristans Verbannung vom Hof und schließlich der Tod der beiden Liebenden.

In der Darstellung Gottfrieds von Straßburg werden der Liebestod und das Begräbnis nicht mehr geschildert. Eilhart von Oberg und die mittelalterlichen Überlieferer berichten jedoch, dass die Liebenden zu beiden Seiten einer Kapelle bestattet wurden. Eine Rebe wurde auf Isoldes, eine Rose auf Tristans Grab gepflanzt. Und dann geschah etwas Wunderbares:

Rose und Rebe […] verschlangen sich ineinander und wuchsen auf wie nur eine Pflanze: ein Zeichen, dass die Liebe auch mit dem Tode nicht stirbt. Auch die Kunde von der unzerstörbaren Liebe der beiden starb nie.[178]

Zu ›Tristan und Isolde‹ können wir die unterschiedlichsten Zugänge finden. Laut Kommentar des deutschen Schriftstellers Günter de Bruyn sah Gottfried von Straßburg in Tristan und Isolde ein Symbol für die wahre Liebe, die in der Werteordnung ganz oben steht. Pointiert, sehr zugespitzt und theologisch provozierend unterstreicht Günter de Bruyn: »Sogar das Sakrament der Ehe, das verletzt wird, ist weniger heilig als das Glück der Liebenden. Ohne Scheu bitten sie in Bedrängnis Gott um Hilfe. Und der erhört die Ehebrecher.«[179]

Der Theologe und Psychotherapeut Wunibald Müller hingegen sieht in der Liebesbeziehung von Tristan und Isolde primär die pathologischen Züge. In Tristans Verliebtheit, in seinem Gefesseltsein an die blonde Isolde, erkennt Müller eine lebensfeindliche Energie: Das Geschenk echter Liebe kann Tristan nie erfahren, weil ihm das Ausscheren aus der »Verzauberung«, aus der Projektion, nicht gelingt. »So entscheidet er sich gegen das Leben und für den Tod.«[180]

Aus therapeutischer Sicht und vom diesseitigen Standpunkt her wird Wunibald Müller wohl Recht haben. Ich will Tristans bzw. Isoldes Verhalten auch keineswegs verherrlichen und zum Vorbild erklären. Andererseits aber kann ich in ›Tristan und Isolde‹ – einer der schönsten Liebesgeschichten der Weltliteratur – ein Zeugnis für den menschheitlichen Traum entdecken: dass es jenseits aller Verstrickungen eine himmlische Rettung doch geben möge. Eine über den Tod hinausgehende Erfüllung der Liebe von Mann und Frau wird im Finale, in wundervoller Symbolik, ja immerhin angedeutet.

6. »Dû bist mîn, ich bin dîn«

Einen ausdrücklichen Jenseitsbezug enthält die weltliche Liebesdichtung des Mittelalters freilich nur in seltenen Fällen. Aber oft wird eine Liebe, eine Paarbeziehung besungen, die das Vollkommene, das ›Ewige‹ indirekt intendiert. So verfasste eine unbekannte Dichterin (oder ein männlicher Autor) um 1180, oder schon deutlich früher, die berühmten Verse, die vielen vom Deutschunterricht im Gymnasium her vertraut sind:

Dû bist mîn, ich bin dîn:
des solt dû gewis sîn;
dû bist beslozzen in mînem herzen,
verlorn ist daz slüzzelîn:

dû muost ouch immer darinne sîn.

Gewiss ist dieses meisterlich gefügte, so einfach klingende Gedicht eines der schönsten Beispiele für die Liebeslyrik des Mittelalters. Die Verse weisen zurück auf uralte Traditionen: »Herz, Schloss und Schlüssel sind erotisch-sexuelle Motive, die schon in der Antike in Umlauf waren, später auch bei Dante und Petrarca.«[181]

Noch heute ist es vielerorts Brauch, an Brückengeländer romantische Schlösser zu hängen, die symbolisch die ewige Liebe besiegeln. Oft sind die Initialen der Verliebten in ein eingraviertes Herz geschrieben, während das »slüzzelîn« in den Fluss geworfen wurde. Die Aussage des Gedichts wie des Brauchtums ist klar: Das geliebte Du soll für immer im Herzen des Partners wohnen, ein mögliches Ende der Liebesbeziehung wird ausgeschlossen. Die Metaphorik des ›verlorenen Schlüssels‹ unterstreicht sehr eindrucksvoll die Endgültigkeit der Verbindung, die unwiderrufliche Besiegelung der wechselseitigen Hingabe und Treue.

Ist eine solche Partnerbindung nicht wunderbar? Entspricht sie nicht der tiefsten Sehnsucht des menschlichen Herzens? Kann es ein schöneres Liebes- und Treueversprechen überhaupt geben?

Wie viele wünschen sich nichts sehnlicher als den einen besonderen Menschen, von dem sie ganz und exklusiv geliebt werden und den sie ganz und exklusiv lieben dürfen! Wie viele Paare haben sich solche Liebe und Treue schon zugesprochen! Aber – wie oft schon wurde dieses Versprechen dann nicht gehalten!

Allerdings wäre auch kritisch zu fragen: Können, ja sollten wir nicht, in je unterschiedlicher Weise, *mehrere* Menschen lieben? Ist eine in jeglicher Hinsicht exklusive Liebe nicht lebensfern und unrealistisch? Engt sie nicht allzu sehr ein, zerstört sie nicht jede Freiheit? Dass die Formel »Dû bist mîn, ich bin dîn« nun wirklich so eng gemeint ist, muss man freilich nicht annehmen. Es liegt vielleicht nahe, die Verse 3-5 mit einem lächelnden Augenzwinkern zu sprechen. Ganz sicher aber soll, im Sprachspiel der Liebe, gesagt werden: Die echte Herzensverbindung ist unsterblich, sie währt – in freier Entscheidung, die täglich erneuert wird – ohne Ende, allen Widerständen zum Trotz.

Die oben im Original zitierten Verse – die gelegentlich noch immer bei Hochzeitsansprachen verwendet werden – finden sich in einer Handschrift, die wahrscheinlich im Benediktinerkloster Tegernsee in Südbayern entstand. Heute wird diese Handschrift zusammen mit ähnlichen Texten des Mittelalters in der Bayerischen Staatsbibliothek in München verwahrt.

In der Sekundärliteratur zu »Dû bist mîn, ich bin dîn« wird erläutert:[182] Die Verfasserin war vermutlich eine Nonne oder eine hochgestellte Dame, die das Gedicht am Ende eines in lateinischer Sprache geschriebenen Liebes- oder Freundschaftsbriefes an ihren Lehrmeister, einen Kleriker, nachträglich anfügte. Der Geistliche warb in seinem Antwortbrief an die Dame um deren Gunst (wohl im Sinne einer sexuellen Beziehung), wurde aber zurückgewiesen, da die Dichterin – manchen Interpreten zufolge – eher an eine platonische Liebe gedacht hat.

Allerdings sind das weitgehend Spekulationen. Denn die ursprüngliche Funktion der gesamten Briefsammlung, in der das Gedicht steht, ist unklar. Es könnte sich um fingierte Briefe handeln oder um »kostbare Relikte eines spielerisch-erotischen Briefverkehrs in einer ›geschlossenen Gesellschaft‹ von Lehrern und Schülerinnen eines geistlichen Bildungszentrums«. Auch die Herkunft der »in der späteren Lyrik oft vorkommenden Anfangsformel liegt im Dunkel:

volkstümliche Verlöbnisformel oder geistliche Tradition (oder gar beides)?«[183]

In jedem Fall ist eine Liebe gemeint, die nie aufhören soll. Im Prinzip meint die wahre Liebe, metaphysisch gesehen, ja schon immer die Ewigkeit. Das reale Leben bestätigt diese Intention und schränkt zugleich ein: Eine unverbrüchliche, eine ›ewige‹ Liebe im Sinne des Gedichts »Dû bist mîn, ich bin dîn« gibt es tatsächlich – freilich eher als Ideal und als Richtschnur, nicht aber als Regelfall. Allzu oft kommt es vor, dass die ›ewige‹ Liebe sich als brüchig erweist.

7. Die Frauenlyrik und der Troubadour

Die, aus welchen Gründen auch immer, sehr schwierige und unglückliche Liebe war zu allen Zeiten ein verbreitetes Motiv in der Poesie. Eine komplizierte, auf Erden nur mit größten Schwierigkeiten erfüllbare Liebesbeziehung ist das literarische – und lebensgeschichtliche – Thema auch der Comtessa de Dia, die eine der wichtigsten Vertreterinnen der französischen Frauenlyrik des Mittelalters war.

Ihre Liedtexte entstanden wahrscheinlich im späten 12. Jahrhundert. Ihrer ›Vida‹ nach war die Comtessa – die Gräfin Beatriz de Dia – mit Guilhem de Peitieus verheiratet, liebte aber den südfranzösischen Troubadour Raimbaut de Vaqueiras, dem sie zahlreiche Lieder widmete.

Raimbaut de Vaqueiras stammte aus dem niederen provenzalischen Adel und wirkte vor allem in Italien. Er wird als einer der bedeutendsten Vertreter der Troubadourdichtung – der französischen bzw. italienischen Entsprechung zum deutschen Minnesang – angesehen. Noch Dante Alighieri und Francesco Petrarca ließen sich von Raimbaut inspirieren.[184]

Die großen Zeiten der Trobadore (d.h. der Troubadoure in der französisierten Wortform) waren das ausgehende 11. und das 12./13. Jahrhundert. Ihre Liebeslyrik verfassten sie in okzitanischer Sprache, einem galloromanischen Dialekt, der in Südfrankreich sowie in Teilen Spaniens und Italiens gesprochen wurde. Als ›erster Troubadour‹ gilt Herzog Wilhelm IX. (1071 – 1126) von Aquitanien, einer Provinz im Südwesten Frankreichs. Der fiktive Troubadour Manrico in Verdis beliebter Oper ›Il trovatore‹ (1853), die um 1412/13 spielt, stammt also schon nicht mehr aus der klassischen Zeit der Troubadoure.

Weibliche Vertreter der Dichtkunst gab es im Mittelalter relativ selten. Doch immerhin – die ebenso schöne wie intelligente Gräfin Beatriz de Dia, die Geliebte des Troubadours Raimbaut de Vaqueiras, war als Dichterin, Sängerin und Komponistin von Liebesliedern eine bekannte Trobairitz. Als weibliches Pendant zu den Troubadouren war die Trobairitz eine gleichwertige Partnerin. So behandeln Beatriz' lyrische Werke die höfische Liebe, die Geschlechterbeziehung in der adeligen Feudalkultur des 12. Jahrhunderts, aus eigenständig weiblicher Sicht.[185] Vier Liedtexte aus Beatriz' Feder sind uns überliefert, zu einem dieser Lieder ist auch die Melodie noch erhalten.

Eines der Beatriz-Gedichte enthält die Klage über den untreuen Geliebten:

Ich muß über das singen, was ich nicht möchte,
So sehr beklage ich mich über den, dem ich die Geliebte bin,
Denn ich liebe ihn mehr als irgend etwas, was da auch sei;
Ihm gegenüber nützt mir nicht Gnade noch höfisches Wesen,
Weder meine Schönheit noch mein Wert noch mein Verstand,
Denn ich bin ebenso betrogen und verraten,
Wie ich es sein müßte, wenn ich nicht anmutig wäre. (...)

Wenn ihr auch ihre Schönheit und ihr hoher Verstand angesichts der männlichen Untreue nicht helfen, bringt die Comtessa (bzw. ihre lyrische Heldin) ihre Verwunderung über das Verhalten des Geliebten doch sehr stolz und sehr selbstbewusst zum Ausdruck. Und sie erinnert den geliebten Mann an sein ursprüngliches Versprechen:

Ich erstaune, wie Ihr Euch, mein Geliebter, mir
gegenüber hochmütig verhaltet,
Weshalb ich Grund habe, dass ich leide;
Es ist gar nicht recht, daß eine andere Liebe Euch mir wegnehme,
Um nichts, was sie Euch sagen oder erlauben mag, willen;
Und erinnert Euch daran, welches der Anfang unserer Liebe war,
Nie möge der Herrgott wollen,
Daß die Trennung durch meine Schuld geschehe!

Gleichwohl setzt sie auf die »Trefflichkeit« des Geliebten und rühmt sich selbst als die »vollkommenste Dame«, der keine andere vorzuziehen ist:

Die große Trefflichkeit, die in Euch ihre Wohnung hat,
Und der edle Wert, den Ihr besitzt, hält mich davon zurück,
Denn ich weiß keine einzige fern oder nah,
Die, wenn sie lieben will, nicht Euch zugeneigt sei;
Aber Ihr, mein Geliebter, seid wohl so sehr Kenner,
Daß Ihr die vollkommenste Dame erkennen müßt,
Und erinnert Euch an unsere Übereinkunft. (…)[186]

Die »vollkommenste Dame« zieht alle Register. Aber es steht wohl nicht gut um ihre Liebesbeziehung. Doch ob die Dame ihr Ziel nun erreichen wird oder nicht, bedeutsam und interessant finde ich in jedem Fall das Liebeskonzept, das Beatriz' Dichtung zugrunde liegt: Ihre Herzensbindung an den fernen Troubadour betrachtet die Comtessa de Dia bzw. das lyrische Ich als die große Liebe, die offenbar noch höher steht als das kirchenrechtliche Eheband. Denn die edle Dame in Beatriz' Minnelied scheut sich ja keineswegs, den Willen des »Herrgotts« angesichts ihrer Liebe ins Spiel zu bringen.

8. Siegfried und Kriemhild

Die Gräfin Beatriz de Dia war gewiss eine große Frau, eine starke, souveräne Persönlichkeit. Dass Frauen ihren Selbstwert, ihre seelische Kraft, ihre geistige Stärke entfalten dürfen, gab es durchaus - freilich nur in Einzelfällen - auch im patriarchalischen Mittelalter, vor allem im höfisch-ritterlichen Milieu, also in der Oberschicht der Gesellschaft. Ein prominentes Beispiel aus der deutschen Literatur: Von starken Frauen, die ihre Partner zwar lieben, dabei aber (ohne die üblichen Geschlechterrollen grundsätzlich anzutasten) sehr eigenwillig und sehr selbstständig bleiben in ihrem Wollen und Tun, handelt, in teils drastischer Weise, die Nibelungensage.

Zu den berühmtesten Paaren in der Kultur- und Literaturgeschichte des Abendlands zählen, neben Tristan und Isolde, gewiss auch Siegfried und Kriemhild im Nibelungenlied. Wir können diesen umfänglichen Text unter vielen Aspekten lesen und wir können ihn - wie in den folgenden Ausführungen - auch als hintergründige Beziehungsgeschichte von Mann und Frau verstehen.

Wie die Sage von Tristan und Isolde und wie die König-Artus-Mythen oder die Parzivallegenden ist auch die germanische Nibelungensage im Lauf der Jahrhunderte in verschiedenen Versionen überliefert worden. Ihre schriftliche Form ist das, um 1200 entstandene, mittelhochdeutsche

Nibelungenlied – ein gigantisches Heldenepos, dessen Text in der jetzigen Fassung auf einen unbekannten Dichter zurückgeht.[187]

Im 19. Jahrhundert wurde die Nibelungensage von vielen Autoren rezipiert, z.B. von Friedrich Hebbel und Richard Wagner. Zum ursprünglichen Inhalt in groben Zügen: Der jugendliche, mit übermenschlichen Kräften ausgestattete Königssohn Siegfried aus Xanten hat einen ›Lindwurm‹ getötet und sich in dessen Blut gebadet. Das Drachenblut umgab seinen Körper mit einer Hornhaut, einer ›Panzerung‹, die ihn unverwundbar machte. Lediglich am Rücken, an einer Stelle zwischen den Schulterblättern (auf die während des Bades ein Lindenblatt gefallen war), bleibt er verletzlich.

Nachdem Siegfried in einem weiteren Abenteuer den Schatz der Nibelungen geraubt hat, besucht er den Königshof zu Worms. Dort wirbt er um Kriemhild, die für ihre Schönheit bekannte Schwester des Burgunderkönigs Gunther. Dieser stimmt der Brautwerbung nur zu, wenn Siegfried ihm helfen würde, die Königin von Island, die jungfräuliche Brünhild, zur Gemahlin zu gewinnen. Die bärenstarke Brünhild nämlich akzeptiert als Gatten nur einen Mann, der sie in drei Wettkämpfen überwindet. Mit Hilfe einer Tarnkappe kann der unsichtbar gewordene Siegfried die Dame überlisten und sie in ihren Zweikämpfen mit Gunther besiegen, so dass sie diesen, den vermeintlichen Sieger, als ihren künftigen Ehemann anerkennt.

Der Weg ist nun frei für die Doppelhochzeit: Gunther heiratet Brünhild und Siegfried nimmt Kriemhild zur Frau. In der Hochzeitsnacht aber will sich Brünhild ihrem Gatten nur hingeben, wenn er sie nochmals, im Ehebett, besiegt – was diesem aber nicht glückt. In seiner Not erfleht Gunther erneut den Beistand Siegfrieds, der in der nächsten Nacht ein weiteres Mal seine Tarnkappe aufsetzt und Brünhilds

Widerstand bricht – so dass diese meint, sie sei von Gunther bezwungen worden, und nun endlich ihre Jungfräulichkeit preisgibt (womit sie allerdings ihre magischen Körperkräfte verliert). Siegfried aber nimmt heimlich den Gürtel Brünhilds an sich und übergibt ihn an Kriemhild.

Später streiten sich Brünhild und Kriemhild, wer von ihnen den mächtigeren Ehemann besitze. Kriemhild zeigt ihrer Gegnerin den Gürtel, den Siegfried der widerspenstigen Braut im Schlafgemach entrissen hatte. *Das* aber ist für Brünhild zu viel, aufs Äußerste gekränkt versinkt sie in Scham und in Hass. In der Folge beschließt sie mit Gunther, dass Hagen von Tronje, der engste Berater des Königs, Siegfried umbringen solle. Hagen, der es vor allem auf den Schatz der Nibelungen abgesehen hat, entlockt nun Kriemhild das Geheimnis von Siegfrieds verletzbarer Körperstelle. So gelingt es ihm, Siegfried bei einem Jagdausflug in den Odenwald hinterrücks mit einem Speer zu töten.

Als Kriemhild von der Ermordung des Ehegatten erfährt, schwört sie den Burgundern grausame Rache. Dreizehn Jahre nach Siegfrieds Tod heiratet sie den Hunnenkönig Etzel und gelangt durch diese Verbindung zu großer Macht. Sie bringt Etzel dazu, ihren Bruder Gunther und Hagen von Tronje zu einem Hoffest ins Land der Hunnen einzuladen. Gunther und Hagen gehen in die Falle und ziehen mit großem Gefolge zu Etzel. Es kommt zu Kämpfen, bei denen die Burgunder unterliegen. Den König Gunther lässt Kriemhild enthaupten und dem Hagen schlägt sie eigenhändig den Kopf ab. Sie selbst wird anschließend von Hildebrand, dem alten Waffenmeister Dietrichs von Bern, erschlagen.

9. Fehlende Sinngebung

Das Nibelungenlied ist eine Heldengeschichte, in der die Gewalt, der Verrat, die Heimtücke, die brutale Rache über die Freundschaft und über die Liebe zuletzt triumphieren. Doch das mittelalterliche Epos hat auch noch eine andere Seite. Es heißt ja im Text, dass Kriemhild in ihrer Ehe mit Siegfried sehr glücklich gewesen sei. Ganz offensichtlich bleibt der getötete Ehemann in ihrem Herzen lebendig, bis zu ihrem eigenen Tod. Und das aus meiner Sicht Wichtigste: Kriemhild kennt seit Beginn ihrer Ehe das wirklich Intime, das größte Geheimnis, die verwundbare Stelle des über alles geliebten Partners.

Damit sind wir beim wahren Kern der Geschichte: Um die schwachen, die verletzlichen Punkte des anderen wissen, ist eine notwendige Voraussetzung und ein wesentliches Kennzeichen der Seelenfreundschaft und der Partnerbeziehung. Solches Wissen verleiht eine einzigartige Verantwortung für den Partner, aber auch eine gefährliche Macht über ihn. Wer die empfindlichen Stellen am Körper – und in der Seele – des anderen kennt, der weiß, was der andere braucht und was ihm besonders gut tut. Er weiß aber auch, was den Partner vernichten kann und wie dessen ›Schutzpanzer‹ zu brechen ist. Das Geheimnis des anderen kennen, dies ermöglicht die bedingungslose Liebe und zugleich auch den Missbrauch des Geheimnisses.

Kriemhild freilich hat ihr Wissen nicht im eigentlichen Sinne missbraucht, sie hat es vielmehr in bester Absicht, aber in tragischer Verkennung der möglichen Folgen, an einen anderen weitergegeben. Diese Fehleinschätzung der Lage aber wird für den Menschen, den sie liebt, zum Verhängnis. Das Unheil nimmt seinen Lauf, es kommt wie es kommen muss: Alles Gute, alles Schöne, alles Wertvolle wird zerstört und nimmt – wie in der antiken Tragödie – ein unwiderrufliches Ende.

Wie könnte man ein solches Epos interpretieren? Die Siegfriedsage ist keine Heiligenlegende, das Nibelungenlied geht auf eine profane, durch und durch weltliche Überlieferung zurück. Was überhaupt nicht vorkommt, was hier vollkommen fehlt, ist die christliche Perspektive – die Botschaft der Barmherzigkeit, der Vergebung, der Nächstenliebe. Auch der Gedanke eines endzeitlichen Gerichts, auch die Hoffnung auf eine jenseitige Heilung von menschlichen Lebens- und Liebesgeschichten sind in der germanischen Heldensage kein Thema, keine mögliche Lösung.

Die rein diesseitige Welt des Heldenepos verknüpft die germanische Heroenzeit mit der hochmittelalterlichen Hofkultur, enthält aber keinerlei Verweise auf eine andere, metaphysische Ordnung. Jan-Dirk Müller, ein Spezialist für mittelalterliche Literatur, schreibt zum Nibelungenlied:

> Leitmotiv, programmatisch vorangestellt und bis zur vorletzten Strophe immer wieder zitiert, ist der Satz, dass liebe (...) letztlich in leit umschlägt. Dies ließe sich christlich deuten, doch das geschieht nicht; eine umfassende Sinngebung hat der Erzähler verweigert.[188]

Für mittelalterliche Verhältnisse erstaunlich ist das Nibelungenlied sehr weitgehend areligiös konzipiert, religiöse Elemente finden sich allenfalls ganz am Rande. Welche Alternativen nun hätte es, nach christlich-ethischen Gesichtspunkten, für Siegfried und Kriemhild gegeben? Hätten sie die Predigt Jesu gekannt und beherzigt, dann hätten sich ganz andere Handlungsmöglichkeiten eröffnet. Beispielsweise hätte Siegfried nicht den Hort der Nibelungen an sich reißen müssen. Viel Unheil wäre vermieden worden.

Und Siegfrieds ›schwacher Punkt‹ wäre das Geheimnis der Liebenden geblieben und hätte dem Ehepaar zur Grundlage eines dauerhaften Glücks, zum Ausgangspunkt für ein erfülltes Leben werden können.

Doch Siegfried und Kriemhild verstricken sich in fragwürdigen Gesellschaftsstrukturen, in Unrecht und Schuld, und alles kommt anders als es sich die beiden ersehnen. Was geschehen ist, das kann man nun freilich nicht ändern. Aber auch ohne Korrekturen des Geschehenen könnte es für Siegfried und Kriemhild – christlich-eschatologisch gesehen – eine gute Zukunft geben. Sie könnten sich in einer anderen Dimension, in Gottes kommendem Reich, aufs Neue begegnen. Ihr ›verlorenes Paradies‹ könnten sie zurückgewinnen in noch viel größerer Schönheit, in nie dagewesener Fülle.

Mit solchen Träumen, mit solchen Visionen sind wir nun freilich in einem Bereich angelangt, der nicht nur dem vorchristlichen Denken, sondern auch dem in der höfischen Welt des christlichen Mittelalters agierenden Sagenpaar Siegfried und Kriemhild völlig fern lag, umso eher aber ganz anderen – unsterblichen – Paaren des Hochmittelalters zugänglich war: zum Beispiel Franz und Klara von Assisi oder Dante und Beatrice oder Petrarca und Laura. In den folgenden Kapiteln wird von diesen Paaren die Rede sein.

Wir lasen eines Tages, uns zur Lust,
Von Lancelot, wie Liebe ihn durchdrungen;
Wir waren einsam, keines Args bewußt.
Dante Alighieri

Kapitel VII
Gottesliebe kontra Partnerliebe?

Siegfried und Kriemhild, Lancelot und Guinevere, vor allem aber Tristan und Isolde sind die bekanntesten mythologischen Paare der mittelalterlichen Literatur. Doch jenseits der Mythologien gab es auch real existierende Paare, die es als tragisch Liebende zu hoher Berühmtheit brachten: Pierre Abaelard und seine Gattin Héloïse zum Beispiel.

Wir sahen im Abschnitt V: Der unruhige, tief veranlagte Gottsucher Abaelard und die leidenschaftliche Héloïse liebten sich anfänglich in flammender Sehnsucht, in seelischer wie leiblicher Nähe, in ekstatischer Hingabe. Doch diese Liebe war nicht unproblematisch. Denn die volle Hingabe an Gott und die erotische Bindung an ein menschliches Du galt – wie wir sehen werden – für wichtige Repräsentanten des christlichen Mittelalters als kaum vereinbar.

Freilich ist die Kultur des Mittelalters nicht eindimensional, nicht ausschließlich religiös zu verstehen. Die Minnesänger etwa, die die Liebe von Mann und Frau verherrlichten, waren keine Theologen, keine ausgewiesenen Gottsucher, sondern recht weltliche Dichter und Künstler. Manche ihrer Texte sind wunderschön und menschlich ergreifend, etwa die Lieder Wolframs von Eschenbach, Walthers von der

Vogelweide oder Burkhards von Hohenfels. Nicht zuletzt auch das bildhafte ›Falkenlied‹ des Sängers von Kürenberg ist ein großartiges Kunstwerk, ein tiefsinniges, zu Herzen gehendes Liebeslied.

Auch in der bildenden Kunst, besonders in den Miniaturen der oberrheinischen Liederhandschrift des Codex Manesse (um 1305 – 1340), wird die Falkensymbolik in größter Anmut und Zärtlichkeit zum Ausdruck gebracht. Unnachahmlich schön sind die gotischen (von namentlich nicht bekannten Malern des beginnenden 14. Jahrhunderts stammenden) Autorenbilder zu den Minnesängern Konrad von Altstetten und Wernher von Teufen. Die eine Miniatur zeigt Konrad im Schoß seiner Geliebten, mit dem Falken auf der linken Hand, vor dem Hintergrund einer symbolischen Rosenlaube. Die andere Miniatur stellt einen Mann dar, der die Geliebte behutsam umarmt. Den Falken trägt die Herrin auf der erhobenen Linken, gleichsam als Symbol des ›gezähmten‹ Liebhabers.[189]

Ein besonders schönes Beispiel für ein Paar, das die echt höfische, die nichtsinnliche (jedenfalls nichtsexuelle) Minne zelebriert, ist auf einer Miniatur für den Sänger Albrecht von Johansdorf abgebildet: Mann und Frau umarmen sich Wange an Wange, die Schultern berühren sich, doch die übrigen Körper haben keinen Kontakt, sie biegen sich geradezu voneinander weg.

In den folgenden Abschnitten freilich konzentriere ich mich – nach einem Blick in die Kunst- und in die Kirchengeschichte – auf literarische Texte. Im Brennpunkt meiner Ausführungen stehen Paare, die teils das weltliche, teils das geistliche Mittelalter verkörpern. Besprochen werden zunächst die reiche und übermächtige Welt des Hochadels, in der Folge die kirchliche Armutsbewegung, im Weiteren die hoch brisante Frauenbewegung der ›Beginen‹, speziell die –

auffällig erotisch gefärbte – Gottesminne der Beginenschwestern Mechthild von Magdeburg und Hadewijch von Antwerpen, sowie die herzergreifende Legendenbildung um die großen Heiligen Franz und Klara von Assisi.

Eine Kulturgeschichte der Liebe muss, neben erfreulichen Gesichtspunkten, immer auch die finsteren Aspekte des christlichen Mittelalters bedenken: unter anderem die strikte Männerherrschaft und die teils grausame Verfolgung der Beginenbewegung durch die Inquisition im 14./15. Jahrhundert. Hinter diesen Unterdrückungsmethoden steckte – neben dogmatischen Gründen – ein verbreitet negatives *Frauenbild*, auf das ich in späteren Abschnitten noch ausführlicher eingehen werde.

1. Die Armutsbewegung

Das Mittelalter gilt als eine sehr ›fromme‹ Epoche, als eine Zeit der verstärkten Hinwendung des Menschen zu Gott. Aber es gab auch andere Seiten. Das Mittelalter war auch die Zeit der politisch, religiös und wirtschaftlich motivierten Kreuzzüge und des beginnenden Hexenwahns. Und es war die Zeit der Feudalherren und der (noch in der Neuzeit verbreiteten) Leibeigenschaft.

Zur säkularen, rein weltlichen Seite des Mittelalters gehören die vielen Adelsgeschlechter, repräsentiert zum Beispiel in der Grafentochter Uta von Ballenstedt (ca. 1000 – 1046) und ihrem Ehemann Ekkehard II. (ca. 985 – 1046), dem sehr mächtigen, politisch einflussreichen Markgrafen von Meißen. Über 200 Jahre nach ihrem Tod sind die beiden Eheleute in die künstlerische ›Unsterblichkeit‹ eingegangen. Um die Mitte des 13. Jahrhunderts nämlich hat der ›Naumburger Meister‹ die berühmten, in Farbe gefassten gotischen

Steinfiguren Uta und Ekkehard geschaffen, die heute (neben anderen Stifterfiguren) im Westchor des Naumburger Doms zu bewundern sind.

Gegen Ende des 19. Jahrhunderts, im Zeitalter der aufkommenden Photographie und der illustrierten Kunstführer, gelangte ›Uta von Naumburg‹ zu besonderer Popularität als einmalige Figur der deutschen Kunstgeschichte. Im Nationalsozialismus wurde die Uta sogar zum Mythos, zur ›Ikone‹, zum nationalen Idol. Sie galt – warum auch immer – als idealer Ausdruck von edler deutscher Gesinnung und als gelungener Prototyp des deutschen weiblichen Wesens.[190]

Auch der italienische Dichter und Philosoph Umberto Eco war von der Gestalt der Uta begeistert. In seiner ›Geschichte der Schönheit‹ (2004) hat er die Naumburger Uta als die wohl interessanteste, schönste und ausdrucksvollste Frau in der Kunstgeschichte gepriesen. Der amerikanische Filmproduzent Walt Disney allerdings hat, 1937, dieselbe Uta in seinen Trickzeichnungen als Vorbild für die böse Stiefmutter Schneewittchens erwählt.

Uta von Ballenstedt und ihr Ehegatte Ekkehard II. wurden jedenfalls (anders als das im Bamberger Dom bestattete Kaiserpaar Heinrich II. und Kunigunde) zu Recht nicht heiliggesprochen. Aber sie wurden in der Oberschicht als mondäne, sehr erdgebundene Persönlichkeiten des deutschen Mittelalters geehrt. Sie gelten gewiss nicht als Vertreter eines besonders christlichen Lebensstils, sondern weit eher als Symbolgestalten für Reichtum und Macht, für Privilegien und Standesbewusstsein.

Im stärksten Kontrast nun zur feudalistischen Ordnung, zur weltlichen Lebensauffassung einer begüterten, einer diesseitsorientierten, am individuellen Erdenglück interessierten Bürger- oder Rittergesellschaft stand die im 12.

Jahrhundert aufbrechende europäische *Armutsbewegung*. Sie war eine geistliche Erweckungsbewegung, die ihre spirituelle Mitte in der Nachfolge des armen – und zur Armut aufrufenden – Jesus von Nazareth (vgl. Mt 8, 18ff.) hatte und die mehrere neue Orden hervorbringen sollte. Neben den, von der römischen Papstkirche als häretisch angesehenen, Abzweigungen der Waldenser und Katharer entstanden Orden nach traditionellem Muster (die Prämonstratenser und Zisterzienser) sowie die Bettelorden der Franziskaner und Dominikaner.[191]

Diese Erneuerung und Vertiefung des christlichen Lebensgefühls ging nun freilich mit einer gewissen Abwertung – oder manchmal sogar Verteufelung – der Leiblichkeit und besonders der Sexualität des Menschen einher: eine Entwicklung, die ihre Wurzeln schon im frühkirchlichen Mönchtum seit dem 4. Jahrhundert hat, die aber von der biblischen Anthropologie und von der Botschaft Jesu her gesehen nicht wirklich plausibel ist.[192]

Die im Hochmittelalter verbreitete Leibverachtung hatte zur Folge, dass zwischen der mystischen Liebe zu Gott und der erotischen Anziehung der Geschlechter ein kaum überbrückbarer Gegensatz konstruiert wurde, der bei sensiblen Christen sehr ernsthafte und schwierige Konflikte hervorrufen konnte. Diese spannungsgeladene Situation soll im Folgenden anhand von herausragenden Beispielen aus der Literatur und der Kirchengeschichte erörtert werden.

2. Die größere Liebe

Man muss es so sagen: Im kirchlich geprägten Mittelalter galt im Vergleich zur *Gottesminne* die eheliche Liebe als das weitaus Geringere, viel weniger Wertvolle. Ja, die Leiblichkeit und erst recht die erotische Leidenschaft hatten den Geschmack des Sündhaften, des – außerhalb der Ehe – strengstens Verbotenen.

Auf der anderen Seite gab es aber auch im Mittelalter interessante Geistesströmungen, die die Gottes- und die Menschenliebe – einschließlich der Paarbeziehung von Mann und Frau – in optimaler Weise miteinander zu vereinbaren suchten. Es gab ja nicht nur geistliche Ordensgemeinschaften auf der einen und ›weltliche‹ Familien bzw. Eheleute auf der anderen Seite, es gab auch eine geglückte *Verbindung* beider Ideale: der spirituellen Gottesliebe und der geistig-leiblichen Partnerliebe.

Gottesliebe, Partnerliebe und allgemeine Nächstenliebe gehören aus meiner Sicht sehr eng zusammen. Ich bin überzeugt: Eine wesentliche Voraussetzung für das dauerhafte Gelingen einer Partnerbeziehung ist die Fähigkeit und die Bereitschaft der Partner zu einer größeren Verbundenheit, zu einer umfassenderen Liebe, die über den besonderen Lebenspartner hinausreicht und andere Menschen in die Solidargemeinschaft mit einbezieht. Eine echte Partnerliebe, eine tiefe Seelenfreundschaft kann ich mir nicht vorstellen ohne die Nächstenliebe, ohne soziale Verantwortung, ohne irgendeine Form von Engagement, das anderen Menschen zugute kommt und sich nicht beschränkt auf den eigenen Familienkreis.

Eine weitere, ebenso wichtige Voraussetzung für tragfähige Paarbeziehungen ist die Anerkennung der Frau als gleichwertige Partnerin. Eine männliche Dominanz, eine maskuline Überheblichkeit, die in der Frau nur die schwächere ›Gehilfin‹ sieht – die ›dienende Magd‹, die dem Manne zu gehorchen hat –, ist zur Partnerliebe nicht fähig. Und umgekehrt eignen sich Frauen, die sich der männlichen

Herrschaft bereitwillig unterwerfen, wohl kaum für eine gute Partnerbeziehung.

Wie im Abschnitt III schon besprochen wurde und wie ich es in diesem Buchkapitel noch vertiefen möchte, wies das antike Frauenbild erhebliche Defizite auf. In allen Lebensbereichen herrschte eine Geringschätzung, eine Diskriminierung des weiblichen Geschlechts, die im Mittelalter weiterwirkte, sich zum Teil noch massiv verstärkte und in vielen Regionen bis in die jüngste Neuzeit hineinreicht. Doch die sehr zu beklagende Benachteiligung der Frauen war – im Blick auf das Wechselverhältnis der Geschlechter – nur die eine Seite der früh- und hochmittelalterlichen Realität.

Die andere Seite der Wirklichkeit: Auch in der Antike und im Mittelalter gab es starke Frauen, die es verstanden, sich in der Männerwelt zu behaupten und ihre eigenen Wege zu gehen. Es gab beherzte, sehr wagemutige Frauen, die sich nicht vom Manne, sondern von Gott her definierten. Vielleicht waren sie gerade auch aus diesem Grunde zur *Partnerbeziehung* besonders fähig.

Zur Selbstfindung und zum Ganzwerden der Persönlichkeit *muss* man nicht in einer Paarbeziehung leben. Für manche Frauen und Männer sind andere Lebensformen der bessere Weg. Im Übrigen sind Menschen, die in einer größeren Lebensgemeinschaft oder mit einem zeitweiligen Alleinsein gut zurechtkommen, in der Regel auch gute Partner in einer Zweierbeziehung.

Ob man nun in einer Paarbeziehung lebt oder nicht, in jedem Fall sind *liebevolle* menschliche *Beziehungen* wichtig und notwendig für ein gelingendes Leben. Eine alternative, beziehungsorientierte, sehr freiheitliche, in wahrer Menschen- und Gottesliebe gründende Lebensform für Frauen boten im Hochmittelalter – in ganz spezifischer Weise

– die Beginenkonvente. In diesen Gemeinschaften konnten Frauen ein würdevolles, ausgefülltes und sinnstiftendes Leben führen.

3. Unabhängige Frauen

Eine nicht unbedeutende Gegenbewegung, einen bemerkenswerten Kontrast zur weithin untergeordneten Stellung der Frau im Mittelalter finden wir in der ordensähnlichen, dabei aber sehr weltoffenen, sehr eigenständigen und *karitativ* besonders aktiven Frauengemeinschaft der Beginen (die in Süddeutschland auch »Sammlungsschwestern« genannt wurden). Es handelte sich um unabhängige, in der Regel sehr selbstbewusste, charakterstarke Frauen aus allen Bevölkerungsschichten. Für eine bestimmte Zeitspanne verzichteten sie auf die Ehe und gelobten die Keuschheit, später aber konnten sie ohne Schwierigkeiten den ›Beginenhof‹ verlassen und heiraten. Für nicht wenige dieser Frauen war der Eintritt in einen Beginenkonvent – in manchen Städten gab es zehn bis zwanzig solcher Konvente – ein probates Mittel, der Zwangsverheiratung zu entgehen.

Die Herkunft des Wortes ›Beginen‹ ist unklar. Möglicherweise geht diese Bezeichnung auf die heilige Begga zurück, die Tochter des fränkischen Hausmeiers Pippin des Älteren (eines Vorfahren des Herrschergeschlechts der Karolinger), die im 7. Jahrhundert gelebt hat und wegen ihrer Frömmigkeit und Barmherzigkeit sehr vielen Frauen des Hochmittelalters bekannt war.

Das später weitgehend vergessene – gegen Ende des 20. Jahrhunderts aber durch die Neugründung von Beginenhäusern in Deutschland wiederbelebte – Beginentum hat seinen Ursprung in den großen religiösen Reformbewegungen des 12. und 13. Jahrhunderts. Um den Menschen in ihren sozialen und geistigen Nöten beizustehen und auf diese Weise den Glauben an Gottes Liebe konkret werden zu lassen, schlossen sich zahlreiche Frauen zum Bund der Beginen zusammen.

Wegweisende Frauen als Trägerinnen dieser Bewegung lebten exemplarisch das Ideal eines wohltätigen Christentums in den aufstrebenden Städten. Sie prägten die Kultur des Mittelalters mit ihrem Engagement in der Krankenpflege, in der Begleitung der Sterbenden und der Bestattung der Toten sowie ihrem grandiosen Einsatz für die Pilger und Fremden, für die Armen und Aussätzigen. Und nicht zuletzt war »das Unterrichten von Lesen, Schreiben, Rechnen und Handarbeiten eine typische Beginentätigkeit, die *Frauenbildung* förderte und dem Erwerb des Lebensunterhaltes diente«.[193]

Die Nächstenliebe, die humanitäre Aktion verband sich in den Beginenhöfen aufs engste mit der Gottesliebe, der mystischen Kontemplation. Ebenso wichtig wie die Arbeit war das Gebet. So gingen aus dem Beginentum auch große Mystikerinnen hervor, darunter Christina von Stommeln, Marguerite Porète, Ida von Nivelles, Hadewijch von Antwerpen sowie die berühmte – durch die Schriften Bernhards von Clairvaux und Hildegards von Bingen inspirierte – Visionärin Mechthild von Magdeburg (ca. 1207 – 1282), die international sehr verehrt, aber bis heute nicht heilig- oder seliggesprochen wurde.

Sozioökonomisch gesehen war das Beginentum, als erste große Frauenbewegung des Mittelalters, eine hoch effektive Antwort auf die Auswirkungen eines chronischen Überschusses an verwitweten Frauen und ledigen Mädchen. Vielen alleinstehenden Frauen ermöglichten die Beginenhäuser ein Leben in der Gemeinschaft. Überdies vermittelten die Beginen – sofern sie Unterricht gaben – einer großen Anzahl von Frauen den Zugang zur grundlegenden *Bildung* und somit zu einer Existenz, die sie relativ frei gestalten konnten.

Grundlage für die Lebensführung in den Beginengemeinschaften war das Evangelium. Das große Vorbild dieser Frauen war Jesus von Nazareth. Wie Christus mit seinen Jüngerinnen und Jüngern »in der Welt gelebt hatte, wo Leid und Not zu Hause sind«, so wollten auch die Beginen ihr Leben aktiv in die Hand nehmen und »in tätiger Nächstenliebe Gott ehren und den Menschen Gutes tun. Folgerichtig lehnten sie strenge Ordensregeln und Klausurbestimmungen ab, die sie hinter Klostermauern verbannt hätten.«[194]

4. Verfolgung und Inquisition

Im 12. und 13. Jahrhundert bildeten sich solche mutigen Frauengruppen erstmals in Belgien. Segensreich breiteten sie sich aus in den Niederlanden, in Deutschland und Südfrankreich, in Oberitalien, in Österreich und in der Schweiz. Auf Ersuchen des Bischofs und späteren Kardinals Jakob von Vitry (eines Kreuzzugspredigers und schriftstellerisch aktiven Historikers, der von der belgischen Mystikerin Maria von Oignies spirituell begleitet wurde) erhielten die Beginen im Jahre 1216 von Papst Honorius III. die mündliche Bewilligung, ohne Ordensregeln und ewige Gelübde den christlichen Auftrag zur Barmherzigkeit zu erfüllen. Durch die Bulle ›Gloriam virginalem‹ Papst Gregors IX. wurde diese Sondergenehmigung im Jahre 1230 feierlich bestätigt.

Es galt also weiterhin:

Im Gegensatz zum Klosterleben war es den Beginen gestattet, aus dem Frauenbund auszuscheiden und sich wieder einem Leben außerhalb ihrer Gemeinschaft zuzuwenden. Ohne verachtet zu werden, konnten sie heiraten und ihr Hab und Gut mit sich nehmen.
Jeder Beginenhof verwaltete sich selbst und unterstand einer aus der Mitte der Beginen gewählten Meisterin. Für die mittelalterliche Zeit hatte die Lebensform der Beginen viel Anziehungskraft. Sie bot den Frauen, die sich der männlichen Obhut entziehen wollten, ohne sich als Nonne in klösterliche Klausur zu begeben, die einzigartige Möglichkeit, sich in einer Gemeinschaft zu entfalten und sich sozial zu engagieren.[195]

Um 1240 gab es beispielsweise in Lüttich ca. 1500 und in Köln ca. 2000 Beginen. Wissenschaftlichen Untersuchungen zufolge schlossen sich ca. 3 % der weiblichen Gesamtbevölkerung in Deutschland den Beginen an. In einigen Städten, z.B. in Köln und in Straßburg, »übertraf die Zahl der Beginen die der Nonnen; in Straßburg dürften sogar bis zu 10 % zu ihnen zu zählen sein«.[196]

Doch die Männerkirche wollte die einflussreiche, die weitgehend autonome, immer größer und immer stärker werdende Beginenbewegung nicht auf Dauer tolerieren. »Die außerhalb kirchlicher Ordnungen stehenden Beginen (...) waren wohl von Anfang an Verleumdungen und übler Nachrede ausgesetzt, nicht nur seitens der Bevölkerung, sondern auch durch den Klerus.«[197] Ich vermute sogar: *Vor allem* durch Bischöfe und Teile des Klerus wurden die Beginen mit Argwohn beobachtet. Fakt ist: Wegen ihrer zunehmenden Eigenständigkeit, ihrer Emanzipation von der männlich-klerikalen Gängelei, ihrem Anspruch auf religiöse Mündigkeit, ihrer ungewöhnlichen, nicht orthodox klingenden Mystik und ihrer theologischen ›Irrlehren‹ wurden manche Beginenkonvente schon in der zweiten Hälfte des 13. Jahrhunderts der Ketzerei verdächtigt.

Nach ihrer Verurteilung durch die Inquisition im Jahre 1307 in Toulouse wurden einige Beginen bei lebendigem Leibe eingemauert, andere starben auf dem Scheiterhaufen. Eine der bedeutendsten Beginen in Frankreich, die theologische Schriftstellerin und Mystikerin Marguerite Porète, wurde 1310 als ›rückfällige Ketzerin‹ in Paris verbrannt (weil sie mit ihrem ›Spiegel der einfachen Seelen‹ zahlreiche Theologen gegen sich aufgebracht hatte). Zwischen 1367 und 1369 erlitten allein in Erfurt ca. zweihundert Beginen den Feuertod, ca. zweihundert andere Beginen wurden zum Austritt bewegt. Und aufgrund einer Verfügung des römisch-deutschen Kaisers Karls IV. aus dem Jahre 1369 wurde das gesamte Besitztum der Beginen in Deutschland veräußert.[198]

Zwar hatte Papst Johannes XXII. im Jahre 1319 eine Bulle erlassen, die die Beginen begnadigte – sofern sie sich den Regeln der Franziskaner- oder Dominikaner-Terziarier unterwarfen. Mitte des 14. Jahrhunderts aber kam es in Deutschland, in großem Stil und mit brutalsten Methoden, zur erneuten Verfolgung unter dem machtgierigen, ja grausam-hysterischen Inquisitor und Dominikaner-Provinzial Walter Kerlinger.

Im Spätmittelalter und zu Beginn der Neuzeit schließlich wurde das Beginentum in seiner ursprünglichen, auf Freiheit und Souveränität bedachten Form liquidiert, d.h. die Beginenkonvente wurden vollständig in das klösterliche Leben der Nonnen integriert. Die im 13. Jahrhundert so wirkmächtige Frauenbewegung wurde domestiziert und entmündigt, die aufgepfropften Ordensregeln beraubten sie ihrer ureigensten Bestimmung.

In München z.B. wurden die Beginen im Jahre 1396 durch eine päpstliche Verfügung gezwungen, das ewige Keuschheitsgelübde abzulegen. Auch sonst wurde der Wille der Frauen gebrochen. Die früher so selbstständigen Beginen wurden im 15./16. Jahrhundert durchweg der Aufsicht des Franziskaner- oder Dominikanerordens unterstellt – soweit sie dies zuließen und sich nicht der Reformation anschlossen.

5. ›Das fließende Licht der Gottheit‹

Dass die Beginenbewegung von der kirchlichen Obrigkeit zunehmend unterdrückt und weitgehend ausgelöscht wurde, gehört – neben den Kreuzzügen und den Hexenjagden – zu den traurigsten Kapiteln der Kirchengeschichte. Zumal die Beginenkonvente die Kulturgeschichte Europas und speziell die Kultur der Liebe um wesentliche Dimensionen bereicherten.

Die wohl bedeutendste und wirkmächtigste Frau, die aus der Beginenbewegung hervorging, war die Mystikerin, Dichterin und Visionärin Mechthild von Magdeburg (ca. 1207 – 1282). Sie lebte über dreißig Jahre lang als Begine in Magdeburg und stammte vermutlich aus einem Adelsgeschlecht, so dass sie sich einer herausragenden Bildung erfreuen konnte.

Ihr literarisches Hauptwerk ›Das fließende Licht der Gottheit‹ umfasst sieben Bücher. In diesen Büchern verwendete Mechthild bekannte Bilder aus dem alttestamentlichen ›Hohenlied‹ der Liebe und dem mittelalterlichen Minnesang, um auf solche – hoch erotisch gefärbte – Weise die mystische Hochzeit der gläubigen Seele mit Gott bzw. mit Christus zu umschreiben. Zugleich enthält das, in mittelniederdeutscher Sprache verfasste, ›Fließende Licht der Gottheit‹ eine (mehr oder weniger) deutliche Kritik an den Missständen des damaligen Ordenslebens und auch sonst an der kirchlichen Hierarchie und an der weltlichen Gesellschaft des 13. Jahrhunderts.

Mechthilds Schriften erregten großes Aufsehen in kirchlichen Kreisen. Nicht zuletzt wohl aus diesem Grund verbrachte sie ihre letzten zwölf Lebensjahre zurückgezogen im Zisterzienserinnenkloster Helfta bei Eisleben.[199] Dort lernte sie die junge Zisterzienserin Gertrud von Helfta (1256 – 1302) kennen, ihre künftige Schülerin, die heute in der katholischen Kirche als große Heilige und als begnadete Mystikerin verehrt wird.

Mechthilds Werk ›Das fließende Licht der Gottheit‹ scheint mir wichtig und unbedingt beachtenswert. In einer Kulturgeschichte der Liebe sollte Mechthild von Magdeburg nicht übersehen werden. Das ›unsterbliche Paar‹ in ihren Schriften ist allerdings kein irdisches Paar, sondern – umso brisanter – ein ›gottmenschliches‹ Paar, nämlich die Gottheit in ihrer Wechselbeziehung zu Mechthild (und zur menschlichen »Seele« überhaupt).

Im ersten Buch des ›Fließenden Lichts‹ lässt Mechthild die »Seele« ihren Gott »an fünf Dingen« loben:

du gießender Gott in deiner Gabe!
du fließender Gott in deiner Minne!
du brennender Gott in deiner Sehnsucht!
du schmelzender Gott in der Einung mit deinem Lieb!
du ruhender Gott an meinen Brüsten!
Ohne dich kann ich nicht mehr sein. (I 17)[200]

Wie ein Liebhaber von der Geliebten wird Gott hier angerufen! Und an anderer Stelle im selben Buch wird die Gottheit als »sanftes Lagerkissen«, als »innigstes Minnebett« (I 19) gepriesen.

Ebenfalls im ersten Buch steht über die Beziehung Gottes zur Jungfrau Maria bzw. zur geheiligten Seele – die jedem

Gottesfreund und jeder Gottesfreundin innewohnt – geschrieben:

Die Braut ward trunken beim Anblick des edlen Antlitzes. (...)
Je zärtlicher Gott gegen sie ist, um so höher wird sie entrückt.
Je schöner sie vom Anblick Gottes aufleuchtet, um so näher kommt sie ihm. (...)
Je mehr seine Lust wächst, um so schöner wird ihre Hochzeit.
Je enger das Minnebett wird, um so inniger wird die Umarmung.
Je süßer das Mundküssen, um so inniger das Anschauen. (...)
Je mehr sie brennt, um so schöner leuchtet sie.
Je mehr sich Gottes Lob verbreitet, um so größer bleibt ihr Verlangen. (I 22)

Deutlicher geht es nicht mehr: Die Gottesminne wird von Mechthild in Analogie zur erotischen Partnerbeziehung von Mann und Frau gesehen. Höchst wahrscheinlich wäre auch der Umkehrschluss durchaus im Sinne Mechthilds: Die Geschlechterliebe ist ein Abbild der Liebesbeziehung Gottes zur Menschheit und zu jedem einzelnen Menschen bzw. ein Bild für die *Sehnsucht* Gottes nach der Gegenliebe des Menschen.[201]

6. »Eia, du liebe Taube«

Das Liebesglück von Mann und Frau, die Sehnsucht der Freundin nach dem Freund und des Liebhabers nach der Geliebten werden bei Mechthild zum bevorzugten Realsymbol für die Wechselbeziehung von Gott und Mensch. Mit dieser Ansicht vertritt die Mystikerin ein Gottes- und Menschenbild, das den führenden Theologen des Mittelalters weitgehend fremd war, das in manchen Schriften des Alten Testaments aber durchaus einen Anknüpfungspunkt hat.[202]

Die Texte belegen es eindeutig: Die erotischen Empfindungen, die körperlichen Gefühle einer jungen Frau werden in Mechthilds ›Fließendem Licht‹ zum Vorbild, zum Inbegriff der göttlichen Sehnsucht nach dem Menschen und des göttlichen Liebesbunds mit der menschlichen Seele. Ich finde das spannend, ich finde das hoch interessant. Denn der Eros und die Spiritualität sind für Mechthild keine Gegensätze, sondern verbinden sich zu einer inneren Einheit.

Im Schlussteil des ersten ›Licht‹-Buches geht »die Allerliebste zu dem Allerschönsten in die verborgenen Kammern der unsichtbaren Gottheit. Dort findet sie der Minne Bett« und dort findet sie ihren Gott, der »übermenschlich bereit« (I 44) ist. Im zärtlichen, im sehnsüchtigen, im verlangenden Zwiegespräch Gottes mit der menschlichen Seele heißt es dann:

»Haltet an, Frau Seele!« »Was gebietest Du, Herr?«
»Ihr sollt nackt sein!«
»Herr, wie soll mir dann geschehen?«
»Frau Seele, Ihr seid so sehr in mich hineingestaltet,
daß zwischen Euch und mir nichts sein kann. (...)
Darum sollt Ihr von Euch legen
beides, Furcht und Scham (...).
Dies ist Euer edles Verlangen und Eure grundlose Begehrung;
die will ich ewig erfüllen mit meiner endlosen Verschwendung.« (I 44)

Die Nacktheit wird zum Symbol des bedingungslosen Vertrauens, der unbegrenzten Nähe, der befreiten Liebe. Dass *solche* Liebe nach *Unsterblichkeit*, nach *ewigem Leben* verlangt, versteht sich ganz von selbst:

»Herr, nun bin ich eine nackte Seele,

und Du in Dir selber ein reichgeschmückter Gott.
Unser zweier Gemeinschaft
ist ewiges Leben ohne Tod.«
Da geschieht eine selige Stille,
und es wird ihrer beider Wille. (...)
Lieber Gottesfreund, diesen Minneweg habe ich dir geschrieben.
Gott möge ihn deinem Herzen erschließen! Amen. (I 44)

Das »ewige Leben« also ist im Verständnis Mechthilds von Magdeburg nichts anderes als eine umfassende, eine alles durchdringende, eine absolut glückliche *Partnerbeziehung* zwischen Gott und Mensch – eine ›Paarbeziehung‹ auf Augenhöhe, analog zur vollkommenen, zur wahrhaft erfüllten Geschlechterliebe des Menschen (die es, so perfekt, auf Erden freilich nie geben wird).

Da die erotisch-sexuelle Vereinigung von Mann und Frau in Mechthilds Poesie zum Bild für die Gottesbeziehung des Menschen wird, könnten wir meinen, die ›typisch‹ mittelalterliche Leibverachtung sei bei Mechthild von Magdeburg überwunden. Doch dieser Eindruck scheint zu täuschen. Ein signifikanter Text im zweiten Buch des ›Fließenden Lichts‹ nämlich lautet so:

Da spricht er: »Eia, du liebe Taube,
Deine Stimme ist ein Saitenspiel meinen Ohren;
Deine Worte sind Gewürze meinem Munde;
Deine Sehnsüchte sind der Überfluß meiner Gabe.«
Da spricht sie: »Lieber Herr, es muß so sein wie der Hausherr gebietet.«
Und sie erseufzt mit aller Macht,
Daß der Leib geweckt wird.
Da spricht der Leib: »Eia, Herrin,
Wo bist du jetzt gewesen?
Du kommst so liebreich wieder,

So schön und kraftvoll,
So frei und sinnenreich.
Deine Entrückung hat mir all meinen Geschmack,
Meine Ruhe und Schönheit
Und all meine Macht genommen.«
Da spricht sie: »Schweig, Mörder!
Laß dein Klagen sein!
Ich will mich immer hüten vor dir;
Daß mein Feind verwundet ist,
Kümmert uns nicht,
Ich freue mich des.«[203]

Als ›leibfeindlich‹ könnten diese Verse insofern gedeutet werden, als die Materie, die Körperwelt – dem Wesen der »Entrückung« gemäß – in der mystischen Gottesminne ihre Macht über den Geist verliert: Mag der erschöpfte Körper auch rebellieren, den lebendigen Geist kümmert das nicht. Möglicherweise steht der ›Leib‹ auch, allegorisch, für das ›alte‹ Ego, das sich für Gott noch nicht geöffnet hat. Gleichwohl bleibt es dabei: Die Liebe zu Gott wird bei Mechthild in einer echten Entsprechung zur ganzheitlichen – leiblich-geistigen – Geschlechterliebe gesehen. Das Glück, das Mann und Frau sich wechselseitig schenken können, wird in dieser Mystik zum Zeichen, zum ›Sakrament‹ für die unendliche Liebe, die Gott uns schenken will.

7. Die geistliche Minne

So manche Zeitgenossen, besonders die männlichen Schultheologen, dürften diese Art von Mystik und geistlicher Minne als Zumutung, als Provokation empfunden haben. Dafür wird es mehrere Gründe geben.

Mechthilds ›Fließendes Licht der Gottheit‹ ist weithin in der Form eines Dialogs zwischen Gott und der schreibenden Autorin verfasst. Allein schon diese weibliche ›Anmaßung‹ überschritt, für mittelalterliche Verhältnisse, eine Grenze – war es (unter Berufung auf das paulinische Schweigegebot für Frauen)[204] den hierarchisch untergeordneten ›Weibern‹ doch streng untersagt, ihre Stimme zu erheben, wenn es um wichtige Dinge, um religiöse und theologische Themen ging!

Doch Mechthild von Magdeburg wagte noch mehr. Dogmatisch ziemlich unorthodox legte sie die Vorstellung nahe: Die himmlische »Frau Minne«, die irdische »Königin Seele« und das göttliche Wort stünden in einem analogen Verhältnis zur göttlichen ›Trinität‹, die sowohl das ›Weibliche‹ wie auch das ›Männliche‹ in sich zu vereinen scheint. Eine in der mittelalterlichen Theologie höchst ungewöhnliche Sichtweise!

Überdies versichert die Dichterin gleich in der Einleitung, Gott selbst sei, gewissermaßen, der eigentliche Verfasser ihrer Schriften. Souverän und kategorisch weist sie damit – in der Tat nicht unproblematisch – jede mögliche Kritik an diesen Büchern von vornherein zurück. Aus klerikaler Sicht erst recht sehr erschwerend kommt noch hinzu: Das mystische, durch »Frau Minne« begünstigte Liebesspiel und die Vereinigung der »Königin Seele« mit der Gottheit wird von Mechthild in einer erotischen Sprache, in einer sexualisierten Bildlichkeit beschrieben, die – trotz oder gerade *wegen* des eindeutig religiösen Kontexts – die zölibatären Priester und Mönche leicht irritieren konnte.

Mindestens ebenso relevant und wirklich bemerkenswert scheint mir vor allem aber der Umstand: Die Dichterin, die Mystikerin Mechthild von Magdeburg erlebte sich in einer Unmittelbarkeit zu Gott, die eines priesterlichen Mittlers nicht mehr bedurfte. Sie orientierte sich zwar, schon im

Beginenkonvent, an der Spiritualität und den Ordensregeln des heiligen Dominikus (ca. 1170 – 1221). Aber sie ging doch ihren besonderen Weg, der ihrer eigenen Persönlichkeit voll entsprach.

Ähnlich verhält es sich bei vielen anderen Beginen, z.B. der Dichterin und Mystikerin Hadewijch von Antwerpen, deren – in mittelniederländischer Sprache verfassten – Schriften wahrscheinlich um die Mitte oder gegen Ende des 13. Jahrhunderts entstanden. Wie bei Mechthild steht auch bei Hadewijch die ›echte Minne‹, als Liebe zwischen Gott und dem Menschen verstanden, im Zentrum des literarischen Werks.[205]

Exemplarisch zitiere ich aus einem – in der Forschungsliteratur unterschiedlich interpretierten[206] – mystischen Liebeslied Hadewijchs:

Ach, lockt immer die Jahreszeit
mit ihrer irdischen Erscheinungen Pracht,
keine darunter schenkt mir wirklichen Genuß, nur:
Minne, die echte.
»Ach bitte, Minne, erbarmt Euch der Qual –
seid einzig doch Ihr meiner Seele Lust, meines Wünschens Ziel –,
seht an, wie ich kämpfe, hört: den
Schrei meines Innern.«[207]

Die Sehnsucht nach der »Minne« wird bei Hadewijch zum »Schrei« nach Erlösung. In der zweiten Strophe dieses Liebesgedichts wird die »Andacht«, die »Verehrung« betont, die der Minne gebühre. Die dritte Strophe preist die »Herrin« Minne als »Arznei« für das sprechende Ich, als »größtes Glück« und als »mütterliche Spenderin aller inneren Größe«. In der fünften Strophe heißt es schließlich ergebungsvoll:

»Ach, Minne, wird mir Glück geschenkt oder Unglück aufgeladen,

Eurem Ratschluß sei alles anheimgegeben.
Eure Schläge selbst sind Gnadenmittel, zu erlangen
liebend Erlösung.
Ach, in Elends Untiefen watend oder aufwärts klimmend,
vom Hunger gepeinigt oder satt, ich verlange nur eins:
indem ich Euer Gebot, Minne, vollkommen erfülle,
beseligt zu sterben.«

Wie ist dieses Gedicht zu verstehen und zu bewerten? Unter formalen Aspekten wurde Hadewijchs Lyrik in der Literaturwissenschaft als »Poesie der reinsten, höchsten Art«[208] gewürdigt. Was den Kern der *Aussage* betrifft, steht für mich, übereinstimmend mit den meisten Interpreten, zweifelsfrei fest: Es handelt sich um eine geistliche Minne, deren Adressat die Gottheit ist. Mit der »Herrin Minne« ist Gott selbst gemeint.

Dass aller »irdischen Erscheinungen Pracht« bei Hadewijch geringgeschätzt wird, könnte man als Weltverachtung kritisieren. Dass umgekehrt die göttliche Minne von der flämischen Dichterin so unendlich hochgeschätzt wird, entspricht nun freilich der Mitte des Evangeliums und dem Wesen des christlichen Glaubens. Und dass Gott als »mütterliche Spenderin« alles Guten betrachtet wird, korreliert mit einer Reihe von wichtigen alt- und neutestamentlichen Bibelstellen[209] und nimmt aus meiner Sicht ein sehr berechtigtes Anliegen der modernen ›feministischen‹ Theologie schon vorweg.

8. Das Wunder von San Damiano

Die erotische Liebe von Mann und Frau allerdings tritt in Hadewijchs Gedicht zugunsten der reinen Gottesminne völlig zurück. Mechthild von Magdeburg indessen meint im ›Fließenden Licht der Gottheit‹ durchaus die intime Geschlechterliebe. Sie meint das erotische Verlangen und die Sexualität insofern, als sie zum *Bildsymbol* für die Gottesbeziehung des Menschen werden. Welcher ›Stellenwert‹ aber kommt im christlich dominierten Mittelalter der Liebe von Mann und Frau *als solcher* zu?

Auch die relativ ›liberale‹ und weltoffene Frauenbewegung der Beginen – die von der kirchlichen Obrigkeit ohnehin nur geduldet und später mit Gewalt unterdrückt wurde – konnte nichts daran ändern: Im christlichen Mittelalter galt die Gottesminne, die mit lebenslanger Ehelosigkeit und ewiger Keuschheit verknüpft wurde, als religiöses Ideal, als höchste Lebensform. Das eheliche Zusammenleben indessen galt, zumindest aus klerikaler Sicht, als sehr viel weniger vorbildlich. Und eine außereheliche Geschlechterbeziehung nun gar wurde als schwere Schuld, als ›Todsünde‹ angesehen, die eine ewige Höllenstrafe zur Folge hat.

Diese rigide Einstellung hatte Konsequenzen nicht nur für das *irdische* Leben, sondern (wie wir später noch deutlicher sehen werden) auch für die Vorstellungen vom Jenseits, vom *ewigen* Leben. Soweit eine Wiederbegegnung von Mann und Frau in der Ewigkeit Gottes überhaupt denkbar erschien, musste ein solches Wiedersehen dem *Eigentlichen*, der *Gottesbeziehung*, völlig untergeordnet werden.

Ich denke besonders auch an Franz und Klara von Assisi, die im christlichen Kontext als grandioses Beispiel für platonische Liebe und zugleich für die absolute Unterordnung der zwischenmenschlichen Freundschaft unter die mystische Gottesbeziehung mit Vorliebe angeführt werden. Beide Heilige stehen für das Leitbild der radikalen Christusnachfolge wie auch für das Ideal einer rein geistlichen, nichtsexuellen und nicht-erotischen Freundschaft von Mann und Frau.

Allerdings müssen wir unterscheiden zwischen der historischen Wirklichkeit und den nachträglichen Stilisierungen und Überhöhungen durch kirchliche Hagiographen. Hinzu kommen – als weitere, vielleicht interessanteste Deutungsebene – die Legendenbildungen durch das gläubige Volk.

Giovanni di Bernardone (1182 – 1226), bekannt als Franziskus, gilt sicher zu Recht als einer der größten geistlichen Erneuerer der Christenheit. Der Gründer des Bettelordens der »Minderbrüder« wurde in der umbrischen Stadt Assisi als Sohn eines wohlhabenden Tuchhändlers geboren und führte zunächst ein sehr unbekümmertes, ein glanzvolles, ritterlich-höfisches Leben. Im halb verfallenen Kirchlein von San Damiano, nahe bei Assisi gelegen, hatte der vierundzwanzigjährige Giovanni Francesco sein großes Bekehrungs- und Sendungserlebnis. Der Legende nach bekam er in diesem Gotteshaus ganz unmittelbar vom gekreuzigten Christus den Auftrag: »Franziskus, geh hin, stelle mein Haus wieder her; es verfällt ganz, wie du siehst.«[210]

Später verstand Francesco diese Weisung wohl im übertragenen Sinne: als Befehl, die gesamte (›verweltlichte‹, in einer Art Frühkapitalismus gefangene) christliche Kirche von innen her zu erneuern und zu reformieren. Fürs erste aber sah der künftige Wanderprediger sein Mandat ganz wörtlich in der Wiederherstellung der Kirche von San Damiano. So begann er, die ruinierten Kirchenmauern mit eigener Hand zu sanieren – was schließlich, Anfang 1207, zum Konflikt und zum vollständigen Bruch mit Pietro di Bernardone, dem strengen und verständnislosen Vater, führte. »Trotzig und dem Vater die Stirn bietend, reißt Franz sich (…) vor allen Leuten die Kleider vom Leib, tritt nackt vor die

Menschenmenge und erklärt, fortan nur mehr Gott als seinen Vater anzuerkennen.«[211]

Die wichtigste Quelle für unser Wissen über Franz von Assisi ist die zweiteilige, fast durchgängig in einem ausschmückenden Legendenton gehaltene Lebensbeschreibung durch Franz' Weggefährten Thomas von Celano (1190 - 1260). Im Auftrag von Papst Gregor IX. wurde diese Biographie verfasst, aber schon 1266 sollte sie, auf Anordnung des Generalkapitels der Franziskaner, wieder vernichtet werden. »Es soll fortan nur mehr eine einzige, offizielle Lesart der Vita des Franz geben: die aus der Feder des Franziskanertheologen Bonaventura (1221 - 1274).« Doch im 18. Jahrhundert wurde die Celano-Biographie wiederentdeckt. Heute ist sie für jedermann zugänglich.

Was wissen wir über Franziskus? Nicht zu bezweifeln ist, dass er Gott über alles geliebt hat. Fest steht, dass er - gemeinsam mit seinen Ordensbrüdern - den Armen, Schwachen und Kranken sehr aufopfernd gedient hat, dass er persönlich in größtmöglicher Armut lebte und dass ihn eine große Liebe mit aller Kreatur, ja mit der gesamten Schöpfung verband. Es ist auch verbürgt, dass Franziskus im Jahre 1209 in Rom beim »Herrn Papst«, bei Innozenz III., die Anerkennung für seine Lebensform der unbedingten Armut erreichen konnte. Historisch gesichert ist ferner, dass Franz seit 1212 fast ständig auf Reisen war (u. a. in Frankreich, Spanien und Ägypten) und dass ihn körperliche Schwächen sehr häufig behinderten.

9. Franz und Klara von Assisi

Und welches Verhältnis hatte Franziskus zum anderen Geschlecht? Auf die Frage, ob er sich eine Frau nehmen wolle, soll er den Leuten geantwortet haben: »Eine edlere und schönere Braut, als ihr je gesehen, will ich heimführen, die an Wohlgestalt alle übrigen weit übertrifft und an Weisheit alle überragt.«[212] Gemeint war »Frau Armut«, mit der sich Francesco in der Tat ›vermählte‹ und die bis zum Tod seine treueste Gefährtin war.

Aber es gab noch eine andere Frau im Leben des hl. Franz: Chiara di Scifi (1194 – 1253), die ebenfalls in Assisi geboren wurde. Sie stammte aus einer adeligen Familie, sie hatte wahrscheinlich eine höhere Schulbildung genossen als Franziskus und sie zeichnete sich aus durch eine ungewöhnliche Frömmigkeit. Als sich die beiden in Assisi, wohl um 1209/10, zum ersten Male begegneten, zählte Klara fünfzehn oder sechzehn Jahre, während Franz um zwölf Jahre älter war. Es gab dann weitere Treffen, erfüllt mit geistlichen Gesprächen. In der – durch Thomas von Celano überlieferten – Legende der hl. Klara heißt es:

> Er besuchte sie und sie öfters ihn. Die Zeit ihrer Besuche richteten sie so ein, dass jene göttliche Beschäftigung weder von Menschen wahrgenommen noch durch öffentliches Gerede beanstandet werden konnte. Nur eine einzige vertraute Gefährtin begleitete das Mädchen, wenn es aus dem väterlichen Hause fortging, um mit dem Manne Gottes heimlich zusammenzukommen.[213]

Auch Chiara übte sich ein in ein Leben der Armut und der strengen Buße. Am späten Abend des Palmsonntags 1212, im Alter von achtzehn Jahren, verließ sie für immer das Elternhaus. Sie ließ sich von Franziskus in der Portiuncula-Kapelle (3 km unterhalb von Assisi) ihre langen Haare abschneiden und mit der Kutte aus grobem Stoff bekleiden. Anschließend wohnte sie mit einigen Gefährtinnen in der von Franz restaurierten Kirche von San Damiano und gründete –

gemeinsam mit Franziskus – den Orden der Klarissen. Sechs Jahre nach dem Einzug der Schwestern im Kloster gab Franziskus ihnen eine erste schriftliche Ordensregel. Bis zu ihrem Tode schließlich, also 41 Jahre lang, blieb die hl. Klara in San Damiano.

Nur hin und wieder wurden Klara und ihre Schwestern von Franziskus besucht. Die in Freiburg lehrende Theologin Pahud de Mortanges erläutert hierzu:

> Franz' Chronist Celano sieht darin [in der Spärlichkeit der Besuche] Vorsatz, ja mehr noch, eine erzieherische Maßnahme des Heiligen. Franz, so schreibt er, »entzog« den Schwestern »allmählich seine leibliche Anwesenheit«, weil er seinen Gefährten (...) »ein Beispiel« habe geben wollen. Wenn Franz nach San Damiano ging, dann sei dies eher »erzwungen und selten«, und sein Besuch ruft bei den Schwestern »nicht geringe Verwunderung« und Enttäuschung hervor, weil er, kaum ist er da, sich ihnen wieder entzieht.[214]

War Franziskus wirklich so spröde, so engherzig, was Frauen betrifft? Differenzierend stellt Pahud de Mortanges fest:

> Wenn sein Biograf an anderer Stelle davon spricht, Franz habe vor dem »honigsüßen Gift« der Vertraulichkeiten mit Frauen gewarnt und angeraten, solche »vollständig zu meiden«, ist es schwer zu entscheiden, ob und wenn ja, inwieweit hier des Chronisten eigener Vorbehalt aus dem Mund Franzens spricht und inwieweit damit auch etwas über das (reale) Verhältnis Franz' zu Klara ausgesagt ist. In der Ordensregel von 1223 wird jedenfalls allen Minderbrüdern untersagt, sich in Gespräche mit Frauen einzulassen, den Dienst von Frauen als Ratgeberinnen anzunehmen oder Frauenklöster zu betreten.[215]

Eine aus heutiger Sicht höchst seltsame und völlig unsinnige Bestimmung! Als freilich der schwerkranke Wanderprediger im März 1225 in Assisi eintraf, wurde er in San Damiano freundlichst aufgenommen und – einem späteren Berichte nach – von Klara während mehrerer Wochen gepflegt.[216] Allerdings war Klara selbst schon erheblich geschwächt. Sie hatte seit 1224 ein Leiden (welcher Art, ist nicht bekannt), das sie bis zu ihrem Todestag schwer belasten sollte.

10. Legende und Wahrheit

Die Lebensgeschichten sowohl des hl. Franz wie auch der hl. Klara wurden schon früh durch allerlei Legenden einerseits verklärt und andererseits auch verdunkelt. Über Franziskus wird zum Beispiel erzählt, er habe sich »aufs Härteste mit einem Strick‹ gegeißelt und sich die Lust aufs Essen verdorben, indem er es mit Asche vermengte.[217] Ähnliches erfahren wir über Klara. Ob derartige Berichte wirklich zutreffen, ist schwer zu beurteilen. Heute stoßen solche Dinge jedenfalls – zu Recht – auf Unverständnis, weil sie mit dem Jesus-Gebot einer gesunden Selbstliebe (vgl. Mt 19, 19) wohl kaum übereinstimmen. Heilig waren Franz und Klara gewiss nicht wegen ihrer Selbstkasteiungen (sofern es sie gegeben hat). Nein – Heilige waren sie wegen ihrer Liebe zu Gott, wegen ihrer Liebe zu allen Menschen, wegen ihrer Liebe zur Schöpfung.

Legenden können die Wirklichkeit entstellen, sie können sie aber auch ins rechte Licht rücken. Dieser zweite Aspekt scheint mir besonders bei jenen Legenden zu dominieren, die – zum Teil mit erotischen Untertönen – die liebevolle *Beziehung* zwischen Klara und Franz hervorheben und illustrieren. Die wohl schönste und auch bekannteste ›Liebesgeschichte‹ über Franz und Klara von Assisi handelt von ›Rosen mitten im Winter‹ und lautet so:

Es war die kalte Jahreszeit, Schnee bedeckte ringsum das Land. Klara und Franz waren beim Eindunkeln auf dem Weg von Spello nach Assisi. Sie zogen böse Blicke auf sich, mussten peinliches Geflüster und versteckte Anspielungen hören. Franz sprach Klara an und fragte sie: »Schwester, hast du verstanden, was die Leute von uns gesagt haben?« Klara gab keine Antwort. Ihr Herz war wie von Zangen gepeinigt (...). Doch Franz insistierte: »Es ist Zeit, uns zu trennen (...). Du wirst noch vor dem Einbrechen der Nacht im Kloster sein. Ich werde allein gehen (...), wie Gott mich führt.«

Klara stand auf, ging weiter durch den Wald und hatte nicht den Mut, sich umzudrehen, um nach dem Freund, dem Gefährten zu schauen.

Auf einmal aber hatte sie nicht mehr die Kraft, so ohne Trost und Hoffnung, ohne ein Abschiedswort von ihm zu gehen. Sie wartete. »Vater«, sagte sie, »wann werden wir uns wiedersehen?« - »Wenn der Sommer wiederkommt, wenn die Rosen blühen!« Da geschah etwas Wunderbares. »Auf einmal war ihnen, als blühten ringsum auf den (...) von Reif bedeckten Hecken eine Unzahl von Rosen (...). Nach dem ersten Staunen eilte Klara hin und pflückte einen Strauß von Rosen und legte ihn Franz in die Hände. Von diesem Tag an waren Franz und Klara nie mehr getrennt.[218]

Ist das wahr, stimmt diese (ein wenig an die zarte, ähnlich poesievolle, von Papst Gregor dem Großen überlieferte Legendenbildung um den Ordensgründer Benedikt von Nursia und seine leibliche Schwester Scholastika erinnernde) ›Liebesgeschichte‹ in ihrem Kern? Waren Franz und Klara von einem bestimmten Zeitpunkt an »nie mehr getrennt«?

In der Kirche des Mittelalters (wie auch späterer Epochen) wurden die Legenden um das ›Liebespaar‹ in Assisi als missverständlich und teilweise als anstößig empfunden.

Bezeichnenderweise wird in der ›Legenda aurea‹ – einer im Zeitalter der Romantik neu entdeckten, im Spätmittelalter weitverbreiteten, von dem Dominikanermönch Jacobus de Voragine (ca. 1229 – 1298) in lateinischer Sprache verfassten Sammlung von Heiligenviten bzw. -legenden – sehr ausführlich über Franziskus berichtet; Klara aber bleibt in der ursprünglichen Fassung der ›Legenda aurea‹ unerwähnt.

Franz und Klara von Assisi wurden 1228 bzw. 1255, also sehr frühzeitig – schon jeweils zwei Jahre nach ihrem Tode – heilig gesprochen. Von einer Liebesbeziehung zwischen den beiden aber wollte die offizielle Kirche nichts wissen. Man sang zwar in kirchlichen Kreisen »das Hohelied auf dieses Paar, nicht ohne jedoch herauszustreichen, dass die beiden sich zwar in zärtlicher Weise zugetan waren, dass aber der sublime Eros zwischen den beiden frei von allem ›animalischen Trieb‹ gewesen sei und Franz Klara nicht als Frau geliebt habe.«[219]

Welcher Art nun aber war die Beziehung zwischen Franz und Klara tatsächlich? Räumlich getrennt waren sie, bis zu ihrem Tode, in jedem Fall. Es könnte aber sehr wohl sein, dass so manche Legendenbildungen um Franziskus und Klara in einem tieferen Sinne wahr sind als die planen, historisch belegbaren Fakten. Die Forscherin Elke Pahud de Mortanges kommt zu einem ganz ähnlichen Schluss. Sie fasst ihre klug differenzierende Darstellung so zusammen:

Was als Geschichte eines großen Doppelgestirns am Heiligenhimmel begann, mündet in die nüchterne Feststellung, dass die beiden Heiligen aus Assisi ihre gemeinsame Passion für »Frau Armut« im tatsächlichen Leben wohl jeder für sich gelebt haben. Ob sie diese auch ohneeinander gelebt haben, das ist eine andere Frage, auf die die Legenden eine eigene Antwort bereithalten jenseits aller historischen Verifizierbarkeit. Es ist dies die Wahrheit der Poesie, die sich ihre eigene Wirklichkeit auch in der Welt der Dinge schafft. So kann der, der heute die Stadt am Fuß des Monte Subasio besucht, hinter Glas aufbewahrt die Kutte des Franz bestaunen, die Klara eigenhändig geflickt haben soll.

Ob und inwiefern nun Klara und Franz von Assisi ein ›Liebespaar‹ waren, bleibt ungewiss und umstritten. Auch von der Aussicht auf einen möglichen Fortbestand (bzw. eine Erfüllung) der Partner- oder Freundesliebe im *Himmel* ist in den Aufzeichnungen des Thomas von Celano bzw. in den Volkslegenden über Franziskus und Klara kaum, jedenfalls nicht in ausdrücklicher Betonung, die Rede – es sei denn, wir beziehen das »nie mehr getrennt« (in der Legende von den ›Rosen im Winter‹) auch auf das postmortale Leben in der göttlichen Liebe, die alles umfängt und niemals vergeht.

So hört denn meine Worte, sie verlangen
Nach meiner süßen Herrin, die zum Licht
Des Himmels, der sie rief, dahingegangen.
Dante Alighieri

Kapitel VIII
Die Frau – verehrt, verachtet, geliebt

Könnte *in* der Liebe Gottes auch die menschliche Geschlechterbeziehung auf Dauer, und sogar noch jenseits des Todes, Bestand haben? Wenn wir die »reine Minne«, die »ewige Liebe« von Mann und Frau suchen, wenn wir nach mittelalterlichen Paaren recherchieren, die sich auf Erden vor Sehnsucht verzehren und deren Liebe erst im Jenseits (dort aber, wie die Liebenden hoffen, für immer und ewig) zur Erfüllung kommt, dann helfen uns die – im engeren Sinne des Wortes – ›kirchlich‹ gebundenen Autoren, etwa Thomas von Celano oder Jacobus de Voragine, nicht weiter. Fündig werden wir vielmehr – und zwar noch weitaus ergiebiger als im ›Armen Heinrich‹ Hartmanns von Aue oder im ›Tristan‹-Epos Gottfrieds von Strassburg – bei dem mittelhochdeutschen Lyriker und Epiker Konrad von Würzburg, der von den Meistersingern des Spätmittelalters zu den größten Poeten, zu den ›zwölf alten Meistern‹ der Minneliteratur, gezählt wurde.

›Meister Konrad‹ war, wie die meisten Dichter des europäischen Mittelalters, ein gläubiger Christ. Seiner Poesie entsprechen christliche Vorstellungen, insbesondere ein biblisch geprägtes Gottes- und Menschenbild: Der Mensch ist kein Kind des Zufalls, sondern ein Geschöpf Gottes, das zu seinem Schöpfer in einer personalen Beziehung steht. Der Lebenslauf, der ›Pilgerweg‹ des Menschen hat ein transzendentes, überweltliches Ziel. Das irdische Leben wird durch Konrad folglich nicht – wie durch viele heutige Zeitgenossen – verabsolutiert. Das begrenzte Erdendasein wird vielmehr als eine Übergangs- und Bewährungszeit für das eigentliche Leben verstanden, das erst nach dem Tode beginnt.

In der Konsequenz dieses metaphysischen Daseinsverständnisses wird im christlichen Mittelalter das Jenseits als wesentlich wichtiger angesehen als das Diesseits. Dem ›typisch‹ mittelalterlichen Menschen geht es nicht darum, möglichst gut und möglichst lange auf dieser Erde zu leben. Nein, vor allen anderen Dingen gilt seine Sorge dem ewigen Heil. Er will nach seinem Tode in den Himmel kommen und den Qualen der Hölle oder des Fegefeuers durch ein gottgefälliges Leben bzw. durch die Sakramente, die Heilsmittel der Kirche, entrinnen.

Im Mittelpunkt der folgenden Ausführungen steht die Erzählung ›Das Herzmaere‹ von Konrad von Würzburg sowie – im Blick auf die unendliche Liebe, die unsterbliche Paarbeziehung – ›Die göttliche Komödie‹ bzw. ›Das neue Leben‹ von Dante Alighieri. In diesen literarisch herausragenden Werken wird die eher erotische oder die rein platonische Liebe von Mann und Frau aufs schönste gefeiert: im ›Herzmaere‹ und in ›Vita nuova‹ ganz zentral, in ›La Divina commedia‹ mehr indirekt und verschlüsselt.

Sowohl bei Dante wie auch in Konrads ›Herzmaere‹ hat die

Geschlechterliebe eine ins Jenseits weisende Tiefendimension. Dabei ist freilich nicht zu übersehen: Mit ihrer starken, ins Religiöse gehenden Betonung der Liebe von Mann und Frau standen die Vertreter der Dichtkunst in einem nicht unbeträchtlichen Spannungsverhältnis zu den maßgeblichen Vertretern der kirchlichen Theologie – besonders zu Thomas von Aquino. In dessen imposantem Lehrgebäude gab es für die erotische Geschlechterbeziehung (einmal abgesehen von den abstrakten Erörterungen zum Ehesakrament) keinen angemessenen Raum. Jedenfalls ist der Gedanke einer Geschlechterliebe, die über den Tod hinausreicht, dem hl. Thomas völlig fremd – allein schon deshalb, weil in der thomistischen Eschatologie, in der ›Gottesschau‹, die zwischenmenschlichen Beziehungen zwar nicht gänzlich verlorengehen, aber von sehr untergeordneter Bedeutung sind.

Thomas von Aquino war ein großer Denker und Systematiker, aber doch wohl weniger ein Seelsorger. Wir können annehmen: Speziell für Frauen interessierte sich Thomas, der zölibatäre Mönch, nicht im Geringsten. Bezeichnend für das Mittelalter, sofern es kirchlich geprägt und klerikal dominiert war, ist ja generell ein sehr negatives Frauenbild, dessen schrecklichste Folge die (allerdings sehr vielschichtig motivierten und keineswegs nur der Kirche anzulastenden) Hexenverbrennungen im Spätmittelalter und in der frühen Neuzeit waren.

Frauen wurden von Männern verehrt und geliebt, aber auch verachtet und gedemütigt. Teilweise hat das verhängnisvolle Frauenbild mancher Philosophen und Theologen des Mittelalters eine theoretische Grundlage in der – in anderer Hinsicht genialen – ›Summa theologica‹ des Kirchenlehrers Thomas von Aquin, aber auch schon im Denken des altgriechischen Philosophen Aristoteles und bei nicht wenigen frühkirchlichen Theologen.[220] In drei eigenen Unterkapiteln werde ich auf die Problematik des im Mittelalter vorherrschenden Frauenbildes zu sprechen kommen.

1. ›Das Herzmaere‹

Allergrößte Wertschätzung und Hochachtung für die edlen *frouwen* bekundet indessen, wie im Abschnitt V schon erhellt wurde, die Minnedichtung. Zu den prominentesten Vertretern dieser Liebespoesie gehört sicherlich Konrad von Würzburg (ca. 1225 – 1287).

›Meister Konrad‹, einer der kunstfertigsten und vielseitigsten Lied- und Erzähldichter des deutschen Mittelalters, stammte aus Würzburg und verbrachte den letzten Teil seines Lebens in Basel. Dieser »profilierteste und erfolgreichste deutsche Autor der zweiten Hälfte des 13. Jahrhunderts«[221] schuf geistlich-legendäre bzw. historisch-sagenhafte Werke: Romane wie ›Engelhard‹ und ›Der Trojanerkrieg‹, Versnovellen wie ›Der Welt Lohn‹ und ›Heinrich von Kempten‹, ein umfängliches Marienpreis-gedicht (›Die goldene Schmiede‹) sowie zahlreiche Lieder und kleinere Gedichte. Ein heutiger Kommentator bemerkt zu Konrads Poesie:

> Nicht nur fast sämtliche damals geläufigen poetischen Gattungen beherrschte Konrad mit gleicher Meisterschaft – auch die Glätte seiner Verse und die Mühelosigkeit seiner dichterischen Sprache finden in der mittelhochdeutschen Literatur kaum ihresgleichen.[222]

Konrad von Würzburg verdanken wir auch die schöne, in der zweiten Hälfte des 13. Jahrhunderts entstandene Versnovelle

›Das Herzmaere‹: meines Erachtens eine der tiefsinnigsten und ergreifendsten Liebesgeschichten der Weltliteratur. Das große Thema dieser Erzählung ist eine Geschlechterliebe, die über den Tod hinaus anhält, ja die sich überhaupt erst *im* bzw. *nach* dem Tode erfüllt.

Die Ritternovelle beginnt mit der Klage, dass die wahre Liebe so selten sei ›in der heutigen Zeit‹. Die Klage aber wird verknüpft mit einer *Einladung*, die die Achtsamkeit des geneigten – des edlen, des (auch im übertragenen Sinne) adeligen – Leserkreises hervorlocken soll. Ins Neuhochdeutsche übersetzt lautet der Anfang der Novelle (V. 1-7):

Wenn ich es recht bedenke, muß ich feststellen,
daß reine Minne
der Welt fremd geworden ist.
Deshalb sollen Ritter und edle Damen
ein Vorbild in dieser Geschichte erkennen,
denn sie erzählt von echter Liebe.[223]

Erzählt wird eine Dreiecksgeschichte von namenlosen Personen: einem edlen Ritter, seiner auf ewig geliebten Herzdame und deren Ehemann. Der Ritter und seine Dame »waren einander mit Leib und Seele so sehr verbunden, daß beide innerlich wie äußerlich ganz und gar eins geworden waren: Alles, was die Frau betrübte, das schmerzte den Ritter gleichermaßen. (…) Ja, tiefen Schmerz mußte ihr beider Herz durch die süße Minne kennenlernen.« (V. 30-43)

Das Problem, die existenzielle Not des Ritters und seiner Dame: Die »liebliche, wohlgestaltete Frau« hat einen »angesehenen Gemahl«, der sie eifersüchtig bewacht. Den Ritter aber ergreift eine so mächtige Sehnsucht nach dem »lieblichen Leib« der edlen Dame, dass er »seine Qual nicht vor ihrem Gatten verbergen« kann. Der verwunderte

Ehemann bemerkt mit Erschrecken, dass auch seine angetraute Frau vor lauter Sehnsucht nach dem Ritter vergeht – was er natürlich nicht dulden kann (V. 60-87).

Um nun die Liebenden zu trennen, will der Ehemann mit seiner Gattin ins Heilige Land reisen: in der Meinung, dass mit dem räumlichen Abstand die Leidenschaft seiner Frau allmählich verblassen werde. Die Dame aber findet einen Ausweg. Sie bittet den Ritter, anstelle ihres Mannes nach Jerusalem zu fahren – in der Annahme, dass ihr Ehepartner auf diese Weise beruhigt werden könne. Ohne Bedenken und ohne schlechtes Gewissen nimmt die edle Frau *Jesus Christus* als den Helfer der Liebenden in Anspruch: »Wenn dich der heilige, gütige Gottessohn wieder zurücksendet«, sagt sie zu ihrem Ritter, »dann kommen wir beide für alle Zeit umso eher ans Ziel unserer Wünsche – wenn nämlich das Gerücht erst völlig verstummt sein wird, das man uns nachredet.« (V. 170-175)

Zum Zeichen ihrer unverbrüchlichen Liebe schenkt sie dem Ritter einen Ring und »viele zärtliche Küsse« (V. 225). Unverzüglich macht sich der Ritter auf den beschwerlichen Weg, doch in der Ferne wird seine Sehnsucht noch wesentlich größer und drängender. Er ahnt und er spürt, dass ihm die Liebe das Herz brechen wird. Tatsächlich stirbt er im Heiligen Land – vor Liebesweh. Unmittelbar zuvor noch befiehlt er seinem Knappen, das Herz aus seinem Leichnam herauszuschneiden und es, einbalsamiert, zusammen mit dem Ring in einem Schmuckkästchen nach Hause zur geliebten Dame zu bringen.

Der Diener gehorcht, wird kurz vor der Ankunft aber vom Ehemann abgefangen. Dieser reißt das Schmuckkästchen an sich und öffnet es. Zuhause lässt er das Herz als köstliches Gericht zubereiten und setzt es seiner Gemahlin vor. Nachdem sie es gegessen und anschließend erfahren hat, dass es das Herz des Geliebten war, erkennt sie dessen absolute Liebe und Treue. Sie verweigert »nach einer so auserwählten und einzigartigen Speise« jede weitere, jede »gewöhnliche Nahrung« (V. 496f.) und stirbt nun selbst den Liebestod, der sie im Jenseits – wie sie es sehnlichst wünscht – mit ihrem Ritter auf ewig vereinen wird.

2. Das herausgeschnittene Herz

›Das Herzmaere‹ ist eine ganz besondere, eine ›metaphysische‹ Liebesgeschichte. Das Sehnsuchtsmotiv der großen Liebe, also ein Thema von zeitloser Aktualität, wird in dieser Novelle behandelt – in einer Symbolik aber, die unsere Sinnenwelt transzendiert. Der Ritter stirbt aus Liebe zu *ihr*, seiner Herzdame. Und er schenkt ihr sein Herz, sein Innerstes, sein Leben. Und indem die Geliebte dieses Herz *verzehrt*, findet eine Vereinigung statt wie sie in *dieser* Vollkommenheit die sexuelle Intimität, der Geschlechtsakt, niemals bewirken könnte.

Das ›Herz‹ – als Symbol der Lebenskraft, als Inbegriff der erotischen wie der geistigen Liebe, aber auch als Sitz des Verstandes, des Mutes und der Angst – ist eines der häufigsten Erzählmotive in allen Kulturen und Epochen. Auch das Sujet vom *Herausschneiden* und *Essen* eines Herzens ist »weltweit und über große Zeiträume hin« verbreitet,[224] besonders auch in der Literatur des europäischen Mittelalters. Dabei handelt es sich meist um den Racheakt eines eifersüchtigen Gatten, der das Herz des Nebenbuhlers seiner untreuen Ehefrau zum Verspeisen gibt. Konrad von Würzburg könnte dieses zentrale Motiv, allerdings in bemerkenswerter Abwandlung, aus dem französischen Raum (möglicherweise aus dem ca. 1170 von

Thomas d'Angleterre verfassten ›Tristan‹-Roman) in die deutschsprachige Literatur eingeführt haben.

Wir finden dasselbe Motiv – das vermutlich altindischer Herkunft ist[225] – dann wieder bei Giovanni Boccaccio, Hans Sachs, Gottfried August Bürger, Ludwig Uhland und anderen Dichtern des Mittelalters und der Neuzeit. Auch das hochmoderne, von dem britischen Theaterautor Martin A. Crimp verfasste, auf eine katalanische Troubadour-Legende aus dem 13. Jahrhundert zurückgehende Libretto zu George Benjamins Oper ›Written on skin‹ (2012) greift das Motiv vom herausgeschnittenen Herzen auf: Die von ihrem Mann, einem reichen Landbesitzer, vernachlässigte junge Agnès beginnt ein Verhältnis mit einem Künstler. Der aufgebrachte Ehemann bringt den Rivalen kurzerhand um und setzt Agnès das gekochte Herz des Nebenbuhlers vor: »Iss!« Doch Agnès weigert sich und stürzt sich aus dem Fenster.

Im ›Herzmaere‹ Konrads von Würzburg aber liegen die Dinge doch wesentlich anders. Im Zentrum der Novelle steht weniger die Eifersucht des Ehemanns, sondern die innere – transzendente – Verbindung der Liebenden, über die der Tod keine Macht hat. Die Edeldame isst wirklich das Herz des Geliebten und findet gerade *dadurch*, in mystischer Vereinigung, für alle Ewigkeit zu ihm.

Vordergründig handelt es sich in dieser Erzählung des ›Meisters Konrad‹ um die klassische Minnesituation: Die tiefe Verehrung des Ritters, seine herzinnige Liebe wird einer verheirateten Dame von hohem Stand dargebracht, während der rechtmäßige Ehemann durch besondere Bewachung ein Minneverhältnis seiner Frau zu verhindern sucht. Im ›Herzmaere‹ freilich scheint die – vom Erzähler als *wahr* und als *gut* angesehene – Minne völlig außerhalb der sozialen und moralischen Ordnung zu stehen, da die eigentliche Liebe mit den äußerlichen Ehebanden ja nichts mehr zu tun hat.[226]

3. Die Speise des ewigen Lebens

Ist demnach ›Das Herzmaere‹ ein unsittliches Werk, ein Lob der Untreue, eine zur Nachahmung einladende Ehebruchsgeschichte? Wenn man sich auf diese Betrachtungsebene einlassen will, so wäre aus der Sicht des *heutigen* kirchlichen Eherechts natürlich zu fragen: Leben die Dame und ihr Mann tatsächlich in einer ›gültigen‹, in einer ›sakramentalen‹ und deshalb (kirchenrechtlich) ›unauflösbaren‹ Ehe? Dies wäre nur dann der Fall, wenn der Eheschließung eine uneingeschränkt *freie*, auf personaler *Liebe* beruhende Entscheidung beider Partner zugrundelag (und nicht bloß ein ›höherer‹, z.B. der Wahrung oder Vermehrung des Besitzstands geschuldeter Familienbeschluss).[227]

Mit dieser Zwischenbemerkung will ich nur sagen: Allein nur deshalb, weil die Dame und ihr Ehemann dem Gesetz nach verheiratet sind, muss die Liebesbeziehung zwischen der edlen Frau und ihrem Ritter (auch römisch-katholisch gesehen) nicht von vornherein dem ›Willen Gottes‹ widersprechen.

›Das Herzmaere‹ erweckt den Eindruck: Die Liebesgeschichte des Ritters mit seiner Dame ist moralisch gerechtfertigt. Ja, mehr noch: Die Realisierung dieser Liebe ist menschlich und sittlich und religiös geboten!

Meister Konrads Erzählung ist geradezu aufgeladen mit religiöser Symbolik – in höchster Potenz, freilich ohne dass es in meinen Augen blasphemisch wirkt. Wie die Dame, so erfleht auch der Ritter die Hilfe *Gottes* für den unendlich geliebten Wahlpartner (V. 326-333). Ja, ›Das Herzmaere‹ geht noch viel weiter: In dieser Novelle finden wir, in Verbindung mit der menschlichen Minne, sehr deutliche Hinweise auf das eucharistische Geheimnis, auf den Opfertod und das mystische Liebesmahl Jesu Christi.

Im Johannes-Evangelium heißt es:

Wer mein Fleisch isst und mein Blut trinkt, hat das ewige Leben (...). Denn mein Fleisch ist wirklich eine Speise, und mein Blut ist wirklich ein Trank. Wer mein Fleisch isst und mein Blut trinkt, der bleibt in mir, und ich bleibe in ihm. (Joh 6, 54-56)

Auch wenn diese Bibelstelle im ›Herzmaere‹ nicht wörtlich zitiert wird, so finden sich in Konrads Ritternovelle doch viele Analogien zwischen der weltlichen Minne und dem traditionellen Erlösungsverständnis der Kirche. Diese Analogien nehmen solche Formen an, dass ein Kommentator schreibt:

Konrad scheut sich nicht, das Essen des Herzens als Symbol letzter und innigster, den Tod besiegender Vereinigung der Liebenden in eine unübersehbare Analogie zur Eucharistie zu bringen. Wie der Priester die Hostie in der kostbar verzierten (V. 305f.) Pyxis, so trägt der Knappe das Herz des toten Ritters zur Dame. Wie der Leib Christi ist es balsamiert (V. 302), wie das Heilige Grab ist das Kästlein versigelet (V. 311); die Dame dünkt das Herz aller spîse ein überhort (V. 454), gegenüber der jede profane Nahrung als unwert erscheint (...). Der Liebestod des Paars ist ganz im Bereich der Liebesmystik belassen (...).[228]

Im ›Herzmaere‹ allerdings geht es nicht – wie im Johannes-Evangelium bzw. in der christlichen Mystik – um die Vereinigung des Glaubenden mit dem Leib Christi, sondern um die endgültige Vereinigung zweier Menschen, eines Mannes und einer Frau. Wird das Heilige bei ›Meister Konrad‹ also ›säkularisiert‹?

Ich würde eher umgekehrt sagen: Das vermeintlich nur ›Weltliche‹, die bedingungslose Liebe von Mann und Frau, wird sakralisiert, wird geheiligt. Die theologische Botschaft im

›Herzmaere‹ lautet nach meinem Verständnis: Nicht nur die göttliche, auch die menschliche Liebe ist – sofern sie im Göttlichen *gründet* – unsterblich. Auf Erden wird diese Liebe von Mann und Frau gleichsam eingeübt, in der Ewigkeit aber gelangt sie (wenn ich Konrads Erzählung richtig verstehe) zu ihrer Vollendung.

4. Das Frauenbild des heiligen Thomas

Für die Liebenden im ›Herzmaere‹ ist es offenbar kein besonderes Problem, die Liebe zu Gott und die – ins Unendliche, ins Absolute projizierte – Geschlechterliebe miteinander zu vereinbaren. Für manche herausragende Denker und Dichter des Mittelalters aber wurde gerade dieses Spannungsfeld zwischen der Gottesminne und der menschlichen Minne zum existenziellen Problem. Ich denke hier in erster Linie an die berühmten italienischen Dichter Dante Alighieri und Francesco Petrarca.

Dante wie Petrarca besingen in einzigartiger Weise die große Liebe von Mann und Frau. Und beide Dichter verankern den eigentlichen *Sinn* des menschlichen Lebens mehr im Jenseits als im Diesseits. Die große Frage, die Dante wie Petrarca umtrieb, war allerdings: Muss die menschliche Geschlechterliebe zuletzt, ›sub specie aeternitatis‹, nicht weitgehend – oder völlig – hinter die Gottesminne zurücktreten? Oder hat die Liebe von Mann und Frau vielleicht doch einen Eigenwert, den der liebende Gott, der den Menschen als Mann und Frau »nach seinem Bilde« (Gen 1, 27) erschaffen hat, respektieren und am Ende bestätigen wird?

Dante Alighieri stand sehr stark unter dem theologischen Einfluss des Kirchenlehrers Thomas von Aquin (1225 –

1274). Ganz und gar anders jedoch als der maskulin nüchterne, der Frauenwelt völlig entrückte Philosoph und Theologe Thomas von Aquin hatte der phantasiebegabte Dichter – im Blick auf seine geliebte Beatrice – ein überaus positives, ja deutlich überhöhtes Frauenbild.

Um Dante – auf dessen Poesie ich zurückkommen werde – besser zu verstehen, müssen wir zuerst einmal Thomas von Aquin, das geistliche Vorbild des Dichters, verstehen. Der adelige, auf Schloss Roccasecca bei Aquino in Italien geborene und im Jahre 1323 von Papst Johannes XXII. heilig gesprochene Dominikanermönch Thomas hatte, anders als Dante, mit Frauen überhaupt nichts im Sinn. Er hatte ganz andere Interessen, er befasste sich mit ganz anderen – metaphysischen – Fragen. *Teilweise* aber bewegten ihn Themen, die auch für Dante Alighieri von größter Wichtigkeit waren.

Der hoch gelehrte Thomas von Aquin suchte nach einer Synthese zwischen der antiken Philosophie (besonders des griechischen Denkers Aristoteles) und dem christlichen Glauben. Diese Synthese, die sich vor allem in der ›Summa theologica‹ findet, kann in vielen wichtigen Punkten als großartig, als wirklich gelungen angesehen werden. Bedauerlicherweise aber hat Thomas von Aristoteles und von den frühen Kirchenvätern – neben viel Wahrem und Gutem – auch Ansichten übernommen, die aus heutiger Sicht als fragwürdig, ja zum Teil als unsinnig zu bezeichnen sind. Völlig unhaltbar ist zum Beispiel das defiziente, geringschätzige Frauenbild des Aquinaten.

Dieses pejorative, heruntersetzende Frauenbild, das (teilweise) der Philosoph Aristoteles sowie der Kirchenvater Augustinus und eine Reihe von anderen Kirchenlehrern überliefert hatten,[229] wurde durch Thomas noch ausgebaut und systematisiert. Da Thomas von Aquin als *der* große

Lehrmeister der katholischen Kirche gilt und da seine Theologie bis zum heutigen Tag einen mächtigen Einfluss auf kirchliche Lehrdokumente hat, können wir davon ausgehen: Auch das thomistische *Frauenbild* hat seine Wirkung noch nicht gänzlich verloren.

5. Ein Rückfall in die alten Klischees

In der Quaestio (Frage) 92 des Ersten Buches der ›Summa theologica‹ des hl. Thomas findet sich die folgende Sentenz:

> Das Weib (…) steht von Natur aus dem Manne an Kraft und Würde nach; denn Augustinus sagt, es sei immer ehrenvoller, tätig zu sein als zu leiden.[230]

Der Mann also gilt als aktiv, die Frau als passiv. Und diese, angebliche, Passivität wird als Mangel betrachtet. So heißt es im selben Artikel der ›Summa‹ mit ausdrücklicher Berufung auf Aristoteles:

> Hinsichtlich der Einzelnatur ist das Weib etwas Mangelhaftes und eine Zufallserscheinung; denn die im männlichen Samen sich vorfindende wirkende Kraft zielt darauf ab, ein dem männlichen Geschlechte nach ihr vollkommen Ähnliches hervorzubringen. Die Zeugung des Weibes aber geschieht auf Grund einer Schwäche der wirkenden Kraft wegen schlechter Verfassung des Stoffes oder auch wegen einer von außen bewirkten Veränderung z.B. den feuchten Südwinden (Aristoteles).

Weil sie weniger vollkommen und weniger intelligent sei als der Mann, hat sich die Frau, meint Thomas, unterzuordnen:

> Gemäß diesem Unterordnungsverhältnis ist das Weib dem Manne von Natur aus unterworfen; denn im Manne überwiegt von Natur aus die Unterscheidungskraft des Verstandes.

Und an späterer Stelle heißt es, im Manne liege »ein Ebenbild Gottes vor, wie es sich im Weibe nicht findet. Denn der Mann ist Ursprung und Ziel des Weibes, wie Gott Ursprung und Ziel der gesamten Schöpfung ist. (...) ›Denn der Mann stammt nicht von der Frau, wohl aber die Frau vom Manne. Auch wurde der Mann nicht um der Frau willen erschaffen, sondern die Frau um des Mannes willen.‹«[231]

Ein absurder Gedanke! Um Thomas nicht Unrecht zu tun, müssen wir allerdings berücksichtigen: Der scholastische Theologe unterschied pointiert zwischen Schöpfungs- und Gnadenordnung. Was die Gnadenordnung, d.h. die Bestimmung des Menschen zur ewigen Seligkeit betrifft, sah Thomas keinen Unterschied zwischen Mann und Frau. Nein, im Blick auf das endgültige Heil in der Ewigkeit sah er in beiden Geschlechtern gleichermaßen das Ebenbild Gottes.

Fürs irdische Leben aber gilt nach Thomas: Nur zum Zweck der Zeugung von Nachkommen braucht der Mann die Hilfe der Frau. In allen anderen Dingen ist nur die Frau auf den Mann angewiesen, nie aber der Mann auf die Frau.

Mit solchen Lehrmeinungen rückt Thomas von Aquin in verhängnisvoller Weise ab von einem erheblich positiveren Frauenbild, wie es etwa von der lebensklugen – durch Papst Benedikt XVI. im Jahre 2012 zur Kirchenlehrerin erhobenen – Benediktinerin Hildegard von Bingen (1098 – 1179) verfochten wurde. Die heute wieder modern gewordene Äbtissin, Ärztin und Mystikerin, die als Ordensfrau auf die Ehe verzichtet hatte, war gleichwohl überzeugt, dass der Eros bzw. die Sexualität ein göttliches Geschenk sei und dass Mann und Frau auch sonst einander – ›auf Augenhöhe‹ – brauchen:

Mann und Frau sind auf eine solche Weise miteinander vermischt, dass einer das Werk des anderen ist. (…) Und keiner vermöchte es, hinfort ohne den anderen zu leben.[232]

Nach diesem Verständnis Hildegards (die eine relativ unabhängige Position hatte und mit den einflussreichsten Zeitgenossen korrespondierte) sind Mann und Frau als verschiedenartige, aber gleichwertige Personen aufeinander bezogen und aufeinander angewiesen. Da darf es im Prinzip nur Partnerschaft und keine Über- oder Unterordnung geben. Thomas von Aquin aber hat durch sein Festhalten an der patriarchalischen Vätertradition die echte – auf Ebenbürtigkeit beruhende – Partnerbeziehung von Mann und Frau erneut wieder aufgekündigt.

6. Irrtümer, Fehler, Verbrechen

Ein abwertendes Frauenbild im Sinne des Aquinaten hat soziale und kulturelle Auswirkungen von schwerwiegender Art. So kann eine Frau nach Thomas von Aquin – und nach der Meinung sehr konservativer Theologen auch der Gegenwart – auf keinen Fall zur Priesterin geweiht werden. Thomas von Aquin begründet diese ›Unmöglichkeit‹, kurz und bündig, so:

Nachdem es im weiblichen Geschlecht unmöglich ist, zu Rang und Würde zu gelangen, da der Frau ein untergeordneter Status zukommt, so folgt daraus, dass sie das Sakrament der Weihe nicht empfangen kann.[233]

Diese ganze Pseudo-Argumentation läuft darauf hinaus, dass die Frau ein geistig minderwertiges Geschöpf sei. Und sie läuft vor allem darauf hinaus, dass der »untergeordnete Status« der Frau – und somit die Herrschaft des Mannes über die Frau – im *Willen Gottes* begründet sei. Und damit Basta.

Faktisch dominiert diese Denkweise noch heute in vielen Religionen und in vielen Kulturkreisen. Die katholische Kirche freilich hat, wenn auch reichlich spät, diesen frauenverachtenden – mit der Botschaft und dem konkreten Verhalten Jesu Christi nicht zu vereinbarenden[234] – Standpunkt offiziell revidiert: in der Ehe-Enzyklika ›Casti connubii‹ (1930) des Papstes Pius XI. sowie in einem Rundschreiben Papst Johannes XXIII. (›Pacem in Terris‹, 1963) und in den Dokumenten des Zweiten Vatikanischen Konzils.

Pius XI. lehrte, dass Mann und Frau bezüglich der Menschenwürde und der Persönlichkeitsrechte gleichrangig seien. Ein hierarchisches Ordnungsmodell, d.h. eine gewisse Unterordnung der Frau im Interesse des Familienwohls und der Hausgemeinschaft, wird aber auch in ›Casti connubii‹ noch immer postuliert.[235]

Wesentlich deutlicher, bestimmter und weitergehend als Pius XI. vertraten Johannes XXIII. bzw. das von ihm initiierte Reformkonzil die Gleichberechtigung der Geschlechter. Mit verbindlicher Autorität wird in den Konzilstexten erklärt, dass *alle* Menschen »nach Gottes Bild geschaffen sind, da sie dieselbe Natur und denselben Ursprung haben«. Das Konzil fordert, dass »die grundlegende Gleichheit aller Menschen immer mehr zur Anerkennung gebracht werden« solle und »jede Form einer Diskriminierung in den gesellschaftlichen und kulturellen Grundrechten der Person, sei es wegen des Geschlechts oder der Rasse, der Farbe, der gesellschaftlichen Stellung, der Sprache oder der Religion (...) überwunden und beseitigt werden« müsse. Zugleich wird unterstrichen, dass es sehr »beklagenswert« sei, »wenn man etwa der Frau das Recht der freien Wahl (...) des Lebensstandes oder die gleiche Stufe der Bildungsmöglichkeit und Kultur, wie sie dem Mann zuerkannt wird, verweigert«.[236]

Das sind, innerhalb der Männerkirche, ziemlich neue Töne. Faktisch aber gibt es in der katholischen Kirche (und nicht nur dort) noch immer sehr bedeutsame Relikte des herkömmlichen – negativen – Frauenbilds: Ressentiments, latente Vorurteile, wie sie etwa durch Thomas von Aquin tradiert wurden und wie sie noch heute in vielen Köpfen lebendig sind.

Aus den zitierten Äußerungen des Kirchenlehrers muss übrigens nicht gefolgert werden, dass Thomas auch ganz persönlich ein Feind aller Frauen war. Nein, er bekräftigte nur die einschlägigen Vorstellungen der griechisch-römischen Antike bzw. des biblischen Schöpfungsberichts (der von Thomas allerdings sehr eigenartig, sehr fragwürdig interpretiert wird) und formulierte sie neu. Doch die weitgehende Benachteiligung von Frauen in Kultur und Gesellschaft – bis hin zu Diffamierung und Unterdrückung – hatte eben doch, und hat zum Teil noch in der Gegenwart, in der aristotelisch-thomistischen Denkweise eine wichtige Ursache.

Gewiss sind Aristoteles und Thomas nicht an allem schuld. Ihre Ansichten, was Frauen betrifft, entsprachen einfach dem allgemeinen, sehr weit verbreiteten Vorurteil einer männlich dominierten Gesellschaft. Nicht die einzige, aber die entsetzlichste Folge dieses Vorurteils waren die Hexenverbrennungen, die im späten Mittelalter begannen und in Europa erst im 18. Jahrhundert ihr Ende fanden. Allerdings hatte die Hexenjagd – die von manchen christlichen Theologen der frühen Neuzeit (z.B. Anton Praetorius, Johann Meyfart, Friedrich Spee) scharf verurteilt wurde – auch noch ganz andere Gründe, die mit Dummheit und Ignoranz, einem magischen Weltbild, einer außer Kontrolle geratenen Massenhysterie, einem übelwollenden, verbrecherischen Umgang mit Magie zusammenhingen.[237] Und für diese Dinge ist nun wirklich nicht der heilige Thomas verantwortlich zu machen.

7. ›Die göttliche Komödie‹

Thomas von Aquin hat die europäische Geistesgeschichte in exzellentem Maße geprägt und bereichert, aber ein ›Frauenversteher‹ war er wohl nicht. Andererseits wäre es ungerecht und verfehlt, in diesem metaphysischen Denker vor allem den Frauenfeind zu sehen. Sein bleibendes Verdienst, sein eigentlicher Beitrag zur Kirchen- und Kulturgeschichte Europas, ist viel eher die philosophische Durchdringung, die intellektuelle Erhellung der allgemeinen Ethik und des christlichen Glaubens – des Glaubens an die göttliche Offenbarung und an das ewige Leben in der Herrlichkeit Gottes.

Zum Vorbild des Dichters Dante wurde Thomas von Aquin als Theologe und Philosoph, nicht aber als Mönch und Zölibatär. Dante Alighieri (1265 – 1321), einer der größten Dichter des europäischen Mittelalters, übernahm von Thomas keineswegs das obsolete Frauenbild, sondern in erster Linie den Glauben an Gott und an die ewige Seligkeit im Paradies. Und im deutlichen Kontrast zur Vorstellungswelt des heiligen Thomas brachte Dante das Paradies, wenn auch äußerst vorsichtig, in Verbindung mit einer *Frau* – mit Beatrice, seiner jungen Geliebten.

Thomas wie Dante suchten das Ewige, Bleibende. Der eine sah das letzte Ziel allein in Gott bzw. in Christus, der andere zugleich auch in Beatrice. Grundsätzlich bildet der, in Gott gründende, Jenseitsgedanke im christlichen Mittelalter das Fundament des gläubigen Daseinsverständnisses. Diese religiöse, an Unsterblichkeit und himmlischer Seligkeit interessierte Geisteshaltung musste ihre Auswirkungen haben auch auf die Einstellung zur Geschlechterliebe (sofern man sich dieser Form von Liebe nicht, wie Thomas von Aquin, a priori verschloss). Zumindest andeutungsweise, nicht selten auch explizit findet sich eine transzendente, auf die Ewigkeit Gottes verweisende Deutung der menschlichen *Partnerbeziehung* – in Gestalt der Hoffnung und der heimlichen Sehnsucht – bei bekannten (wohl fiktional übermalten und poetisch idealisierten) Liebespaaren aus der Literaturszene, beispielsweise bei Dante und Beatrice oder später bei Petrarca und Laura.

Der Dichter und Philosoph Dante Alighieri entstammte einer adeligen Familie in Florenz. Als Thomas von Aquin starb, war Dante neun Jahre alt. Später muss er sich mit den Schriften des Aquinaten, die in seiner Dichtung ja deutliche Spuren hinterließen, sehr eingehend befasst haben.

Auf rein spirituelle, insofern an der ›Summa theologica‹ des heiligen Thomas orientierten Weise wird die jenseitige Liebe bei Dante Alighieri zum Thema in der zwischen 1311 und 1321 entstandenen ›Göttlichen Komödie‹. Dieses großartige, in der italienischen Volkssprache geschriebene Kunstwerk, das zu den bedeutendsten Werken der Weltliteratur gehört, ist eine theologische Dichtung, eine philosophische Weltbetrachtung und zugleich eine politische Streitschrift auf höchstem sprachlichen Niveau.

Trotz der politischen Anspielungen ist Dantes ›Komödie‹ zeitlos, und die Perspektive reicht weit über das Erdenleben hinaus. Sind andere bekannte Texte des Mittelalters – etwa die keltische Nibelungensage oder der hochmittelalterliche Mythos von ›Tristan und Isolde‹ (abgesehen von den letzten

Sätzen der ›Tristan‹-Erzählung) – durch und durch weltliche Geschichten, so geht es in Dantes Spätwerk ›Divina Commedia‹ von Anfang an und ausschließlich um jenseitige Welten: um das höllische ›Inferno‹, um die Läuterung der Sünder im ›Purgatorio‹ und um die ewige Seligkeit der Geretteten im ›Paradiso‹.

8. Der Wanderer und seine Weggefährtin

In Dantes, an einigen Stellen von Vergils ›Aeneis‹ inspirierter, Dichtung wird der Ich-Erzähler von seiner Jugendliebe Beatrice – die 1290 im Alter von vierundzwanzig Jahren gestorben war – ins Empyreum, in den Aufenthaltsort der Seligen, begleitet. Beatrice übernimmt die Führung im XXX. Gesang des ›Fegefeuers‹ und geleitet den Jenseitswanderer durch das ›Paradies‹ bis zum ewigen Ziel: bis in die ›Himmelsrose‹ hinein, wo sich Beatrice, mit überirdischer Schönheit bekleidet, dem Blick des Sehers entzieht.

In Vers 14 des XXX. ›Paradiso‹-Gesangs wendet sich der Erzähler dem Antlitz Beatrices voller Sehnsucht zu. Im Weiteren heißt es:[238]

Wenn sich in einen Lobspruch ließe fügen,
Was ich im Sang bisher ihr huldigend streute:
Zu dürftig wär es, diesmal zu genügen.
Denn wie sich ihre Schönheit jetzt erneute,
War überirdisch, daß – ich sag es offen –
Wohl nur ihr Schöpfer ganz sich ihrer freute!

Der Sänger ist überwältigt von den Gesichtszügen, vom Lächeln Beatrices. Im Bewusstsein der Unmöglichkeit einer angemessenen Schilderung der Himmelssphäre setzt er seine Berichterstattung fort:

Vom ersten Tag, wo ich ihr Antlitz schaute
In diesem Dasein bis zum Anblick eben,
Mein Lied ihr nachzufolgen sich getraute.
Doch ferner ihrer Schönheit nachzustreben,
Entsag ich im Gedicht, wie nachzudringen
Dem Letzten sich der Künstler muß begeben.

Beatrice und der Visionär kommen schließlich an im »Reich voll reinstem Lichte«, das sie beide nun endlich schauen:

O Gottesglanz, darin den Sieg ich schaute
Des wahren Reichs, gib Kraft dem Unterwinden,
Daß ich ihn schildern kann, wie ich ihn schaute.
Droben ist Licht, davor die Hüllen schwinden,
Daß sich der Schöpfer dem Geschöpf verkläre,
Das Ihn anschauend nur kann Frieden finden.

Wir sehen, Dante (bzw. sein Ich-Erzähler) und Beatrice sind ein wahrhaft ›himmlisches‹ Paar. Doch das eigentliche Ziel ihrer geistlichen Weggemeinschaft, das Dante poesievoll besingt, ist – dem thomistischen Denken entsprechend – die Visio beatifica, die unmittelbare *Gottesschau* im Himmel. So lesen wir im letzten, im XXXIII. Gesang des ›Paradiso‹:[239]

Beschaffen wird man so in diesem Lichte,
Daß man unmöglich weg von ihm sich wende
Nach anderm Anblick, und auf dies verzichte.
Denn dieses Gut, als Willensziel und -ende,
Eint sich ihm ganz. Und in ihm ist vollkommen,
Was außer ihm nur mangelhafte Spende.

Der Anblick der göttlichen Sphäre also ist derart bezwingend, dass man »unmöglich« eine andere, nichtgöttliche, Erscheinung vorziehen kann. Zuletzt verlieren – oder gewinnen – sich der Seher und seine Begleiterin im mystischen Licht der Gottheit.

9. Dante Alighieri und Beatrice

Die Vorstellung vom jenseitigen Schicksal Dantes und Beatrices *als Paar* hängt mit dem *Gottesbild* des Autors zusammen. Auf das unfassbare Mysterium der göttlichen ›Dreieinigkeit‹ bezogen singt der Wanderer beseligt im Finale der ›Commedia‹:

O ewiges Licht! ruhvoll in dir bestehend;
Nur dir verständlich und, von dir verstanden
Verstehend, lächelst du dir, Liebe wehend!

Der Dichter kann, so verstehe ich diese Verse, das Wesen der dreieinen Gottheit nicht fassen und nicht ›erklären‹. Er bekennt nur dies Eine: Gott ruht in sich selbst als unendliche *Liebe.*

Die Dreieinigkeit Gottes (von der in den vorausgehenden Versen 116f. die Rede ist) stellt sich Dante im Bild von drei Kreisen vor, die von gleicher Größe und von absolut wunderbarer, aber jeweils verschiedener Farbe sind. Aus dem Dreieck, dem bekannten (schon im Manichäismus verbreiteten) Symbol der Dreifaltigkeit, werden in Dantes ›Paradiso‹ gleichsam magische, vom Licht durchflutete Kreise als Symbol des Unendlichen und Vollkommenen:

So stand ich bei der plötzlichen Erscheinung:

Ich wollte, wie sich Kreis und Bild bedingen,
Erkennen, und die Bild- und Kreisvereinigung.
Doch dazu reichten nicht die eigenen Schwingen,
Wenn nicht ein Blitzstrahl meinen Geist durchdrungen,
Um darin die Erfüllung ihm zu bringen.

Ob diese »Erfüllung«, diese geheimnisvolle Vereinigung, diese ›unio mystica‹ mit Gott als ›Aufhebung‹, als ›Annullierung‹ der menschlichen Freundes- und Liebesbeziehungen zu verstehen ist oder, im Gegenteil, als deren höchste Vollendung, wird im Text nicht eindeutig klar. Am Ende ist es jedenfalls die göttliche Liebe, die alles Menschliche in sich integriert:

Hier wird der Flug der Fantasie bezwungen:
Doch lenkte mir schon Wunsch und Willen gerne,
Gleichmäßig wie ein Rad wird umgeschwungen,
Die Liebe, die auch Sonne schwingt und Sterne.

Mit diesen bildstarken Versen schließt ›Die göttliche Komödie‹. Für mich stellt sich unwillkürlich die Frage: Bleiben bzw. werden der Jenseitswanderer und seine Beatrice ein liebendes Paar? Sicher ist: Das wiedererstandene Paradies – *die Liebe* – wird bei Dante Alighieri überwiegend theozentrisch gedeutet. Von menschlichen Partnerbeziehungen oder gar von sinnlichen Liebesgenüssen im ›Paradiso‹ weiß der italienische Dichter jedenfalls nichts Konkretes zu berichten.

Andererseits lässt ›Die göttliche Komödie‹ sehr deutlich erkennen, dass der Seher mit seiner Wegbegleiterin Beatrice aufs innigste verbunden ist. Überdies dürfte Dante Alighieri auf seinem realen Lebensweg das Mädchen Beatrice Portinari, »die verklärte Herrin« seines »Geistes«,[240] mit größter

Sehnsucht geliebt haben. Er wird sie kaum weniger verehrt haben als den Gottessohn Jesus Christus. Wie Dante in seinem Frühwerk ›Vita nuova‹ (entstanden zwischen 1292 und 1295) eindringlich schildert, hat Beatrice sein Leben erneuert und entscheidend geprägt. So sehr, dass er nicht nur die Herrlichkeit Gottes, sondern auch die Herrlichkeit Beatrices in alle Ewigkeit schauen wollte:

> Und dann möge es Dem, der da Herr aller Huld und Gnade ist, gefallen, daß meine Seele dahingehen könne, die Herrlichkeit ihrer Herrin zu schauen, jener benedeiten Beatrice, die da verklärt das Antlitz Dessen schaut: qui est per omnia saecula benedictus.[241]

Einige Forscher vermuten nun zwar, dass Dantes ›Vita nuova‹ nicht auf tatsächliche Erlebnisse des Dichters zurückgehe, sondern reine Poesie und pure Fiktion sei. Doch auch in diesem Falle wäre ja eindeutig belegt: Dante Alighieri konnte sich eine jenseitige Liebe von Mann und Frau, als etwas unbedingt Wünschenswertes, durchaus vorstellen – zumindest im Frühwerk ›Vita nuova‹.

Sie, die die Liebe im Leben
nicht hatte vereinigen können,
verband der Tod
in untrennbarem Bunde.
Giovanni Boccaccio

Kapitel IX
An der Schwelle zur Renaissance

Wenn wir Dante und Beatrice als ›unsterbliches Paar‹ der Literatur betrachten, so passt diese Bezeichnung nicht weniger gut auf Francesco Petrarca und Laura. Dantes diesseitig-jenseitige Beziehung zu Beatrice hat nämlich eine bedeutsame, hoch interessante Parallele in der – ebenfalls sehr geistigen, sehr ›himmlischen‹ – Liebe des italienischen Gelehrten und Dichters Francesco Petrarca zu Laura, einer noch allzu jungen und trotzdem schon verheirateten Frau.

Der große Dichter und Geschichtsschreiber Petrarca gilt als Mitbegründer des italienischen Humanismus. Da er in seinem literarischen Werk die griechische und römische Antike wiederbeleben wollte und da er als Geschichtsschreiber das *menschliche* Handeln (und nicht nur das *göttliche* Walten) in den Mittelpunkt des Weltgeschehens rückte, wird er oft als markanter Vertreter des Übergangs vom Mittelalter zur Renaissance betrachtet. Auch seine ausgeprägte Empfindsamkeit für die Schönheit von

Landschaften, für subtile Vorgänge und Erscheinungen der Natur ist bezeichnend für die beginnende Renaissancezeit.

Der – von Jacob Burckhardt (1818 – 1897) in die deutsche Forschung eingeführte – französische Begriff ›Renaissance‹ meint, allgemein, die Wiederentdeckung einer vergangenen Kultur und er meint speziell die große Geistesbewegung, mit der die abendländische Neuzeit begann. Diese Bewegung, die in Kunst und Literatur, in Philosophie und Wissenschaft das Interesse am Menschen in den Mittelpunkt stellte und zugleich die Wiederherstellung der alten – politischen wie künstlerischen – Größe durch das Vorbild der Antike im Blick hatte, setzte im 15. Jahrhundert in Italien ein (mit Vorläufern im 14. Jahrhundert) und weitete sich seit dem Ende des 15. Jahrhunderts über ganz Europa aus.

> Entscheidend ist die Wiedererweckung des klassischen Altertums und ›die Entdeckung der Welt und der Menschen‹: die Hinwendung zur Erscheinungsfülle und zur immanenten Gesetzlichkeit der Natur, die Bewusstwerdung der menschlichen Persönlichkeit.[242]

Francisco Petrarca nun, einer der wichtigsten Vorläufer der Renaissance, hatte sein vermutlich einschneidendstes, ihn für den Rest seines Lebens geistig und seelisch bestimmendes ›Gipfelerlebnis‹ am 26. April 1336 bei der Besteigung des Mont Ventoux in der Provence. Es ging ihm bei diesem Unternehmen primär um den Berg und die prachtvolle, den Mont Ventoux umgebende Landschaft, also um die Natur um ihrer selbst willen. Der Schriftsteller, Germanist und Theologe Johannes Thiele erklärt zu dieser neuen, naturhaften, die Renaissance vorwegnehmenden Sicht auf die Welt bei Petrarca:

> Der Eindruck auf Petrarca [auf dem Gipfel des Mont Ventoux] ist gewaltig, ja überwältigend. (...) Er schildert den Blick ins Licht der untergehenden Sonne, die Berge gegen Lyon, das Rhonetal, das Mittelmeer. (...) Im Angesicht der Natur sieht sich Petrarca selbst als unendlich klein und doch unendlich groß durch das Bewusstsein, alles im Licht des eigenen Geistes widerzuspiegeln und zu empfinden. (...) In seiner Seele solidarisieren sich erstmals die mystische Liebe zur Erde mit der aufbrechenden Psychologie von Selbstwahrnehmung und -erkenntnis.[243]

Bekannt wurde Petrarca durch seine Naturmystik, noch bekannter aber durch seine sehnsüchtige, ebenfalls ins Mystische gehende Liebeslyrik. Nicht zuletzt diese große Leidenschaft für das Thema ›Liebe‹ verband ihn mit seinem Landsmann und Zeitgenossen Giovanni Boccaccio, der als Dichter ebenfalls ein bedeutender Vertreter des italienischen Humanismus war.

Während im Zentrum der Dichtung Petrarcas die unerfüllte Liebe des lyrischen Ich zu Laura steht, geht es in den Novellen Boccaccios vorwiegend um die Freuden des Eros, um das Glück der irdischen Liebe. Konzentriert sich das Liebesverlangen Petrarcas auf eine Erfüllung im Jenseits, so beschreibt Boccaccio umso üppiger die diesseitige Liebesbeziehung. Gelegentlich freilich klingt auch bei Boccaccio der Gedanke an: Es könnte ja sein, dass die Liebe von Mann und Frau (und überhaupt das irdische Leben) erst jenseits des Todes ans eigentliche Ziel gelangt.

Natürlich wird in der Dichtkunst nicht nur die ›große‹, sondern ebenso auch die ›kleine‹ Liebe, die rasch zu Ende gehende Leidenschaft thematisiert. Nur beiläufig erwähnt sei die spätmittelalterliche Liebesdichtung des Tiroler Lyrikers und Liederkomponisten Oswald von Wolkenstein (um 1377 – 1445). Seine Lieder enthüllen erotisches Verlangen und sexuelles Erleben. Zum Teil hat diese Liebeslyrik einen grotesk-ironischen Charakter und weist insofern über die Konventionen des späten Mittelalters hinaus. Im Übrigen kennzeichnet die Dichtung des Ritters von Wolkenstein auch eine ausgeprägte christlich-spirituelle Dimension. Was nun aber die Geschlechterliebe betrifft, fehlt bei Oswald wohl doch der nötige Ernst in der Darstellung.[244]

Mein eigentliches Thema bleibt die große, ›unsterbliche‹, die Ewigkeit beschwörende Liebe von Mann und Frau. Im Blick auf diese unendliche Liebe werden im folgenden Abschnitt die berühmte (neben der Geschlechterliebe auch ethische, religiöse und politische Themen aufgreifende) Gedichtesammlung ›Canzoniere‹ von Francesco Petrarca, die bunt gemischte Novellensammlung ›Il Decamerone‹ von Giovanni Boccaccio und die theologische Prosa-Dichtung ›Der Ackermann‹ des böhmischen Autors Johannes von Tepl interpretiert.

Eine besondere Rolle spielen in meinen Ausführungen das Eheverständnis und das Menschen- bzw. das Frauenbild des Hoch- und des Spätmittelalters. Deshalb sollen, im Anschluss an die gesellschaftskritischen Novellen Boccaccios, die Ehen der Gräfin Margarete »Maultasch« als Beispiel für das äußerst fragwürdige Eheverständnis des Mittelalters besprochen werden. Und in den Schlusspartien dieses Abschnitts sollen das – überwiegend negative – Frauenbild der christlichen Antike und der mittelalterlichen Schultheologie mit der wegweisenden *Kritik* dieses Frauenbilds durch die französische Denkerin und Schriftstellerin Christine de Pizan (die wie Petrarca, Boccaccio und Johannes von Tepl in der Übergangszeit vom Spätmittelalter zur Renaissance lebte) konfrontiert werden.

1. Petrarcas Liebe zu Laura

Francesco Petrarca (1304 - 1374), einer der größten Liebeslyriker in der europäischen Literaturgeschichte, wurde in Arezzo in der mittelitalienischen Kulturlandschaft Toscana geboren. Im Alter von sieben Jahren zog er zu seinem Vater nach Avignon, der dort - als engagierter Papstanhänger - in der Verbannung lebte. Francesco studierte Jura in Montpellier und Bologna und kehrte 1326 nach Avignon zurück. Nachdem er das rechtswissenschaftliche Studium abgebrochen hatte, empfing er die Niederen Weihen (eine Vorstufe zur Priesterweihe) und verbrachte längere Zeit am päpstlichen Hofe zu Avignon - protegiert von Kardinal Giovanni Colonna, mit dem er befreundet war.

Am 6. April 1327 (nach Angabe des Dichters ein Karfreitag, in Wirklichkeit ein Ostermontag) hatte Francesco Petrarca - nach eigenem Bekunden - beim Gottesdienst in Avignon, in der Kirche ›Saint-Claire‹, jene eigenartige Frau zum ersten Mal gesehen, die er ›Laura‹ nannte. Möglicherweise war sie identisch mit Laura de Noves (1310 - 1348), einer in Avignon geborenen Adeligen, die seit ihrem 16. Lebensjahr mit dem Grafen Hugues de Sade (einem Vorfahren des Schriftstellers Marquis de Sade) verheiratet war und an der Pest gestorben ist.

Als reale Lebenspartnerin kam Laura, die adelige und verheiratete Frau, für Petrarca niemals in Frage. Nach damaligen Begriffen war sie absolut unerreichbar für ihn. Es ist auch gar nicht anzunehmen, dass Petrarcas Liebe von Laura in irgendeiner Weise erwidert wurde. Aber gerade diese asymmetrische, wahrscheinlich völlig einseitige Beziehung machte Laura für Petrarca umso interessanter und begehrenswerter. In ihrer Unerreichbarkeit wurde sie zur ›unsterblichen‹ Geliebten des Dichters.

Die Frage ist nur: Hat Laura überhaupt existiert? Wohl die Mehrzahl der heutigen Forscher vertritt die Auffassung, dass Laura eine reine Fiktion, eine Imagination des Poeten sei.[245] Schon zu Lebzeiten Petrarcas wurde die Existenz Lauras gelegentlich in Zweifel gezogen, während Petrarca selbst diesen Zweifel (in einem Brief aus dem Jahre 1336 an den Kurienkardinal Giovanni Colonna) zurückwies – was wiederum eine nachträgliche Fiktion des Dichters sein könnte. Andererseits kann ich mir sehr gut vorstellen, dass Francesco Petrarca ein reales Erlebnis, einen wirklichen Liebeskummer hatte, den er in der jungen ›Laura‹ literarisch zu verarbeiten suchte.

Vermutlich blieb die Sehnsucht nach ›Lauras‹ Nähe im Herzen Petrarcas so lebendig und so tief verankert, dass er diese, ihm einzigartig erscheinende, Frau bis zu seinem Tode über alle Maßen verehrte und sie zur Inspirationsquelle für seine Dichtung wurde. Vor allem in seinem – literarisch höchst wertvollen – ›Canzoniere‹ (um 1348/49), einer Sammlung von 366 Gedichten bzw. Sonetten, besingt Petrarca seine reine und hingebungsvolle Liebe zu Laura, der »Madonna angelicata«.

Francesco Petrarca, der 1341 auf dem Kapitol in Rom zum Dichter gekrönt wurde, war zugleich ein tieffrommer Mensch, eigentlich ein Mystiker.[246] Spätestens nach Lauras (imaginärem?) Tod richtete sich seine Sehnsucht zunehmend auf die Ewigkeit Gottes – in der Hoffnung allerdings, die Geliebte dort endgültig, in verklärter Gestalt, wiederzufinden. In einem seiner Gedichte (im Sonett Nr. 302) lädt Laura, die soeben verstorbene Wunsch-Freundin, den Lyriker Francesco Petrarca zu sich in den Himmel ein. Doch gerade dieses Verlangen, die Sehnsucht nach einer jenseitigen Erfüllung der menschlichen Liebesbeziehung, dürfte Petrarca bzw. das literarische Ich in einen schweren – kaum überwindbaren – Konflikt zwischen der Liebe zu Gott und der Liebe zu Laura gebracht haben.

2. Zum inneren Konflikt des Lyrikers

Das ursprüngliche Problem, die Unmöglichkeit, Laura zur Frau zu gewinnen, wird also sublimiert. Es wird überhöht und transformiert in ein neues, ganz andersartiges Problem: *Darf* der Gottesmann Petrarca, *darf* sein imaginäres Ich überhaupt eine irdische Frau (wenn auch projiziert ins Jenseits) begehren?

Als mystischer Denker – der beim Aufstieg auf den Gipfel des Mont Ventoux im Jahre 1336 ein einschneidendes Gottes- und Christuserlebnis hatte – tat Francesco Petrarca sich offenbar schwer, eine Lösung des Konflikts zwischen Gottesliebe und Frauenliebe zu finden. Im Sonett Nr. 349 indessen schien dem Dichter eine Synthese zu gelingen:

Mir ist, als hört ich jede Stunde schon den Boten,
den meine Herrin [Laura] schickt, um mich zu sich zu rufen. (…)
Oh, glücklich jener Tag, da aus dem irdschen Kerker
ich tret hervor und lass zerschlissen und in Fetzen
zurück den schweren, löchrigen Rock der Sterblichkeit, (…)
und flieg so hoch hinauf in schöne Klarheit,
dass meinen Herrn [Christus] ich seh und meine Herrin [Laura].[247]

Das lyrische Ich also versteht den sehnsüchtig erwarteten Tod als Befreiung »aus dem irdischen Kerker« und als Brücke zur Glückseligkeit des Himmels. Dabei ist vor allem bemerkenswert: Die Liebe zum Schöpfer und zum Geschöpf, die Sehnsucht nach der Ewigkeit als der Vereinigung mit *Gott* und die Sehnsucht nach der Ewigkeit als Vereinigung mit

Laura, scheinen im Sonett Nr. 349 durchaus vereinbar. So heißt es auch im Sonett Nr. 362:

(...)
Sie [Laura] führt zu ihrem Herrn [Christus] mich, und da knie ich nieder
und bitt in Demut, dass er mir gewähre,
dort zu bleiben und zu schaun das Antlitz beider [Gottes und Lauras].

Auch diese Verse erhellen: Vorstellbar war eine wechselseitige Kommunikation mit der geliebten Frau für den Mystiker Petrarca überhaupt nur als *jenseitiges* Geschenk der göttlichen Barmherzigkeit. Aber auch so noch hatte er – nach der Auffassung mancher Forscher – erhebliche Gewissensnöte: Er blieb, so wurde bemerkt, »eine Gestalt des Mittelalters, unfähig, das Gewicht der Tradition abzuwerfen. (...) Er sehnt sich danach, beide zu sehen: Christus *und* Laura – ›meinen Herrn und meine Dame‹ (veggia il mio Signore e la mia donna). Petrarca konnte sich aber nicht zu einer einfachen, ihn selbst überzeugenden und seine Zweifel besiegenden Harmonie zwischen dem Göttlichen und dem Menschlichen durchringen.«[248]

Theologisch beeinflusst war Petrarca – im Unterschied zu Dante – zwar weniger durch Thomas von Aquin, umso mehr aber durch den Kirchenvater Augustinus. Doch die einseitig theozentrische Sicht des Himmels bei Thomas von Aquin und anderen Theologen des Mittelalters wurde auch für Petrarca – ähnlich wie für Dante Alighieri – zum existenziellen Problem.

Der große Dominikaner-Gelehrte Thomas von Aquin, Dantes philosophisch-theologisches Vorbild, verstand die ewige Seligkeit fast ausschließlich als intellektuelle ›Gottesschau‹[249] und gewiss nicht als Partnerbeziehung von

Mann und Frau. Diese theologische Lehrmeinung des Aquinaten dürfte, unterschwellig, auch das Hintergrundthema der inneren Kämpfe Petrarcas gewesen sein. Gleichwohl sah Francesco Petrarca – gänzlich anders als der Mönch von Aquino – in der geliebten Frau das ebenbürtige Du, die potentielle *Partnerin*, ohne die er kein ganzer Mensch sein konnte, weder hier unten auf Erden noch droben im Himmel.

3. Boccaccios ›Decameron‹

Im Gegensatz zu Francesco Petrarca war für dessen zeitgenössischen Dichterkollegen Giovanni Boccaccio (1313 – 1375) die Liebe von Mann und Frau keine Glaubensfrage, kein prinzipielles Problem (abgesehen von diversen Komplikationen, von tragischen oder komischen Verwicklungen, die Boccaccio in seinen Novellen sehr facettenreich schildert). Nein, in der Geschlechterbeziehung sah er grundsätzlich eine göttliche Gabe, die es voll zu genießen gilt. Jedenfalls sind die Freuden der erotischen Liebe ein Hauptthema in Boccaccios literarischem Werk. Ein möglicher Konflikt zwischen der geistigen und der sinnlichen Liebe wird kaum thematisiert.

Giovanni Boccaccio verbrachte seine Kindheit in Florenz im Hause des Vaters, eines erfolgreichen Kaufmanns und angesehenen Mitglieds des Florentiner Bürgertums.[250] Mit ca. 14 Jahren zog Giovanni nach Neapel, wo er bis 1340/41 blieb. Anstatt dem Wunsch des Vaters zu entsprechen und sich dem kaufmännischen Beruf zu widmen oder kanonisches Recht zu studieren, befasste sich der junge Boccaccio vorzugsweise mit der Literatur. Am Hofe Roberts von Anjou, des Königs von Neapel, lernte er den höfischen Lebensstil kennen, verkehrte viel mit Intellektuellen und eignete sich autodidaktisch eine umfassende Bildung an. Er fühlte sich zum Dichter berufen und verfasste in Neapel mehrere Vers- und Prosaerzählungen.

Nach seiner Rückkehr in die Heimat trat Boccaccio wegen finanzieller Engpässe in den Staatsdienst. Im Lauf der Jahre übernahm er verschiedene diplomatische Ämter. Im Jahre 1354 wurde er als Botschafter der autonomen Stadt Florenz nach Avignon zu Papst Innozenz VI. gesandt. 1373, zwei Jahre vor seinem Tod, übertrug ihm der Stadtrat von Florenz die Aufgabe, öffentliche Vorlesungen über Dante Alighieri und ›Die göttliche Komödie‹ zu halten.

Giovanni Boccaccio war ein sehr weltlicher Mensch. Er heiratete nie, hatte aber mehrere uneheliche Kinder. Ob diese Kinder von der gleichen Mutter stammten, ist unbekannt. Wir wissen nicht, ob der Dichter eine bestimmte Frau besonders geliebt hat. Die Frau oder die Frauen, die ihm zeitweilig nahestanden, spiegeln sich vermutlich in den weiblichen Figuren seines Erzählwerks.

Eine erste persönliche Begegnung Giovanni Boccaccios mit Francesco Petrarca gab es im Herbst 1350. Es entwickelte sich eine tiefe Freundschaft zwischen den beiden – so gegensätzlichen – Dichtern. Weitere Treffen folgten in Padua, in Mailand, in Venedig und zuletzt wieder in Padua. Den neun Jahre älteren Petrarca betrachtete Boccaccio als seinen literarischen Lehrmeister. Mit dieser Dichterfreundschaft wurde eine »neue Phase der humanistischen Gelehrsamkeit in Italien«[251] eingeleitet: Um Petrarca und Boccaccio scharte sich ein Kreis von Literaten und Philologen, die bedeutsame klassische Werke wiederentdeckten, darunter die ›Annalen‹ des römischen Historikers Tacitus und die ›Metamorphosen‹ des antiken Schriftstellers Apuleius.

Anders als Dante oder Petrarca war Boccaccio wohl eher ein Lebemann und weniger ein ›Homo religiosus‹. Gelegentlich aber wurde von einer religiösen Krise des alternden Boccaccio gesprochen.[252] Wie dem auch sei, aus den letzten Schriften des Dichters lässt sich – so der Literaturwissenschaftler und Boccaccio-Spezialist Peter Brockmeier – »der Versuch ablesen, der Dichtung den gleichen Rang wie der Heiligen Schrift zu verleihen«.[253]

Boccaccios größtes und bekanntestes Werk ist die (wahrscheinlich zwischen 1349 und 1351 entstandene) Novellensammlung ›Il Decamerone‹. Dieses Meisterwerk – das zu zwei Dritteln aus Liebesgeschichten besteht – gilt als Ursprung der italienischen Prosadichtung und wurde zum Vorbild für fast alle späteren Novellensammlungen in Europa. Viele berühmte Dichter/innen wurden vom ›Decameron‹ inspiriert: z.B. Geoffrey Chaucer, Christine de Pizan, Margarete von Navarra, François Rabelais, Hans Sachs, Miguel de Cervantes, William Shakespeare, Jonathan Swift, Gotthold Ephraim Lessing, Johann Wolfgang von Goethe und Honoré de Balzac. Wie zu erwarten, entstanden auch zahlreiche – farbenprächtige – Illustrationen zum ›Decameron‹, z.B. durch die Maler Sandro Botticelli und John William Waterhouse.

4. Ein buntes Welttheater

Zur Rahmenhandlung des ›Decameron‹: Sieben junge Damen und drei junge Herren aus dem Florentiner Patriziat fliehen vor der Pest, die in ihrer Heimatstadt wütet, in ein elegantes, von üppigen Gärten umgebenes Landhaus in der Nähe von Florenz. Um sich die Zeit zu vertreiben und sich wechselseitig zu erfreuen, erzählen sie sich täglich zehn Geschichten, so dass nach zehn Tagen hundert Erzählungen gesammelt sind. Die Bezeichnung ›Decameron‹ leitet sich demnach von den griechischen Wörtern ›deka‹ (zehn) und ›hemera‹ (Tag) ab. Zentral geht es in den hundert Novellen um die große Frage, wie die Menschen – angesichts des Leidens und des Sterbens – dennoch ein sinnvolles Leben führen können und wie sie mit der Liebe und mit den Leidenschaften zurechtkommen sollen.

Die weiblichen und männlichen Figuren des ›Decameron‹ kommen aus allen Schichten und Ständen. Wir begegnen Königen und Königinnen, Grafen und Gräfinnen, Bürgern und Bürgerinnen, Bauern und Bäuerinnen, hoch gestellten geistlichen Würdenträgern, dem niederen Klerus, Handwerkern und Stallknechten. Die Handlung spielt in allen Ländern des Mittelmeerraums, auch in Frankreich und England, einmal sogar in Nordchina. Ein buntes Welttheater – und fast immer geht es um die Liebe.

Die Liebe von Mann und Frau wird in der Geschichtensammlung als sinnstiftende Kraft des Lebens betrachtet. Allerdings geben Boccaccio bzw. seine literarischen Figuren keine genauen Verhaltensregeln und keine moralischen Empfehlungen. Offenbar folgt der Autor des ›Decameron‹ der Meinung des griechischen Philosophen Aristoteles, wonach es »im Bereich des sittlichen Handelns und des im Leben Nützlichen nichts gibt, das ein für alle Mal feststeht, und der Handelnde selbst zu wissen hat, ›was dem gegebenen Fall entspricht, wie dies auch in der Heilkunst und in der Steuermannskunst geschieht‹«.[254]

Boccaccio hat seine Protagonisten als autonome, selbstverantwortlich agierende Individuen konzipiert. Dabei handelt es sich in der Novellensammlung um sehr unterschiedliche, um derbe, tragische, komische oder erotische Geschichten. Als höchstes Ideal wird – trotz des Ausbruchs der Pestepidemie in Florenz – ein sinnenfroher, weltlicher Lebensstil angesehen. Theologische Fragen werden kaum gestellt. Ob und in welcher Weise etwa die Pest des Jahres 1348 in einen göttlichen Heilsplan eingefügt werden könnte, lässt der Autor, zu Beginn der Einleitung des ersten Erzähltages (S. 30),[255] bewusst offen.

Die zehn Repräsentantinnen und Repräsentanten des florentinischen Patriziats – in der Rahmenerzählung – vertrauen zwar auf die Fürsorge Gottes. Sie maßen sich aber nicht an, die Geheimnisse des göttlichen Waltens auch nur annähernd zu begreifen. Die erzählenden Damen und Herren bezeichnen sich als gläubige Christen, aber sie wollen nicht »mit dem Blick des sterblichen Auges in das Geheimnis des göttlichen Geistes« (S 50) eindringen, d.h. sie wollen nicht über kirchliche Glaubenssätze diskutieren, sondern handfeste Fragen des irdischen Lebens besprechen.

Den Anspruch der Kleriker, die Laien und insbesondere die Frauen moralisch zu belehren, weist der Autor Boccaccio zurück – zumal nach dem Ausbruch der Pest weder die »vorgebrachten Bittgebete« der »frommen Personen« noch die »öffentlichen Prozessionen« (S. 30) irgendeine Hilfe brachten. Überhaupt kommen die Kleriker und Mönche in vielen Novellen des ›Decameron‹ besonders schlecht weg. Die meisten Kirchenmänner verhalten sich unwürdig und müssen sich zudem »daran erinnern lassen, dass sie ihre natürlichen sexuellen Bedürfnisse so wenig wie die Laien unterdrücken können«.[256] Diese indirekte Kirchenkritik wie auch die erotische Freizügigkeit vieler Erzählungen führten später zur harschen Ablehnung Boccaccios durch die offizielle Kirche.

Auffällig ist – neben der modern anmutenden Betonung der menschlichen Autonomie – das überaus positive *Frauenbild* in Boccaccios Erzählwerk. Im ›Decameron‹ verfügen die meisten Frauen »über ein feines Urteilsvermögen und Lebensklugheit; sie erfüllen die Rolle der Glücksbringerin in körperlicher, psychischer und sozialer Hinsicht, sofern sie nicht selbst ihren Affekten, Habgier oder Zorn, ausgeliefert sind«.[257] Vom abschätzigen Frauenbild frühkirchlicher Theologen oder des hochmittelalterlichen Kirchenlehrers Thomas von Aquin ist Boccaccio jedenfalls weit entfernt.

5. Die ›Falkennovelle‹

Als eine der schönsten Erzählungen innerhalb des ›Decameron‹ gilt die ›Falkennovelle‹, die neunte Geschichte des fünften Tages. Im Mittelpunkt steht die – zunächst vergebliche – Liebe des jungen Edelmannes Federigo degli Alberighi zu einer verheirateten Dame namens Monna Giovana.

Federigo unternimmt alles, um die Aufmerksamkeit der adeligen Dame auf sich zu ziehen. Er bestreitet aufwendige Ritterturniere, er gibt große Feste und verschwendet sein ganzes Vermögen. Doch alles ist umsonst, die Dame würdigt ihn keines Blickes. Am Ende bleibt ihm nur noch ein armseliges Gut, von dessen Einkünften er gerade mal leben kann, sowie ein prächtiger Jagdfalke, der zu den besten der Welt zählt und Federigos einziger Trost, seine einzige Freude ist.

Eines Tages stirbt der Ehemann der noch jungen, sehr schönen Monna Giovana. Auch ihr einziger kleiner Sohn wird von einer gefährlichen Krankheit bedroht. Was den Sohn noch retten könnte, wäre Federigos Falke, den er heftig begehrt und den er so gerne besitzen würde. Die um das Leben ihres Söhnchens bangende Mutter weiß, wie sehr sie von Federigo geliebt wird; sie weiß auch, dass sie den Falken sicher bekäme, wenn sie Federigo darum bäte. Also besucht sie – in Begleitung einer anderen Dame – den verarmten Edelmann und lässt sich von ihm, noch bevor sie ihre Bitte ausspricht, bewirten.

Der hoch erfreute Federigo gerät jedoch in die ärgste Verlegenheit, da er in seiner Armut nichts Würdiges findet, was er der teuren Dame und ihrer Begleiterin vorsetzen könnte. So entfernt er sich unter einem Vorwand und nimmt seinen Falken, sein höchstes und einziges Gut. Da er meint, dieser Falke sei eine würdige Speise für Monna Giovana, dreht er dem kostbaren Vogel den Kopf um, lässt ihn von seiner Magd rupfen, ausnehmen und sorgfältig am Spieß braten. So verzehren sie nun zu dritt den edlen Falken – ohne dass die geliebte Frau eine Ahnung hat, was sie isst. Nach dem Mahl erst trägt sie ihre Bitte vor:

»Wenn du, Federigo, dich an dein früheres Leben und an meine Unnahbarkeit erinnerst, die du vielleicht als stolze Überheblichkeit aufgefasst hast, so wundert dich zweifellos meine Vermessenheit, wenn ich dir sage, weswegen ich eigentlich gekommen bin (…). Und so bitte ich dich, dass du nicht aus Liebe zu mir – um derentwillen du zu nichts verpflichtet bist –, sondern aus Edelmut, den du durch dein ritterliches Verhalten mehr als jeder andere bewiesen hast, mir deinen Falken schenken möchtest, damit ich durch dieses Geschenk meinem Sohn die Gesundheit zurückgeben kann und dir für immer verpflichtet sein werde.« (S. 467f.)

Der bedrängte, verzweifelte Federigo bricht in Tränen aus und erklärt seiner Dame den traurigen Sachverhalt. Monna Giovana kehrt mit leeren Händen und hoch betrübt – zugleich aber gerührt von Federigos Großherzigkeit – zu ihrem geliebten Sohn zurück, der nach wenigen Tagen stirbt.

Doch nach einer angemessenen Trauerzeit »in Tränen und Verbitterung« (S. 469) wird sie fähig zu neuer Liebe und heiratet Federigo, dem sie überdies ihr ganzes Vermögen übergibt. Alles wird gut, und gemeinsam leben sie »glücklich bis ans Ende ihrer Tage« (S. 469).

Diese ›Falkennovelle‹ wurde von vielen Autoren imitiert bzw. neu gestaltet, z.B. durch den Nürnberger Meistersinger Hans Sachs (›Der Edelfalk‹), den spanischen Dramatiker Lope de Vega (›El Halcon de Federico‹), den französischen Schriftsteller Jean de La Fontaine (›Le Faucon‹), den amerikanischen Lyriker Henry W. Longfellow (›The Falcon of Ser Federigo‹) oder den britischen Dichter Alfred Tennyson (›The Falcon‹). Überdies entwickelte 1871 der deutsche Literaturnobelpreisträger Paul Heyse (1830 – 1914) im Anschluss an die Falkennovelle Boccaccios seine – umstrittene – ›Falkentheorie‹, wonach jede Novelle ein leitmotivisches ›Dingsymbol‹ enthalten müsse, das am Wendepunkt der Handlung den zentralen Konflikt des Geschehens widerspiegelt.[258] Dieser überraschende Wendepunkt, der ein bestimmendes Merkmal der Gattung ›Novelle‹ ausmacht, wurde von Paul Heyse »Falke« genannt.

Über diesen poetologischen Hinweis hinaus aber stellt sich eine andere, wichtigere Frage: Was will die Falkengeschichte Boccaccios den damaligen Leser/innen – und uns heutigen Menschen – wohl sagen? Der Übersetzer und Herausgeber Peter Brockmeier kommentiert: In der Falkennovelle »werden die Frauen ermahnt, einen hingebungsvollen Liebhaber rechtzeitig zu erhören; wenn erst Fortuna eingreifen muss, gewährt sie nur, indem sie auch nimmt. Denn Fortuna ist grausam und launisch (…). Die Frauen werden aufgefordert, ihre Gunst selbst zu gewähren, also ihren Verstand einzusetzen, wie Cicero es für die Männer formuliert hat (…).«[259]

Mir scheint diese Deutung etwas zu kurz gegriffen. Ich meine viel eher: Monna Giovana *konnte* Federigo zunächst keine Beachtung schenken, weil sie verheiratet war und ihren Gatten sehr liebte. Was aber könnte bei diesem Stand der Dinge die eigentliche Botschaft der Novelle sein?

Aus meiner Sicht ist entscheidend: Federigo hat keine Chance und hält dennoch an seiner Liebe fest. In den meisten vergleichbaren Fällen wäre ein solches Verhalten äußerst töricht. Aber Federigo hält die Geliebte nicht einfach bloß fest in einem sinnlosen Klammern. Er findet sich in seiner unerwiderten Liebe ja durchaus zurecht, er macht aus seiner Lage das Bestmögliche.

Dabei erweist er sich als wahrhaft liebender Mann. Denn er gibt seiner Dame – in der Gestalt des edlen Falken – *alles*, was er hat. Mit dem Falken gibt er sich *selbst*, ohne Rückversicherung. Denn er kann ja nicht wissen, dass Monna Giovana ihn doch noch lieben und heiraten wird. Sein Opfer, sein Selbstopfer wird schließlich belohnt mit dem höchsten irdischen Glück, das er sich vorstellen kann.

Die Kurzgeschichte will also wohl sagen und dazu ermutigen: Wer – auch in scheinbar aussichtsloser Lage – *aus Liebe* alles gibt, kann am Ende noch alles gewinnen. Eine Perspektive, die über das Erdenglück hinausreicht, bietet die Falkennovelle allerdings nicht: weder im Blick auf die Partnerliebe noch auf den Tod des kleinen Sohnes.

6. Erfüllung auf höherer Ebene

Eine *ewige* Liebe, die mit dem Tod nicht beendet, sondern – im Gegenteil – erst richtig erfüllt wird, finden wir in Boccaccios ›Il Decamerone‹ nur selten. Doch immerhin, wir finden, wenn auch nur punktuell, diese Auffassung von ewiger Liebe: etwa in der ersten Geschichte des vierten Tages.

In dieser Novelle wird erzählt: Tancredi, der Fürst von Salerno, liebt seine einzige Tochter Ghismunda so abgöttisch und so selbstsüchtig, dass er sie keinem Ehemann oder Liebhaber gönnt. Als er vom Verhältnis seiner Tochter mit dem jungen Knappen Guiscardo erfährt, lässt er diesen umbringen und schickt Ghismunda dessen Herz in einem goldenen Pokal. Da sie weiß, dass es das Herz des Geliebten ist, füllt sie den Becher mit vergiftetem Wasser, trinkt es bis zur Neige und stirbt – um mit dem Liebespartner im Jenseits vereint zu werden.

Wir kennen dieses Motiv des herausgeschnittenen Herzens aus dem ›Herzmaere‹ des mittelhochdeutschen Epikers Konrad von Würzburg.[260] In der Erzählung Boccaccios sind die Personenkonstellation und der Handlungsverlauf freilich wesentlich anders als im ›Herzmaere‹. Im ›Decameron‹ verhält es sich so: Die von ihrem Vater ertappte Ghismunda steht mutig zu ihrer Liebe und leugnet nichts. Sie gesteht dem kindisch weinerlichen und zugleich so hartherzigen Vater:

> »Es ist wahr, dass ich Guiscardo geliebt habe und liebe; und solange ich lebe, was nicht mehr lange sein wird, werde ich ihn lieben; und wenn man nach dem Tode liebt, so werde ich nicht aufhören, ihn zu lieben.« (S. 334)[261]

Die Möglichkeit einer Partnerliebe, die in der anderen, jenseitigen Welt bestehen bleibt, wird in dieser Novelle also (insofern wieder vergleichbar mit dem ›Herzmaere‹ Konrads von Würzburg) sehr deutlich anvisiert. Als Ghismunda das Herz des Geliebten im goldenen Pokal überreicht wird, küsst sie es, drückt es an ihre Brust und scheidet aus dem irdischen Leben mit den zuversichtlichen, an den toten Guiscardo gerichteten Worten: »O heißgeliebtes Herz, dir gegenüber habe ich meinen Dienst erfüllt; und es bleibt mir nun nichts anderes mehr zu tun übrig, als mit meiner Seele die Gesellschaft deiner Seele zu suchen.« (S. 338)

Auf ihren Wunsch hin wird Ghismunda neben der Leiche des auf ewig geliebten Mannes bestattet. Ob und in welcher Form auch ihr eigentlicher und weitaus größerer Wunsch – das nie endende Leben an der Seite Guiscardos – erfüllt werden wird, das weiß allerdings nur der Himmel.

Boccaccios Novelle vom Liebespaar Guiscardo und Ghismunda hatte – ähnlich wie die Falkennovelle – eine poetische Nachwirkung, die aufhorchen lässt. Die Ghismundageschichte wurde über vierzig Mal als Erzählung oder Drama nachgeahmt, zum Beispiel von Christine de Pizan, von Hans Sachs, John Dryden und Gottfried August Bürger. Auch das Libretto für die Oper ›Ghismonda‹ (1895) des deutschen Komponisten Eugen d'Albert ist eine Neubearbeitung dieser Boccaccio-Erzählung.

Sehr ähnlich wie das Schicksal Guiscardos und Ghismundas in der ersten Novelle des vierten Tages verläuft auch die Liebesbeziehung zwischen dem Ritter Guiglielmo Guardastagno und der Gattin des Ritters Guiglielmo Rossiglione in der neunten Novelle des vierten Tages: Rossiglione gibt seiner Frau das Herz des Rivalen Guardastagno zu essen, den er aus Eifersucht getötet hat. Als sie dieses schreckliche Ereignis vernimmt, stürzt sie sich – nachdem sie das Herz verspeist hat – aus dem Fenster und stirbt. Zusammen mit ihrem Geliebten wird sie begraben. Von einer Jenseitsperspektive, von einer Erfüllung der Liebe im Himmel, ist in diesem Fall freilich nicht die Rede.

Die achte Novelle des vierten Tages hingegen – die von der unglücklichen, mit dem Tode beider Protagonisten endenden Liebe des Kaufmannssohnes Girolamo und der

Schneiderstochter Salvestra handelt – schließt mit den Worten:

> Der tote Jüngling und die tote junge Frau wurden, wie man es mit Leichnamen tut, geschmückt, nebeneinander aufgebahrt und betrauert; beide wurden in einem Grab bestattet. Sie, die die Liebe im Leben nicht hatte vereinigen können, verband der Tod in untrennbarem Bunde. (S. 386)

Das Finale dieser (u.a. von Hans Sachs und Alfred de Musset nacherzählten) Novelle kann zweifellos als Plädoyer für eine Liebe verstanden werden, die mit dem Tod beider Partner nicht endet, sondern auf einer anderen – jenseitigen – Ebene transformiert und erhöht wird.

7. Margarete »Maultasch« und ihre Ehemänner

In Boccaccios Novellen geht es oft um Untreue und Ehebruch, oft aber auch um die wahre Liebe, die nie vergeht. Und nicht selten werfen diese Geschichten ein grelles Licht auf so manche Missstände im christlichen Mittelalter.

Zu diesen Missständen gehörten nicht zuletzt die *Eheschließungen* in Adelskreisen, die oft gar nichts mit Liebe und Wertschätzung zu tun hatten, sondern lediglich ökonomisch und machtpolitisch motiviert waren. Eines der eklatantesten Beispiele für solche, aus heutiger Sicht, unerträgliche Auswüchse sind in Deutschland, im ›Heiligen Römischen Reich‹, die unsägliche Ehe Margaretes von Tirol (1318 – 1369) mit dem Grafen Johann Heinrich aus dem Hause Luxemburg und die vorläufige Weigerung des Papstes Clemens VI., diese Ehe – nachdem sie zerbrochen war – für null und nichtig zu erklären und somit einen neuen Anfang in einer neuen Partnerbeziehung zu ermöglichen.

Als Margarete und Johann Heinrich – obwohl sie sich von Anfang an nicht wirklich mochten[262] – im Jahre 1330 mit Genehmigung des deutschen Kaisers Ludwig IV. verheiratet wurden, war sie zwölf und er acht Jahre alt. Die wechselseitige Abneigung wurde immer größer bis hin zur Gehässigkeit. Johann Heinrich war nach etlichen Jahren Aufenthalt in Tirol als Frauenheld bekannt, schikanierte seine Gattin und spielte sich auf dem Schloss, in der Nähe von Meran, als der große Burgherr auf. Folglich wollte Margarete nichts von ihm wissen und mied ihn, soweit es möglich war.

Eines späten Abends, nach der Rückkehr von einem Jagdausflug am 2. November 1341, fand der neunzehnjährige Landesfürst Johann Heinrich (ein Bruder des späteren Kaisers Karl IV. von Böhmen) die Tore zu seiner Burg verschlossen. Margarete, seine resolute Gemahlin, ließ ihn nicht mehr herein, und dabei sollte es bleiben. Auch auf anderen Schlössern gab es keine Zuflucht für Johann Heinrich.

Mit Hilfe ihrer Tiroler Räte verjagte ihn seine ›untreue‹ Ehefrau aus dem Land und heiratete baldmöglichst, am 10. Februar 1342, den Wittelsbacher Markgrafen Ludwig V. von Brandenburg, einen Sohn des amtierenden Kaisers Ludwig IV., »des Bayern«. In Tirol fand diese Hochzeit sehr viel Zustimmung, bei der päpstlichen Kurie aber stieß sie auf größtes Befremden. Und die Aufregung zog weiteste Kreise:

Die Trennung des Herrscherpaares von Tirol – zumal das Aufbegehren einer Gräfin gegen ihren Mann – war ein Skandal sondergleichen. In diesem November des Jahres 1341 verbreitete sich die Kunde davon in Windeseile, und das Thema füllte bald in ganz Europa die Chroniken und Annalen, von Italien im Süden bis Lübeck im Norden.[263]

Die Eheschließung zwischen Ludwig V. und Margarete fand in Meran in Anwesenheit des Kaisers statt. Die Trennung von Johann Heinrich begründete Margarete mit der Kinderlosigkeit ihrer Ehe, die sie auf die »Impotenz« ihres Mannes zurückführte. Papst Clemens VI. aber - der mit Kaiser Ludwig IV. aus politischen Gründen zerstritten war - lehnte eine Annullierung der Ehe Johann Heinrich/Margarete ab und verhängte obendrein ein kirchliches Interdikt über ganz Tirol (d.h. im ganzen Land durften keine gottesdienstlichen Handlungen mehr stattfinden).

Erst im Sommer 1349 wurde die Ehe Margaretes und Johann Heinrichs für nichtig erklärt im Sinne des damaligen Kirchenrechts. Dann aber vergingen noch weitere zehn Jahre, bis der Kirchenbann über Tirol durch Papst Innozenz VI. aufgehoben und Margaretes Verbindung mit Ludwig V. anerkannt wurde. Soweit es die zeitgenössischen Quellen erkennen lassen, war Margaretes Zweitehe, aus der vier Kinder hervorgingen, sehr glücklich.

8. Zum Eheverständnis der Kirche

Als alleinige Erbin Tirols war Gräfin Margarete sicher ein begehrtes Objekt der Machtpolitik: der politischen und wirtschaftlichen Interessen der großen Adelsgeschlechter der Habsburger, der Luxemburger und der Wittelsbacher. Zugleich war sie ein Spielball der Machtinteressen des Papstes und seines Verwaltungsapparates. Margarete aber erwies sich als starke Frau, die sich ihr Lebensglück sicherte - allerdings für einen hohen Preis. Denn sie wurde von vielen Seiten diffamiert »wegen ihres vermeintlichen Sexualtriebs und ihres angeblich hässlichen Äußeren«.[264] Seit Ende des 14. Jahrhunderts wurde sie weithin, aufgrund einer rufmörderischen

Propaganda, als sexuelles Monster betrachtet und als »die Maultasch« verhöhnt.

Der Beiname »Maultasch« wird unterschiedlich gedeutet: als Synonym für ›Hure, liederliches Frauenzimmer‹, als despektierliches Symbol für das weibliche Geschlecht oder als verächtliche Beschreibung für einen missgestalteten, ausnehmend widerwärtigen Mund. Mehrere Zeitzeugen indessen beschrieben Margarete von Tirol als besonders schöne Frau. Doch der Schimpfname »Maultasch« ist ihr geblieben. Noch in einem Kupferstich von 1840 stellte der französische Künstler Ephraim Conquy die Gräfin Margarete als abstoßendes, als ekelhaftes, abscheulich aussehendes Weib dar. Auch Lion Feuchtwangers Roman ›Die hässliche Herzogin‹ (1923) bestätigt die Legende vom wülstigen Mund und vom äffigen Gesichtsausdruck Margaretes.

Vermutlich hat vor allem Johann Heinrich, der verstoßene Ehemann Margaretes, die übelsten Gerüchte über sie verbreiten lassen. Nicht zuletzt wegen des schlechten Leumunds Margarete »Maultaschs« wurde von Seiten der Kirche auch Johann Heinrich, dem abgeschobenen Grafen von Tirol, eine zweite Eheschließung erlaubt. Er heiratete die Herzogstochter Margarete von Troppau, die durch die Hochzeit Markgräfin von Mähren wurde und mit Johann Heinrich mehrere Kinder bekam. Von einer »Impotenz« des Grafen kann also nicht die Rede sein, jedenfalls nicht im biologischen Sinne. Johann Heinrich hatte in Urkunden ja wiederholt versichert, seine Zeugungsunfähigkeit bezöge sich lediglich auf Margarete von Tirol. Moderne Historiker gehen deshalb von einer, worin auch immer begründeten, »psychischen Impotenz« des Grafen aus.[265]

Ich denke: Margarete von Tirol konnte mit ihrem ersten Gatten keine intime Beziehung haben, weil sie ihn verständli cherweise nicht mochte. Wie aber ist Margaretes Zweitehe mit Ludwig V. zu bewerten?

Manche zeitgenössische Gelehrte, darunter der bekannte Franziskaner-Theologe Wilhelm von Ockham und der Arzt und Philosoph Marsilius von Padua (um 1290 – 1342), der ein Berater des Kaisers Ludwig des Bayern und einer der bedeutendsten politischen Theoretiker des 14. Jahrhunderts war, verteidigten – viele Jahre vor der kirchlichen Rehabilitierung Margaretes – deren ›Zivilehe‹ mit Ludwig. Aus heutiger Sicht ist der Sachverhalt auch ohne wissenschaftlichen Aufwand höchst einfach und klar: Eine Kinderehe, die von den Eltern oder von mächtigen Herrschern beschlossen wurde, kann a priori keine wirkliche Ehe sein und kein göttliches Sakrament.

Da braucht es keine Annullierung durch den Papst. Nein, die Nichtigkeit von derartigen ›Ehen‹ versteht sich von selbst: weil sie (wie gesagt, aus *heutiger* Sicht) dem Wesen der Ehe als einem – im freien Konsens geschlossenen – Lebensbund zwischen mündigen, d.h. physisch und psychisch erwachsenen Partnern von Grund auf widersprechen.

Es sei daran erinnert: Nach dem kirchlichen Eheverständnis des Mittelalters ist die Ehe eine von Gott gewollte, insofern ›geheiligte‹ Einrichtung zum Zweck der Fortpflanzung und zur Regelung des Geschlechtstriebs. *Mehr* aber ist die Ehe nach diesem Verständnis nicht. Leider hat sich die Auffassung, dass die Ehe auch – und in erster Linie – eine *Liebesbeziehung* zwischen Mann und Frau sei, in der katholischen Kirche erst während des Zweiten Vatikanischen Konzils (1962 – 1965) weitgehend durchgesetzt. Und erst im neuen Kirchenrecht von 1983 hat diese, eigentlich selbstverständliche, Sichtweise einen rechtsgültigen Charakter angenommen.[266]

9. Der Ackermann von Böhmen

Über diese späte Einsicht des Vaticanums II und des römischen Kirchenrechts hinaus ist der Liebe von Mann und Frau, sofern sie aus der Tiefe des Seelengrundes kommt, ein (möglicherweise unbewusstes oder uneingestandenes) Verlangen nach *Ewigkeit* eingestiftet. Ein hoch literarisches, für das Spätmittelalter besonders typisches Beispiel für diese – im Text allerdings nur vorsichtig angedeutete – Sehnsucht nach einer Ewigkeitstiefe der Partnerbeziehung sehe ich im ›Ackermann‹ des Johannes von Tepl.

Ich frage mich seit langem: Besteht die wahre Seligkeit des ›Himmels‹, wie die vorherrschende Theologie des Mittelalters dachte, einzig und allein in der Anschauung *Gottes*? Oder schließt der ›Himmel‹ die liebende Vereinigung auch mit bestimmten *Menschen* mit ein? Bei Dante Alighieri blieb diese Frage offen, für Francesco Petrarca wurde sie zum persönlichen Problem. Bei Giovanni Boccaccio indessen (der so gesehen der Renaissancezeit noch deutlich nähersteht als Petrarca) scheint völlig klar: Wenn es einen Himmel überhaupt gibt, dann kann die ewige Seligkeit nur unter Einbeziehung des irdischen Liebespartners gefunden werden.

Die fast entgegengesetzte Meinung vertrat – wie schon erwähnt – der große Theologe Thomas von Aquin, der den Himmel sehr einseitig als ›reine Gottesschau‹ verstand und eine liebevolle Gemeinschaft der Seligen nur beiläufig, als unwichtige Nebensache, erwähnte. Diese theozentrische Auffassung scheint, zumindest vordergründig, auch im ›Ackermann‹ des Johannes von Tepl – einer der wichtigsten Prosa-Dichtungen des späten Mittelalters – vorzuliegen.

Der aus Böhmen stammende Dichter Johannes von Tepl hat für den (um 1400 entstandenen) ›Ackermann‹ einige Anregungen aus anderen Schriften entnommen, z.B. aus dem biblischen Buch Hiob, aus dem Gedankengut des römischen Philosophen Seneca und aus dem ›Trost der Philosophie‹ des spätantiken Theologen und neuplatonischen Denkers Boethius.[267] Im Text des ›Ackermann‹ – der trotz der Quellenkenntnis und der Anleihen des Autors ein völlig eigenständiges Werk ist und auch heutige Leser noch unmittelbar zu berühren vermag – geht es in 34 Kapiteln um die Frage nach dem ›Warum‹ des Übels in der Welt und speziell um die Frage nach dem Sinn des Todes bzw. um die Trauer angesichts des Todes der *Ehefrau.*

Nur so viel zum Inhalt dieses anspruchsvollen – auch formal, d.h. rhetorisch und stilistisch großartigen – Werkes: Der Tod begegnet in einem Streitgespräch als personifizierte Figur. Der Ackermann aus Böhmen, dessen geliebte Frau soeben verstorben ist, stellt den Tod mit bitteren Worten zur Rede. Der Tod aber weiß sich in grausamer Gegenrede zu verantworten. Doch im Schlusskapitel wendet sich der Kläger unmittelbar an *Gott.* Er bittet ihn freilich *nicht* darum, ihn später mit seiner Frau im Jenseits zu vereinen, sondern *allein* nur darum, er möge seiner Ehefrau die ewige ›Gottesschau‹ gewähren.

So lautet, wörtlich, die Bitte des Ackermanns an Gott: »Mich schmerzt Margaretha, meine auserwählte Frau. Gönne ihr, gnadenreicher Herr, sich in Deiner allmächtigen und ewigen Gottheit Spiegel ewig zu beschauen, zu erkennen und zu erfreuen, wo alle Engelschöre ihr Licht gewinnen.«[268]

Sehr beachtlich ist, zum einen, das Eheverständnis des Ackermanns. Er vertritt ein – zur damaligen Zeit alles andere als selbstverständliches – Konzept der Ehe als einer *Liebes*-Gemeinschaft (und nicht bloß einer *Zweck*-Gemeinschaft zur Fortpflanzung und zur Sicherung des Besitzstandes). Umso überraschender aber wirkt auf mich der Umstand: Der trauernde Witwer wagt es nicht, seinen Gott um die

Wiedervereinigung mit der geliebten Frau im Himmelreich zu bitten.

Steht der Ackermann aus Böhmen – indirekt – unter der Bannwirkung der scholastischen Theologie des Mittelalters? Ist er beeinflusst von einem strengen Gottesbild, das mit jenseitiger Gattenliebe nichts im Sinn hatte? Oder ist die Bitte um himmlische Vollendung seiner Partnerliebe, indirekt und unausgesprochen, in der Rede des Ackermanns doch schon impliziert?

Man könnte den Eindruck gewinnen: Im Finale des ›Ackermann‹ wird die ewige Seligkeit primär als Selbsterkenntnis im Spiegel der Gottheit verstanden. Die ›Communio Sanctorum‹ indessen, das Beziehungsgeschehen unter den Seligen, die zwischenmenschliche Liebe, kommt in dieser Himmelsvorstellung der mittelalterlichen Theologie (insbesondere des Thomas von Aquin) bzw. des böhmischen Dichters Johannes von Tepl – so hat es den Anschein – zu kurz. Vielleicht fehlte dem Autor, an der Schwelle zur Renaissance, einfach noch der Mut, auch die Partnerliebe ins jenseitige Leben – expressis verbis – mit hineinzunehmen.

Auf der anderen Seite hat Johannes von Tepl, was für seine Zeit ja durchaus ungewöhnlich ist, den Eigenwert des Menschen vor dem Angesicht Gottes, ausdrücklich auch das *Recht auf Trauer* über den Tod eines geliebten Du, sehr betont – weshalb Gott schließlich (im 33. Kapitel) auch urteilt: »Darum gebühre Dir, Kläger, die Ehre.« Gerade darin, dass der Mensch, auch Gott gegenüber, sein Leid *beklagen* darf, liegt ja wohl ein besonderer Wert dieses Textes.

Doch im menschlichen Klagerecht gegen Gott erschöpft sich der inhaltliche Wert der ›Ackermann‹-Dichtung keineswegs. Nicht weniger bemerkenswert scheint mir das – eher ›moderne‹ – *Frauenbild* des ›Ackermann‹: Die Frau gilt in diesem spätmittelalterlichen Dichtwerk als unein geschränkt gleichwertige Partnerin des Mannes. Von der Ansicht des hl. Thomas, dass eigentlich nur die Frau den Mann, nicht aber der Mann die Frau brauche,[269] hat sich der Titelheld des Johannes von Tepl also weit entfernt.

10. Gleiches Recht für Mann und Frau

Eine Voraussetzung für gelingende Partnerbeziehungen ist die wechselseitige Wertschätzung der Geschlechter. Nur wenn sich Mann und Frau auf Augenhöhe begegnen, ist Partnerliebe möglich. Doch nicht zu allen Zeiten war diese Einsicht selbstverständlich. Gewiss hat es immer schon Männer und Frauen gegeben, die sich persönlich als gleichwertig betrachteten. Aber wirklich durchgesetzt – als Common Sense – hat sich die Überzeugung von der absoluten Gleichrangigkeit der Geschlechter in Westeuropa (von anderen Kulturkreisen ganz zu schweigen) eigentlich erst im 20. Jahrhundert.

Es ist betrüblich, aber wahr: Wenn wir nachteilige Behauptungen über die ›Natur‹ der Frau suchen, dann sind – wie wir gesehen haben – antike Kirchenväter oder der hochmittelalterliche Theologe Thomas von Aquin eine Fundgrube ersten Ranges. Eine kulturgeschichtliche Quelle für diese grundsätzliche Abwertung des weiblichen Teils der Menschheit waren, wie ebenfalls schon erwähnt, einige seltsame und längst obsolet gewordene Theorien des Aristoteles: des – neben Platon – bedeutendsten Philosophen der griechischen Antike.

Andererseits gab es, zumindest vereinzelt, auch fundierten Widerspruch und schriftlich dokumentierten Protest gegen solche (zum Großteil auf dem Fehlen naturwissenschaftlicher

Kenntnisse beruhenden) Verunglimpfungen des vermeintlichen ›Wesens‹ der Frau. Im späten Mittelalter, kurz vor Beginn der Renaissancezeit, war es in erster Linie die französische Schriftstellerin und Philosophin Christine de Pizan (1365 – ca. 1430), die in ihrem viel beachteten – 1405 zum Abschluss gebrachten – Buch ›Le Livre de la Cité des Dames‹ die volle Gleichberechtigung von Mann und Frau forderte.[270]

In mancher Hinsicht erinnert mich ›Das Buch von der Stadt der Frauen‹ an die Beginenbewegung im 12./13. Jahrhundert.[271] Auch Christine de Pizan ging es, im Geist des christlichen Glaubens, um deutlich erweiterte Bildungsmöglichkeiten für Frauen. Zielstrebig, energisch und kenntnisreich setzte sie sich ein für eine wesentlich größere Selbstständigkeit und eine soziale Eigenverantwortung der Frauen. Ihr ›Buch von der Stadt der Frauen‹ gilt als eines der ersten feministischen Werke der europäischen Literatur und muss zunächst als unmittelbare Replik auf frauenfeindliche Tendenzen im – ca. 1300 erschienenen – Werk ›Lamentationes Matheoli‹ des französischen Klerikers Matthaeus von Boulogne (ca. 1260 – ca. 1320) verstanden werden.

Dieses Matheolus-Buch wurde in lateinischer Sprache verfasst und gegen Ende des 14. Jahrhunderts ins Französische übersetzt. Zur Zeit Christine de Pizans war das Werk sehr verbreitet. Doch nicht nur Matthaeus von Boulogne bot Christine viele Angriffsflächen. Auch der französische Schriftsteller Jean de Meung (ca. 1240 – ca. 1305) wurde von Christine de Pizan scharf attackiert: weil er in der zweiten Hälfte des berühmten ›Rosenromans‹ (›Le Roman de la Rose‹) – dem einflussreichsten Werk der französischen Literatur des Mittelalters – eine misogyne, die Frauen diskriminierende Polemik verbreitet hatte.

11. Christine de Pizan

Christine de Pizan war eine bedeutende Frau und gehörte mit Abstand zu den produktivsten und vielseitigsten Literaten ihrer Zeit. Sie wurde in Venedig geboren und kam als vierjähriges Mädchen nach Paris, als ihr Vater – Tommaso da Pizzano – zum Astrologen und Leibarzt des französischen Königs Karl V. ernannt wurde. Gefördert durch ihren Vater, einen Wissenschaftler von überregionalem Ansehen, genoss Christine in Paris das seltene Privileg einer herausragend guten Bildung in Latein, Geometrie und Arithmetik. Hinzu kam das autodidaktische Studium theologischer und profaner Literatur aus Vergangenheit und Gegenwart.

Im Alter von fünfzehn Jahren – für die damalige Zeit ja keineswegs ungewöhnlich – wurde Christine mit dem zehn Jahre älteren Notar und königlichen Sekretär Étienne du Castel (1354 – 1390) verheiratet, den sie sehr liebte und mit dem sie drei Kinder bekam. Nach dem Tod ihres Vaters und ihres Gatten, der einer Epidemie erlag, begann sie literarisch zu arbeiten. Es gelang ihr, finanzkräftige Mäzene zu gewinnen, darunter die französische Königin Isabeau de Baviére (Isabella von Bayern) und den Herzog Ludwig von Orléans, denen sie ihre Schriften widmete und persönlich überreichte. Vom Ertrag ihrer – zum Großteil noch erhaltenen – Handschriften konnte sie ihren eigenen Lebensunterhalt bestreiten und die Versorgung ihrer Kinder sicherstellen.

Als Lyrikerin war ihr großes Thema das oft schwierige Verhältnis der Geschlechter, aber auch die ideale Liebesbeziehung von Mann und Frau. In mehreren Balladen beklagte sie das frühe Hinscheiden ihres Ehemanns. Vom Gefühl der großen Einsamkeit, des existenziellen Verlassenseins und der Verlorenheit sind diese Gedichte geprägt:

Ganz allein bin ich, und ganz allein will ich auch sein,
Ganz allein ließ mich mein süßer Freund zurück,
(…) Ganz allein bin ich, von Schmerz und Kummer erfüllt.[272]

Doch Christine de Pizan blieb bei der Trauer und der Selbstbemitleidung nicht stehen. Sie raffte sich auf und setzte sich neue Lebensziele. So verfasste sie pädagogische Abhandlungen und lehrhaft-philosophische Schriften wie den Fürstenspiegel ›L'Épître d'Othea‹ (1400), vor allem aber Streitschriften zur Frauenfrage und Stellungnahmen zur politischen Situation in Frankreich.

Die Autorin tat alles, um sich und ihre Botschaft ins rechte Licht zu rücken. Seit 1402 widmete sie der bildlichen Ausstattung ihrer Handschriften besondere Aufmerksamkeit. Sie beschäftigte »ganze Künstlerwerkstätten«[273] und achtete – wie kein anderer Autor ihrer Zeit – auf den engen Zusammenhang von Text und Illustration. Gerne ließ sie sich auch selbst porträtieren: als zierliche Frau, als selbstbewusste Intellektuelle, die vor einer Männergruppe eine Lesung hält oder am Schreibtisch sitzt und ein Buch verfasst (in der rechten Hand die Schreibfeder, in der linken ein Radiermesser).

Immer zeigen die Abbildungen die gleiche junge Frau in einem schlichten, meist blauen Kleid, in der Tracht einer Witwe, zu der ebenfalls die ›guimpe‹ gehört, ein Schleier, der das Dekolleté verhüllt und das Gesicht umschließt.[274]

In ihrer letzten Lebensdekade freilich sah sich die Schriftstellerin weitgehend zur Untätigkeit verurteilt. Seit 1418, dem Beginn einer der schrecklichsten Phasen des ›Hundertjährigen Krieges‹ zwischen Frankreich und England, wohnte sie zurückgezogen mit ihrer Tochter Marie im Kloster der Dominikanerinnen in Saint-Louis de Poissy, wo sie – »weinend hinter Klostermauern«[275] – um 1430 (oder wenig später) verstarb. Der Rückzug ins Kloster ist sicherlich mit den chaotischen, bürgerkriegsähnlichen Zuständen im damaligen Paris zu erklären.

In Poissy im Jahre 1429 erlebte Christine de Pizan noch den militärpolitischen Erfolg der erst siebzehnjährigen französischen Nationalheldin Jeanne d'Arc (1412 – 1431): der in kirchlichen Inquisitionsprozessen als Ketzerin verurteilten, 1431 auf dem Marktplatz von Rouen bei lebendigem Leib verbrannten, 24 Jahre später von der päpstlichen Kurie zur Martyrerin erklärten und 1920 von Papst Benedikt XV. heiliggesprochenen ›Jungfrau von Orléans‹ – deren Taten Christine de Pizan das begeisterte Lied ›Dictié en l'honneur de la Pucelle‹ (1430) widmete.

12. ›Le Livre de la Cité des Dames‹

Die bleibende Bedeutung Christine de Pizans liegt sicher in ihrer prophetischen Botschaft, in ihrer Rolle als ›Feministin‹, als literarisch erfolgreiche, sehr wirkmächtige Frauenrechtlerin. Ihre Hinwendung zur Frauenthematik begann spätestens 1399 mit dem ›Sendbrief vom Gott Amor‹, wo sie frauenfeindliche Strömungen in der Literatur kritisiert.

Im Prosawerk ›Le Dit de la rose‹ (1401) beschrieb Christine die fiktive Gründung eines die Rechte der Frauen schützenden ›Rosenordens‹. Und wenige Jahre später hob sie in ihrem Hauptwerk ›Le Livre de la Cité des Dames‹ – gestützt auf Boccaccios Werk über berühmte Frauen (1361/62) – die verkannten Fähigkeiten des weiblichen Geschlechts am Beispiel großer Frauengestalten aus der Antike, der Bibel und des Mittelalters hervor.

Die »Stadt der Frauen«, deren Gründung in diesem Buch von allegorischen weiblichen Figuren (der ›Vernunft‹, der ›Rechtschaffenheit‹ und der ›Gerechtigkeit‹) in feierlichen Reden angekündigt wird, ist ein utopischer Ort der Zuflucht für alle Frauen, die von Männern verachtet und wegen ihres Geschlechts zurückgesetzt werden. Mit diesem großen Werk will Christine de Pizan – so eine moderne Interpretin – »den Frauen ihrer Zeit (und auch jenen späterer Epochen) Mut machen, ihnen Selbstbewußtsein einflößen, indem sie auf große Frauenfiguren (…) verweist; sie möchte die Frauen ferner dahin bringen, eine eigene, das heißt: nicht-fremdbestimmte Vorstellung von sich selbst (…) zu entwickeln. Und schließlich macht Christine den Versuch, ›korrigierend‹ in die geschichtliche Überlieferung einzugreifen, diffamierenden Vorstellungen von bestimmten Frauengestalten (etwa von Sappho oder Xanthippe) den Garaus zu machen.«[276]

Aber nicht nur Frauen, auch eine schier endlose Reihe von ›unsterblichen‹ *Paaren* aus der mittelalterlichen Literatur oder der antiken Mythologie werden dem Lesepublikum – zur Ermutigung und Erbauung – vor Augen gestellt: Odysseus und Penelope, Medea und Jason, Hero und Leander, Achilles und Penthesilea, Pyramus und Thisbe, Dido und Aeneas, Tristan und Isolde u.v.a. Auch reale Liebespaare (wie der römische Philosoph Seneca und seine junge Ehefrau Pompeia Paulina oder der römische Feldherr Germanicus und seine treue Gemahlin Agrippina) werden als leuchtende Vorbilder beschrieben. Der Tenor, die Grundaussage der Dichterin ist stets: Wo sich Mann und Frau als gleichwertige Partner in unbedingter Wertschätzung begegnen und sich wechselseitig ergänzen, da können gute und fruchtbare Beziehungen entstehen.

›Das Buch von der Stadt der Frauen‹ vermittelt, auch dem heutigen Leser, sehr wertvolle Anregungen für das Gelingen der Partnerbeziehung. Vor allem aber liefert es den Zeitgenossen gute Argumente und reichliches Material für eine gründliche Auseinandersetzung mit frauenfeindlichen Ressentiments. Dieses spätmittelalterliche Lehrbuch ist ein wichtiges kultur- und sozialgeschichtliches Dokument, dessen Bedeutung von der Romanistin Margarete Zimmermann mit dem feministischen Grundlagenwerk ›Das andere Geschlecht‹ (1949) von Simone de Beauvoir verglichen wurde – »auch wenn beide Werke natürlich grundsätzliche und zeitbedingte Unterschiede aufweisen«.[277]

13. Eine ›feministische‹ Theologie

Angriffslustig, höchst engagiert, in emotionalem Stil, dabei aber sehr überzeugend sucht Christine de Pizan zu erkunden, warum so viele Männer »in ihren Reden, Traktaten und Schriften derartig viele teuflische Scheußlichkeiten über Frauen« (S. 36)[278] verbreiteten. Die Autorin ist der Meinung:

> Diejenigen, die Frauen aus Mißgunst verleumdet haben, sind Kleingeister, die zahlreichen ihnen an Klugheit und Vornehmheit überlegenen Frauen begegnet sind. Sie reagierten darauf mit Schmerz und Unwillen, und so hat ihre große Mißgunst sie dazu bewogen, allen Frauen Übles nachzusagen. (S. 51f.)

Nicht die Ehemänner könnten sich über Frauen beklagen, schreibt die Dichterin, sondern die Ehefrauen müssten sich über die Männerwelt beschweren, weil diese ihnen »viele Beschimpfungen, Gemeinheiten, Beleidigungen, Erniedrigungen und Schmähungen« (S. 150)[279] zufügten. Und zur dümmlichen Frage, ob Männer von Natur aus intelligenter als Frauen seien, gibt Christine de Pizan die – aus heutiger Sicht selbstverständliche, aus damaliger Sicht aber ketzerische – Antwort:

> Wenn es üblich wäre, die kleinen Mädchen eine Schule besuchen und sie (...) die Wissenschaften erlernen zu lassen, dann würden sie genauso gut lernen und die letzten Feinheiten aller Künste und Wissenschaften ebenso mühelos begreifen wie jene [die Männer]. Zudem gibt es ja [seit jeher] solche Frauen. (S. 94)

Dass die »Ebenbürtigkeit weiblicher und männlicher Intelligenz« nicht anerkannt wird, erklärt sich Christine zum einen mit der Böswilligkeit oder Dummheit vieler Männer und zum anderen – gerade diese Erkenntnis ist bemerkenswert – mit der »Struktur der Gesellschaft« (S. 95): Durch entsprechende Erziehung, durch Vorenthalt von Bildungsmöglichkeiten werden Frauen von vornherein auf eine untergeordnete Rolle vorbereitet und eingestimmt; so schließt man »von der Beobachtung [der sozialen Verhältnisse] darauf, Frauen wüßten generell weniger als Männer und verfügten über eine geringere Intelligenz« (S. 95).

Es zeigt sich pointiert: Christines Anliegen ist es, zeitgenössische Frauen in einer von Männern beherrschten Welt zur Selbstverwirklichung zu ermuntern, sie aufzuklären und ihnen das Gefühl der Unterlegenheit zu nehmen. Dabei ist aber nicht zu übersehen: Christine de Pizan argumentiert vornehmlich als gläubige *Christin* und als hervorragende Kennerin des Alten wie des Neuen Testaments.

Sehr beachtenswert ist die *theologische* Komponente in ihrem ›Frauenbuch‹. In einer dialektischen Zwiesprache mit Gott wirft die Schriftstellerin dem Schöpfer in einem ersten Schritt vor, er »habe mit der Frau ein niederträchtiges Wesen erschaffen« (S. 37). Im nächsten Schritt aber kommt sie zu der Glaubensgewissheit, dass »Du [Gott] selbst, und zwar auf eine ganz besondere Weise, die Frau erschaffen [hast]«. Die Autorin bekennt: »Es ist doch undenkbar, dass Du [Gott] in irgendeiner Sache versagt haben solltest!« (S. 37)

Schließlich versichert sie kämpferisch – und doch sehr besonnen und argumentativ – ihren Leserinnen und Lesern, dass »Gott das weibliche Geschlecht ebensowenig wie das männliche zu irgendeinem Zeitpunkt mit einem Fluch belegt hat« (S. 128) und dass »nicht der geringste Zweifel daran bestehen [kann], dass die Frauen ebenso zum Volke Gottes und zu den menschlichen Wesen gehören wie die Männer« (S. 218).

Wir sehen: Gegen den Missbrauch der Religion zur Unterdrückung von Menschen, besonders von Frauen, bringt Christine de Pizan ein gänzlich anderes – menschenfreundliches – Verständnis von Religion zur Geltung. Durchaus im Sinne Jesu und der alttestamentlichen Propheten bekennt sie sich zu einem Gott der *Liebe*, der den Menschen nicht knechtet und demütigt, vielmehr den Schwachen und den Entrechteten, insbesondere den Frauen, zu ihrem Recht verhilft.

Ihre Kehle, ihre Hände, jeder Fuß
alles ist vollkommen schön.
Soll ich rühmen, was dazwischen ist –
ich glaube, dass ich mehr gesehen hab.
Ungern hätte ich »Bedeck die Blöße!«
gerufen, als ich sie nackt sah.
Walther von der Vogelweide

Kapitel X
Freude an den Sinnen

Mann und Frau gehören nach dem göttlichen Schöpfungswillen (vgl. Gen 2, 23ff.) zusammen. Ihre Polarität, ihre gegenseitige Anziehungskraft gründet in seelisch-geistigen, aber natürlich auch in körperlich-sinnlichen Energien und Reizen.

In den oben, im Motto, zitierten Versen aus einem mittelhochdeutschen Liebeslied zeigt sich »Frau Minne« als nackte Schönheit, »verlockend und bezaubernd von Kopf bis Fuß, als sie dem Bad entsteigt«.[280] Solche eindeutig erotischen Texte jedoch sind für das christliche Mittelalter nicht unbedingt charakteristisch. Schriften wie das höfisch-freizügige Handbuch ›De amore‹ des Klerikers Andreas Capellanus (der das sexuelle Vergnügen ohne Scheu sogar ins jenseitige Leben projiziert) sind in der Dichtung des Mittelalters wohl eher eine Ausnahmeerscheinung. Und die anstößigen, zum Teil auch sarkastischen ›Carmina Burana‹, die im 11./12. Jahrhundert gesammelt und im Jahre 1803 in der Bibliothek des Klosters Benediktbeuern gefunden wurden, stehen jedenfalls nicht für das ›offizielle‹ Liebesideal der mittelalterlichen Dichter und Denker.[281]

Abgesehen von manchen Schilderungen in Dichtwerken wie Boccaccios ›Il Decamerone‹ wurden die Sexualität, die erotische Sinnlichkeit, der entblößte menschliche Körper in der ›Hochliteratur‹ und in der bildenden Kunst des Mittelalters weitgehend tabuisiert. Doch diese Einstellung änderte sich radikal in der Renaissancezeit, vor allem in Italien:

> Im 15. Jahrhundert lösen sich die italienischen Philosophen und Künstler von der Gedankenwelt des Mittelalters, das sie als finstere Epoche empfinden. Sie (…) studieren lateinische und griechische Texte und bewundern die Statuen klassischer Bildhauer – sie wollen eine geistige Wiedergeburt der Antike, »des Zeitalters des Lichts«, wie es Poeten taufen. Maler wie Botticelli, Leonardo und Raffael feiern die Mythen der Griechen und Römer, rücken den Menschen in den Mittelpunkt und verleihen ihren Porträts individuelle Züge (…).[282]

Gewiss hat die bildende Kunst der Renaissance – der Übergangszeit vom Mittelalter zur Neuzeit – sehr wertvolle und höchst berühmte Werke hervorgebracht, die dem traditionellen, an die Verehrung der jungfräulichen Gottesmutter Maria geknüpften Keuschheitsideal entsprechen: z.B. die Sixtinische Madonna (1512/13) von Raffael oder die Stuppacher Madonna (um 1516) von Matthias Grünewald. Aber was – abgesehen von Paradieses-Darstellungen mit Adam und Eva – seit der Antike kein Künstler gewagt hat: jetzt werden, dem klassischen Schönheitsideal entsprechend, auch *nackte* Frauen und Männer gezeigt.

So schuf der italienische Maler Sandro Botticelli um 1486 das Porträt der heidnischen Liebesgöttin Venus: der großen Schönheit, die von vielen Theologen des Mittelalters als Verkörperung der Unzucht, als Inbild des Lasters verdammt worden war. Noch weiter ging der niederländische Maler Hieronymus Bosch: Im Mittelteil seines Triptychons ›Der Garten der Lüste‹ (um 1505) zeigt er die ungehemmte Sexualität in versteckten Details und verschlüsselten Allegorien. Hier gibt es keine Tabus und vielleicht, je nach Interpretation, auch keine Sünde.[283]

Die schöne menschliche Gestalt, vor allem der weibliche Körper, wurde in der Renaissancezeit zum Kultobjekt. Da wird es verständlich, dass auch in die *Jenseitsdarstellungen* von Dichtern und Künstlern der Renaissance die Lust an den Sinnen, die Freude an der Nacktheit des menschlichen Körpers mit einfloss.

Die Leiblichkeit des Menschen wurde zum Fingerzeig für die Freuden des Himmels! Auch die Vorstellung einer jenseitigen Liebesbeziehung von Mann und Frau war in der Hochblüte der Renaissance von erotischer Sinnlichkeit geprägt. Die irdischen Erfahrungen von geschlechtlicher Liebe galten offensichtlich als Vorgeschmack für die Ewigkeit. Sehr im Gegensatz zur Lehre des Thomas von Aquin, des maßgeblichen Theologen des Mittelalters, der die ewige Seligkeit – intellektualistisch und völlig unerotisch – als reine ›Gottesschau‹ verstand und die »angenehme Gemeinschaft der Seligen« nur als Anhängsel betrachtete.[284]

Der heute in Salzburg lebende katholische Theologe Gottfried Bachl indessen kann den erotischen Jenseitsbildern der Renaissance durchaus etwas Positives abgewinnen. Zum Thema eines sinnlichen Verkostens des Himmels inszenierte Bachl einen fiktionalen Dialog zwischen dem heiligen Rupert und einem modernen Touristen in Salzburg. Dem vor vielen

Jahrhunderten verstorbenen Salzburger Bischof Rupert (um 650 – 718) legt Bachl die Worte in den Mund:

Verwunderlich, wie wenig die Leute ihre stärksten Erlebnisse ausprobieren, um einen Geschmack von der anderen Welt auszukundschaften. Schau dich um in deiner Welt, in deinem Leben, und vergiss nicht, dass du einen Leib hast.[285]

Im folgenden Abschnitt soll nun die Sinnenfreude der Renaissancezeit – in irdischer, aber auch in eschatologischer, das Irdische übersteigender Perspektive – anhand von Werken der bildenden Kunst und der Literatur beleuchtet werden. Berühmte erotische Bilder wie ›Die Geburt der Venus‹, ›Der Jungbrunnen‹, ›Die büßende Maria Magdalena‹, ›Der Garten der Lüste‹, ›Die Erschaffung Adams‹ und ›Die Krönung der Seligen‹ werde ich kurz besprechen. Aus dem Bereich der Literatur kommen u.a. die Dichterinnen Veronica Gambara und Vittoria Colonna sowie die Dichter Francesco Colonna und Pierre de Ronsard zu Wort.

Auch reale Lebensgeschichten wie die erotisch-anrüchige Vita Caterina Sforzas, der amazonenhaften Regentin von Forlì und Imola, sowie die Liebesbeziehung des Humanisten Pietro Bembo zur Fürstin Lucrezia Borgia werden erörtert. Mein besonderes Augenmerk aber gilt der – für die Renaissancezeit typischen – Vorstellung von einem nackten, ideal gestalteten weiblichen bzw. männlichen Körper auch in der ewigen Seligkeit des Himmels.

1. Die Macht der Kurtisanen

Die Renaissancezeit gilt als überaus leibfreudig. Pikanterweise hatte selbst das Konzil von Konstanz (1414 – 1418), jene historisch und theologisch so bedeutsame Versammlung der Kirchenführer, die das ›Abendländische Schisma‹ (den Machtkampf zwischen Päpsten und Gegenpäpsten) beenden und – durch überfällige Reformen – die Einheit der Kirche wiederherstellen wollte, einen erotisch gefärbten Hintergrund. Denn zumindest am Rand des Geschehens spielten sich sehr unfromme amouröse Szenen ab.

Kulturgeschichtlich ist dieses große, im Jahre 1414 vom kirchenpolitisch und charakterlich sehr umstrittenen (und 1415 abgesetzten) Gegenpapst Johannes XXIII. einberufene Konzil der Frührenaissance zuzuordnen. Typisch für diese Zeit des Umbruchs und der Unruhe waren speziell auch die Verhältnisse in Konstanz am Bodensee. Während der Konzilsberatungen lebten in Konstanz neben der Stadtbevölkerung (ca. 6000 Menschen) zeitweise bis zu 30.000 Kleriker und Fürsten samt ihrem Gefolge. Hinzu kam eine große Schar von Prostituierten, die während des Konzils ihre Dienste anboten.

Der Konzilschronist Ulrich Richental berichtet:

> Öffentliche Huren in den Hurenhäusern und solche, die selber Häuser gemietet hatten und in den Ställen lagen oder wo sie wollten, deren gab es über 700, ohne die »Heimlichen«, die lasse ich ungezählt.[286]

Nach diesem Bericht – der durch den zeitgenössischen Sänger, Dichter und Diplomaten Oswald von Wolkenstein bestätigt wird – gab es in Konstanz außer den gewöhnlichen Prostituierten auch ›gehobenere‹ Kurtisanen, die sich eigene ›Freudenhäuser‹ mieteten. Heute erinnert die neun Meter hohe, aus Beton gegossene Statue der ›Imperia‹, die 1993 im Hafen von Konstanz errichtet wurde, in höchst satirischer Manier an das Konstanzer Konzil.

Die Statue zeigt eine riesige, äußerst freizügig gekleidete Kurtisane mit gewaltigen Brüsten und tiefem Dekolleté. Ihre weiblichen Reize entblößt diese stolze, die Männerwelt desavouierende Dame in raffinierter, ja schamloser Manier. Und das Lustigste ist: Auf den erhobenen Händen der schönen Imperia zappeln zwei nackte Männlein. Der eine trägt auf dem Kopf eine Königskrone, der andere eine päpstliche Tiara. Man sieht: Die ganze Hafenfigur ist eine einzige Provokation.

Der Schöpfer dieses modernen Kunstwerks, der Bildhauer Peter Lenk, bestreitet allerdings, dass die Zwerglein in den Händen der Imperia die wichtigsten Machthaber des Konstanzer Konzils – also den römisch-deutschen König (seit 1419 Kaiser) Sigismund und den legitim gewählten Petrusnachfolger Martin V. – darstellen sollen. Vielmehr seien sie ganz allgemein als Personifikationen der weltlichen und der geistlichen Macht zu interpretieren. Der Künstler sieht sie als nackte Harlekine, die sich widerrechtlich die Symbole der Macht aufgesetzt haben. Peter Lenk erläutert dazu:

> Es handelt sich bei den Figuren der Imperia nicht um den Papst und nicht um den Kaiser, sondern um Gaukler, die sich die Insignien der weltlichen und geistlichen Macht angeeignet haben. Und inwieweit die echten Päpste und Kaiser auch Gaukler waren, überlasse ich der geschichtlichen Bildung der Betrachter.[287]

In jedem Fall will der Schöpfer der Imperiafigur demonstrieren: Die scheinbar mächtigsten Männer der damaligen Zeit wurden von ihren Trieben beherrscht. ›Imperia‹, die Verkörperung der sexuellen Begierde, war die eigentlich Mächtige, die die ›Herrscher‹ zu Zwergen und

Gauklern degradierte, zu Spielbällen der Kurtisanen und ihrer erotischen Künste.

2. ›La belle Impéria‹

Ob eine Karikatur wie die Imperiastatue den kirchlichen und weltlichen Lenkern des Konstanzer Konzils nun wirklich gerecht wird, ist eine andere Frage, die im Rahmen meiner ›Kulturgeschichte der Liebe‹ nicht im Detail geklärt werden muss. Nur so viel sei angedeutet: Sigismund von Luxemburg und Martin V. (der während des Konzils auf deutschem Boden zum Papst gewählt wurde) waren keine Zwerge, weder körperlich noch geistig. Der lebensfrohe Sigismund verfügte über diplomatisches Geschick, war hoch intelligent und beherrschte sieben Sprachen. Und der Renaissancepapst Martin V. (Oddo di Colonna) war zwar kein echter Reformer, aber auf seine Art ein bedeutender und willensstarker Kirchenfürst.

Gleichwohl ist die Rede vom moralischen Verfall der Kirche – partiell auch schon des Konzils von Konstanz – nicht unberechtigt. Es ist keine böswillige Übertreibung, wenn man bemerkt: Auch hohe Würdenträger, auch höchste geistliche und weltliche Autoritäten der Renaissancezeit waren zum Teil sehr charakterschwache, ihren Trieben ausgelieferte Menschen. Für die krasse Unmoral, die zügellose Lüsternheit vieler Herrscher und Herrscherinnen der Renaissance gibt es, wie wir sehen werden, sehr markante historische Beispiele.

Entsprechen also die amourösen Anspielungen der Imperiastatue Peter Lenks im Prinzip der historischen Wirklichkeit des Konstanzer Konzils? Wir müssen differenzieren. Die unmittelbare literarische Vorlage für das Kunstwerk Peter Lenks war die frivole – und nicht gerade kirchenfreundliche – Erzählung ›La belle Impéria‹ in den ›Tolldreisten Geschichten‹ (1832 – 1837) des französischen Schriftstellers Honoré de Balzac. In der Darstellung Balzacs ist die berückende, sinnenfrohe Imperia eine Kurtisane, die sich während des Konzils in Konstanz aufhält: als Geliebte und Konkubine von Kardinälen, Bischöfen oder Markgrafen. Sie entpuppt sich als die heimliche Regentin des Kirchenkonzils.

Auch in der bildenden Kunst und in der Musik des 20. Jahrhunderts wurde dieses makabre Imperiabild wieder aufgegriffen. Der deutsche Impressionist Lovis Corinth zeigt in seinem Gemälde ›Die schöne Imperia‹ (1925) – in Entsprechung zu Balzacs Erzählung – die erste Begegnung Imperias mit einem ›armen Pfäfflein‹. Und der italienische Komponist Franco Alfano vertonte diese Geschichte in der Oper ›Madonna Imperia‹ (1927).

Längst vor Balzac hatten auch andere Autoren diesen Erzählstoff behandelt, z.B. der italienische Dichter und Dominikanermönch Matteo Bandello (ca. 1485 – 1561). Bandello u.a. beziehen sich auf die historische Lucrezia de Paris, die eine literarisch hoch gebildete Italienerin und vermutlich eine einflussreiche Geliebte von ranghohen Klerikern war. Durch das überschwängliche Lob des Renaissance-Dichters Pietro Aretino ging die schöne Lucrezia de Paris in die literarische Unsterblichkeit ein. Allerdings hat sie fast ein ganzes Jahrhundert *nach* dem Konstanzer Konzil gelebt. So gesehen stellt die Imperiafigur des Bildhauers Peter Lenk einen Anachronismus dar. Die Symbolik dieser Statue würde besser zu einigen Dekaden *nach* dem Konzil von Konstanz passen.

Jedenfalls wäre es absurd und unzutreffend, wollte man die – theologisch doch wichtigen und kirchenpolitisch recht bedeutsamen – Beschlüsse des Konstanzer Konzils[288] einfach nur zum Resultat einer Kurtisanenherrschaft erklären. So simpel gestrickt ist weder die Welt- noch die Kirchengeschichte.

3. ›Die Geburt der Venus‹

Nicht zu bestreiten aber ist: Die Sinnlichkeit der griechisch-römischen Antike, ihr Körperideal, ihre Lust an erotisch aufgeladenen Sagen und Mythen wurde in der Renaissancezeit neu entdeckt und neu belebt.

So kann auch das zweiteilige, in Lebensgröße geschaffene Gemälde ›Adam und Eva‹ (1507) von Albrecht Dürer als grandiose, künstlerisch vollendete Hommage auf den entblößten – männlichen und weiblichen – Körper gesehen werden. Ein mittelalterliches Tabu war gebrochen. Die unverhüllte, anatomisch genau gezeichnete Leiblichkeit – als Merkmal des menschlichen Individuums – wurde hoffähig in der Renaissance.

Dementsprechend wurde, schon im Umfeld des Konzils von Konstanz, für den weltlichen wie für den geistlichen Hochadel und ebenso für das reiche Patriziertum die gehobene Form der Prostitution wiederentdeckt. Den antiken Hetären entsprachen jetzt – besonders in Rom und in Venedig – die Kurtisanen: gesellschaftlich tolerierte, zum Teil sogar sehr angesehene ›Töchter der Venus‹ aus dem großbürgerlichen Milieu, die gegen fürstliches Entgelt für Liebesdienste zur Verfügung standen.[289]

Bekannt ist die, um 1537 entstandene, Aktdarstellung des italienischen Malers und Freskanten Alessandro Moretti. Dieses Bild zeigt vermutlich – in sehr aufreizender, anzüglich-verführerischer Pose – die römische Kurtisane, Dichterin und Philosophin Tullia d' Aragona (1510 – 1556): eine Tochter der

Kurtisane Giulia Ferrarese und ihres Geliebten, des italienischen Bischofs und Kardinals Luigi d' Aragona (1474 - 1519).

Ob als Kurtisane oder Hofdame, ob als Geliebte oder Göttin, ob als Adam oder Göttersohn - der nackte junge Mann, die nackte junge Frau waren ein bevorzugtes Sujet der Renaissancekünstler. Zu den bekanntesten Bildern dieser Kategorie zählt Botticellis um 1486 entstandenes Gemälde ›Die Geburt der Venus‹.[290] Mit diesem unübertrefflich diesseitsfreudigen, für den florentinischen Stadtherrn, Dichter und Kunstförderer Lorenzo di Medici geschaffenen Werk hat Sandro Botticelli (1446 - 1510) die Zeitgenossen mindestens ebenso bezaubert wie mit seinen durchgeistigten Engeln und Madonnen.

Botticelli war die überragende Künstlerpersönlichkeit in Florenz während der zweiten Hälfte des Quattrocento. ›Die Geburt der Venus‹ fesselt wohl jeden Betrachter. Wie die hehre Göttin der Muschel entsteigt und wie der Seewind sie wiegt und biegt, diese Darstellung ist schon beeindruckend. Und sie hat den vollen Reiz der griechischen Mythologie. Die - im Gemälde - von den Winden Zephir und Chloris in einem Muschelboot übers Meer geblasene Liebes- und Schönheitsgöttin wurde dem antiken Mythos zufolge aus den Wellen geboren. Bei Sandro Botticelli steht sie in majestätischer Nacktheit und mit wehenden Haaren auf ihrem Muschelboot und landet an der Meeresküste, wo sie von der Blumengöttin Flora empfangen wird.

Gab es für Botticellis Venusfigur ein Modell, ein reales Vorbild? Wir wissen es nicht. Manche Forscher aber nehmen an: Der mit Botticelli bekannte Dichter und Philologe Angelo Poliziano könnte mit seiner Idealisierung des Florentiner Idols Simonetta Vespucci - der jungen Geliebten des Herzogs Giuliano I. de' Medici - die Komposition des Malers indirekt beeinflusst haben. Die literarische Verherrlichung Simonetta

Vespuccis (1453 – 1476) wäre demnach der kulturgeschichtliche Hintergrund für ›Die Geburt der Venus‹.[291]

4. ›Der Garten der Lüste‹

Die mächtige Sinnenfreude der Renaissance, ihr Ja zur erotischen Lust (die auch umschlagen konnte ins verderbliche Laster), zeigt sich in zahllosen Werken der bildenden Kunst – nicht zuletzt auch in Tizians Ölgemälde ›Die büßende Maria Magdalena‹ (um 1533):[292] Dieses Brustporträt stellt eine schöne junge Frau mit großen, zum Himmel blickenden Augen dar, deren prächtige, überquellende Haarfülle die nackten vollen Brüste nicht etwa verhüllt oder verblassen lässt, sondern überhaupt erst richtig zur Geltung bringt.

›Die büßende Maria Magdalena‹ eignet sich bestens als Projektionsfläche für allerlei Phantasien. Für Verlangen und Sehnsucht steht dieses Gemälde in meiner Wahrnehmung. Man könnte sich Tizians Magdalena als Freudenmädchen oder Ehebrecherin vorstellen, aber ebenso gut als begehrenswerte Partnerin, als liebesfähige Frau. Aufgrund welcher Merkmale diese anziehend wirkende, ausdrucksstarke Maria Magdalena als büßende Sünderin, als reumütige Hure anzusehen ist, erschließt sich in Tizians Darstellung nicht so recht. (Ganz abgesehen davon, dass Maria von Magdala, die Weggefährtin Jesu, ja kaum identisch sein wird mit der »Sünderin« in Lk, 36-50.)[293] Auf mich jedenfalls wirkt Tizians Kunstwerk einfach nur sinnlich-erotisch, dies freilich in hohem Maße.

Freiesten Naturalismus und überbordende Sexualität bietet aber weit mehr noch der religiös-visionäre, aus ’s-Hertogenbosch stammende Maler Hieronymus Bosch (ca. 1450 – 1516) in seinem großen, zeit- und gesellschaftskritischen Triptychon ›Der Garten der Lüste‹, das vermutlich um 1505 entstand. Hieronymus Bosch, der ein frommer, von der ›Devotio moderna‹ (einer spätmittelalterlichen Reformbewegung mit verinnerlicht-mystischen Zügen der Christusnachfolge) geprägter Mensch war und der ›Liebfrauenbruderschaft‹ angehörte, war einer der vielseitigsten Künstler, den die Niederlande seit Jan van Eyck hervorbrachten.

Die Devotio moderna war besonders in den Niederlanden und in Nordwestdeutschland verbreitet. Einer der bekanntesten Repräsentanten dieser – in mancher Hinsicht die Reformation vorbereitenden – Bewegung war der Mystiker und Augustiner-Chorherr Thomas von Kempen. Auch der humanistische Theologe, Philosoph und Philologe Erasmus von Rotterdam war vom Geist der Devotio moderna beeinflusst. Da sich der Maler Hieronymus Bosch (eigentlich Jheronimus van Aken) der Christusnachfolge im Sinne des Thomas von Kempen ebenfalls verpflichtet fühlte, sollten auch Kunstwerke wie ›Der Garten der Lüste‹ nicht losgelöst vom religiösen Hintergrund – in diesem Fall der Angst vor der Hölle – gedeutet werden.

Um 1478/80 hatte Hieronymus Bosch die reiche Patriziertochter Aleyt van de Mervenne geheiratet, deren Mitgift ihm ein sorgenfreies, finanziell unabhängiges Leben sicherte. Wirtschaftlich war Bosch auf einflussreiche Mäzene, auf Förderer und Gönner nicht angewiesen. Allein aufgrund seines hohen Ansehens als Künstler bekam er sehr viele – profane und kirchliche – Aufträge. Zahlungskräftige Adelige und Fürsten gehörten zu seinem Kundenkreis. Auch König Philipp II. von Spanien erwarb wichtige Bilder von ihm.

Zu Boschs bedeutendsten religiösen Werken zählen ›Ecce homo‹, ›Die Versuchungen des heiligen Antonius‹, ›Die sieben Todsünden‹ und ›Die Verspottung Christi‹. Doch das reizvollste und umstrittenste von all seinen Werken ist ›Der Garten der Lüste‹ (ein nur teilweise zutreffender Titel, der dem Bild erst im 19. Jahrhundert gegeben wurde, da kein Originaltitel bekannt war).

Dieses erotisch-satirische, die Höllenangst der damaligen Menschheit beschwörende, eigentlich im krassen Widerspruch zum Harmoniestreben der Renaissance stehende Gemälde kam später in die Kunstsammlung König Philipps II. in der Schloss- und Klosteranlage El Escorial nahe bei Madrid. Heute hängt ›Der Garten der Lüste‹ im Museo del Prado in Madrid.

Ein zentrales Thema auf dieser fabelhaften, oft sehr verwirrenden, im Höchstmaße artifiziellen, unsere Sinne berauschenden Bildervielfalt ist die Geschlechterbeziehung. Aber nicht die wirkliche (ganzheitliche, leiblich-seelische, geistig-spirituelle) Partnerliebe von Mann und Frau wird dem staunenden Betrachter vor Augen geführt, sondern nur unverbindliches Spiel oder gar – in unsagbar bizarrem Szenario – die Verkehrung der Liebe in sinnlose, ›tierische‹ Leidenschaft.

5. ›Der Jungbrunnen‹

Was ist im ›Garten der Lüste‹ zu sehen, was macht den einmaligen Reiz dieses Kunstwerkes aus? Dem wunderschönen, freilich schon von der Schlange, dem Symbol des Verderbens, getrübten Paradiesbild mit der Darstellung Adams und Evas auf dem linken Seitenflügel des Triptychons folgt als Mitteltafel ein sinnlich-irdisches Treiben, ein wollüstiges Liebesparadies, das, wie vermutet wird, die Menschheit unmittelbar vor der Sintflut zeigt und als Vorstufe zu den fürchterlichen – auf dem rechten Flügel dargestellten – Qualen der Hölle, der ewigen Verdammnis, interpretiert werden könnte.

Nicht die Heilsgeschichte, nein die Unheilsgeschichte der Menschheit kommt in den Blick. Es triumphiert nicht die Liebe, nicht das beglückende Einssein von Mann und Frau. Stattdessen siegt die Gottlosigkeit, das pervertierte Verlangen, die Leiden schaffende Leidenschaft. Denn der utopische Lusttraum auf der mittleren Bildfläche wird im rechten Seitenflügel zum absolut schrecklichen Alptraum, zum Inferno mit hässlichen Monstern, mit düster-entsetzlichen Fratzen und mit sadistischen Folterszenen. In abgründigen, grauenerregenden Effekten (etwa brennenden Häusern, pechschwarzem Gewölk, Flammen speienden Vulkanen, unsäglich gequälten Menschenmassen, einer überdimensionalen Spinne oder einem menschenfressenden Vogel) zeigt der Maler, wie die Höllenbewohner/innen »mit den Gegenständen, die Instrumente ihres Frevels zu Lebzeiten waren, gefoltert und gemartert werden«.[294]

Unbeschadet der religiösen Drohbotschaft sprüht das ganze Gemälde vor Erotik. Es zeigt die hemmungslosesten Freuden, es enthüllt die Triebhaftigkeit in leuchtenden Farben, es bietet aber auch Phantastik und Skurrilität in überschäumender Fülle. Alles, besonders im Mittelteil, wirkt ›surrealistisch‹ und spektakulär: die fremdartigen Blumen, die exotischen Wasserpflanzen, die dicken roten Erdbeeren; die gläsernen Kugeln oder Halbkugeln, in denen sich, fast wie in Käfigen, junge Paare umarmen; oder das schwimmende Fruchtschiff, aus dem ein Liebespaar und ein Kranich wie der Wurm aus dem Apfel herausschauen.

Sehr auffällig in Boschs ›Garten der Lüste‹ ist nicht zuletzt auch die äußerst sinnenfreudige Gestaltung eines tiefblauen Gewässers, das als ›Jungbrunnen‹ bezeichnet werden könnte:

Zu den unzähligen Details im mittleren Hauptteil des Kunstwerks gehört ein Zug von nackten, auf Pferden, Schweinen oder Kühen, Vögeln oder Löwen, Kamelen oder seltsamen Mischwesen reitenden Männern, die in weitem Bogen einen runden Brunnen umkreisen, in dem sich eine Schar von nackten – milchweißen oder schwarzhäutigen – jungen Frauen und Mädchen vergnügt. Als rätselhafte Symbole der Sinnenlust und der Eitelkeit lassen sich Schwäne, Raben und Pfauen auf den Köpfen der Badenden nieder.

Der ›Jungbrunnen‹ – auch ›Lebensbrunnen‹ oder ›Quelle des Lebens‹ genannt – ist eine aus der Literatur und der bildenden Kunst des Mittelalters überlieferte Vorstellung, die von Hieronymus Bosch und auch sonst in der Renaissance – betont erotisch – wieder aufgegriffen wurde. Am bekanntesten ist die leibfreudige, auf das Jahr 1546 zu datierende Darstellung ›Der Jungbrunnen‹ von Lucas Cranach d. Ä. (1472 – 1553).[295]

Neben religiösen Werken, neben traditionellen Altar- und Marienbildern schuf der Wittenberger Maler und Graphiker Lucas Cranach mit Vorliebe auch weibliche Aktfiguren von mythologischer Bedeutung. Cranachs ›Jungbrunnen‹ zeigt eine ganze Fülle von weiblichen Akten: alte, gebrechliche Frauen mit Hängebrüsten, die in Bahren, Schubkarren und Leiterwagen zum Wonnebecken gebracht werden. Im Brunnen, beim Erfrischungsbad im Zeichen des Gottes Amor und der Göttin Venus, avancieren sie zu jungen Hofdamen in verführerischer Nacktheit und formvollendeter Schönheit.

Die bildende Kunst in der Renaissancezeit huldigt der Geschlechterliebe und der Schönheit in all ihren Erscheinungsformen. So gesehen fällt Hieronymus Bosch mit seiner Darstellung des extrem Chaotischen, des Hässlichen, des Disharmonischen und Gruseligen aus dem Rahmen des Zeitgeschmacks. Doch anders als der Jungbrunnen in Boschs

›Der Garten der Lüste‹ (der ja als Vorstufe zur Hölle anzusehen ist) scheint mir der Jungbrunnen auf Cranachs Gemälde ein – für die Renaissance nun wirklich typisches – Symbol der reinen Lebendigkeit zu sein: ein Sinnbild für die ›ewige‹ Schönheit des weiblichen Körpers und für die unsterbliche Anziehungskraft des Weiblichen schlechthin.

Auch die Schönheit des *männlichen* Körpers wurde in der Renaissancekunst natürlich gebührend herausgestellt. Michelangelos – im Auftrag von Papst Julius II. für die Sixtinische Kapelle im Vatikan gemaltes – Deckenfresko ›Die Erschaffung Adams‹ ist das berühmteste Beispiel. Michelangelos um 1511/12 entstandener Adam wirkt mindestens ebenso großartig und ebenso perfekt gestaltet wie eine griechische Apoll- oder Adonisfigur. Einzigartig aber ist die Belebung Adams durch den göttlichen Schöpfungsakt: Der ausgestreckte Zeigefinger des majestätisch dynamischen Schöpfers nähert sich dem leicht gekrümmten Zeigefinger des splitternackten Adam. Man ›sieht‹ es förmlich ›knistern‹: Die Berührung der beiden Fingerspitzen wird den noch schlaffen Körper des jungen Mannes zur Fülle des Lebens erwecken.

6. Die ›Tigerin‹ Caterina Sforza

Die Werke Michelangelos, auch sonst die bildende Kunst und viele Werke der Literatur belegen höchst eindrucksvoll: Menschen der Renaissance – Frauen und Männer, auch Priester und Mönche, auch Kardinäle und Päpste – ergötzten sich am Leben in seiner Leiblichkeit. Allerdings konnte die pralle Lebenslust auch mit rücksichtsloser Machtgier und barbarischer Gewalt verknüpft sein – bei herausragenden Männern und in manchen Fällen auch bei berühmten Frauen.

Eine besonders interessante, eine ebenso bestrickend wirkende wie durchsetzungsfähige und, wenn sie es für nötig hielt, auch gewaltbereite Frau war sicherlich Caterina Sforza (1463 – 1509), eine außereheliche Tochter des Galeazzo Maria Sforza, des Herzogs von Mailand. Im historischen Roman ›Die Tigerin‹ (2014) von Jutta Laroche wird Caterina Sforza, die Gräfin von Forlì und Imola, als starke Persönlichkeit beschrieben, die sich nicht – wie es von Frauen erwartet wurde – den männlichen Entscheidungen unterwarf, die vielmehr stolz und selbstbewusst ihre eigenen Ziele verfolgte. Zugleich wird in Laroches Roman in spannenden Szenen geschildert, zu welchen Taten diese ›Tigerin‹, diese ›Madonna von Forlì‹ sich hinreißen ließ.[296]

Caterinas Vita war zweifellos geprägt von schwerer Schuld und tückischem Mord, von grausamen Kriegen, von ungezügeltem Hass und erotischer Leidenschaft. In der italienischen Romagna werden noch heute die abenteuerlichsten Legenden über ›La Tigressa‹, über die ›Tigerin‹, die Herrin von Forlì und Imola, erzählt.

Ein leuchtendes Beispiel für zärtliche Liebe war die Gräfin Sforza gewiss nicht, aber ihre Erwähnung in einer Kulturgeschichte der Liebe scheint mir dennoch gerechtfertigt. Denn Caterinas Lebensgeschichte und ihre Männerbeziehungen werfen ein Schlaglicht auf die überwiegend skandalösen Verhältnisse in weiten Teilen des Hochadels während der Renaissancezeit.

Der Florentiner Goldschmied, Maler und Bildhauer Lorenzo di Credi hat um 1481/83 ein Ölgemälde mit dem Porträt der ungewöhnlich reizvollen, knapp zwanzigjährigen Caterina Sforza geschaffen.[297] Und auch noch ein weiteres Bild könnte die Gräfin Sforza zeigen: Einer neueren, durch die Historikerin Magdalena Soest plausibel begründeten Theorie nach stellt Leonardo da Vincis weltberühmtes Gemälde ›Mona Lisa‹ in Wirklichkeit ein Porträt Caterina Sforzas dar.[298] Freilich kursieren auch andere Hypothesen. Mindestens sechs prominente Renaissance-Frauen kommen als reales Vorbild für die Mona Lisa in Betracht.

Was nun wissen wir über Caterina Sforza?[299] Sie wuchs zusammen mit ihren Geschwistern im herzoglichen Palast zu Mailand auf. Erzogen wurde sie von ihrer Großmutter Bianca Maria Visconti, später von Bona von Savoyen, der zweiten Ehefrau ihres Vaters Galeazzo Sforza. Auf Betreiben des machtbewussten, einen ausschweifenden Lebensstil pflegenden Papstes Sixtus IV. wurde die erst neunjährige Caterina mit Girolamo Riario, einem Neffen (oder auch Sohn) des Papstes, verlobt. Nach ihrer Verehelichung mit Riario im Jahre 1477 zog die Vierzehnjährige mit ihrem Gatten nach Rom. Dort übertrug Sixtus IV. seinem Neffen Girolamo Riario im Jahre 1480 die Herrschaft über Forlì in Oberitalien.

Durch verbrecherische Aktionen – die ihm seine Ehefrau Caterina später anlastete – brachte es Riario zu einem riesigen Vermögen. Er hatte aber nicht lange zu leben. 1488 wurde er von Verschwörern umgebracht. Caterina aber konnte entfliehen und rettete sich in die Zitadelle von Forlì, bei deren erfolgreicher Verteidigung sie selbst mitgekämpft haben soll. Sie rächte sich blutig an ihren Feinden und richtete ihre Machtposition wieder auf.

Die 25-jährige Witwe war eine schöne Frau und legte großen Wert auf ihre äußere Erscheinung. Sie hatte mehrere Liebhaber, darunter den in Forlì geborenen Giacomo Feo, mit dem sie ein Kind bekam und den sie später heiratete. Feo erwies sich als grausamer Herrscher und wurde 1495 vor Caterinas Augen getötet. Die ›Tigerin‹ ließ daraufhin alle Verschwörer samt Frauen und Kindern ermorden.

Zwei Jahre später heiratete sie Giovanni de' Medici, den charmanten, gutaussehenden Florentiner Botschafter beim neuen Papst Alexander VI. Der erst dreißigjährige Giovanni starb schon 1498, also ein Jahr nach der Hochzeit mit Caterina Sforza. Wenig später kam es zu einem schweren Konflikt mit der Familie Borgia: Dem Papst verweigerte Caterina die Zustimmung zu einer Verbindung ihres Sohnes Ottaviano mit Lucrezia Borgia, der Tochter des Papstes, woraufhin Alexander VI. ihr die Herrschaft über Imola und Forlì wegnahm, um diese Länder seinem Sohn Cesare Borgia zu Lehen zu geben.

In einem Krieg gegen den verrufenen, oft skrupellosen Kirchenfürsten und Feldherrn Cesare (der schon im Alter von siebzehn Jahren von seinem Vater zum Kardinal erhoben wurde) brachte Caterina ihre Kinder in Sicherheit und schlug die Angriffe Cesares wiederholt zurück. Zuletzt, als die Situation unhaltbar wurde, gab sie den Abwehrkampf auf. Ein Jahr lang wurde sie in der Engelsburg in Rom festgehalten. Nach ihrer Befreiung durch einen hohen französischen Offizier fand sie 1501 in Florenz vor der erneuten Verfolgung durch die Borgias Zuflucht. Sie starb 1509, mit 46 Jahren, an einer Lungenentzündung.

Ich frage mich sehr: Was ist von Caterina, der starken Renaissance-Frau, nun wirklich zu halten? Offene Fragen bleiben durchaus. Wie stark war Caterina Sforza tatsächlich? Hatte sie Macht auch über sich selbst? Oder ging die Leidenschaft mit ihr durch? Gab es im Leben der ›Tigerin‹ eine Weiterentwicklung – in Richtung Menschlichkeit und Güte? Hat sie ihre Gewalttaten jemals bereut? Mit welcher Einstellung ist sie gestorben? Da gibt es noch viele Rätsel.

Ob die kaltblütig-betörende Caterina Sforza wenigstens für *einen* ihrer Männer echte Zuneigung bewies? War sie nur sexy und ›cool‹? Oder war sie beziehungsfähig? Gab es Menschen, die sie wirklich geliebt hat und von denen sie geliebt wurde? Wir können es nur hoffen, für eine abschließende Bewertung reicht unser Wissen nicht aus.

7. Pietro Bembo und Lucrezia Borgia

Natürlich war auch die Renaissancezeit nicht arm an echten Gefühlen, an wahrlich ergreifenden, den Himmel berührenden Liebesbeziehungen. Der italienische Humanist, Philologe und Literaturkenner Pietro Bembo (1470 - 1547) zum Beispiel, der seit 1513 Sekretär Papst Leos X. war, im Jahre 1539 von Papst Paul III. zum Kardinal erhoben wurde und mit reformfreundlichen Diplomaten wie Kardinal Gasparo Contarini in Verbindung stand, verfasste nicht nur einen - der Fürstin Lucrezia Borgia gewidmeten - Dialog über die platonische Liebe (›Gli Asolani‹, 1505). Er schrieb an dieselbe Lucrezia Borgia auch sehr erotische, ebenso flammende wie zart fühlende Liebesbriefe.

Die hübsche, überaus lebensfreudige Lucrezia (1480 - 1519) war, wie schon erwähnt, die Tochter des mächtigen Renaissancefürsten Rodrigo Borgia, des späteren Papstes Alexander VI., der den Stuhl Petri von 1492 bis 1503 besetzte. Lucrezias Mutter war Venozza de' Cattanei, die langjährige Lebensgefährtin Rodrigo Borgias - der vor und nach dem Antritt seines Pontifikates mit mehreren Mätressen eine intime Beziehung unterhielt. In Giulia Farnese, der Schwester des späteren Papstes Paul III., hatte Alexander VI. noch als Siebzigjähriger eine sehr attraktive, über vierzig Jahre jüngere Geliebte.

Der geistvolle, im krassen Gegensatz zu Alexander VI. und dessen Nachfolgern hoch gebildete Pietro Bembo und Lucrezia Borgia (die in dritter Ehe mit dem Herzog Alfonso d' Este verheiratet war) kannten sich seit 1502 und hatten vermutlich, trotz der äußeren Hindernisse, ein Liebesverhältnis. Den glänzenden Latinisten Pietro Bembo, der 1501 die Gedichte-Sammlung ›Canzoniere‹ von Francesco Petrarca und 1502 die ›Divina Commedia‹ von Dante Alighieri herausgegeben hatte, verbanden mit Lucrezia Borgia sehr tiefe und zweifellos echte Gefühle. Bembos Brief vom 10. Februar 1505 an Lucrezia enthält bewegende Liebesschwüre. Pietro schrieb unter anderem:

> Da Ihr mir versichert, Ihr wünschtet das Leben »nur, um es mir zu widmen«, so erkläre ich Euch, dass ich fortan nicht nur ebenfalls mein Leben einzig zu dem Zwecke verwenden will, Euch zu dienen, [...] sondern dass ich mich auch keinen Augenblick bedenken will, es Euch zuliebe aufs Spiel zu setzen und hinzuopfern. [...] Erinnert Euch bisweilen daran, dass ich an nichts anderes denke, nichts anderes vor Augen habe [...] als Euch [...]. Habt die Gewogenheit, das beifolgende Agnus Dei, das ich eine Zeitlang auf meiner Brust getragen habe, zuweilen des Nachts aus Liebe zu mir zu tragen, wenn Ihr es am Tage nicht tragen könnt, damit die teure Wohnstatt Eures herrlichen Herzens [...] wenigstens von dem Amulett, das lange Zeit auf der Wohnstatt des meinen geruht hat, berührt wird.[300]

Pietro Bembo suchte bei Lucrezia Borgia geistig-seelische Vertrautheit und, soweit möglich, auch körperliche Intimität. Da Lucrezia aber verheiratet war, konnten sie und Pietro kein Paar werden. Doch Pietros Liebesbezeugungen waren sicherlich ernst gemeint. Und Lucrezias Zuneigung wohl ebenso. Dass diese Frau – die jüngere Schwester des berüchtigten Fürsten, Kardinals und Feldherrn Cesare Borgia – tatsächlich den verdorbenen Charakter hatte, den ihr Victor Hugos Drama ›Lucrèce Borgia‹ (1833) sowie, etwas abgemildert, Donizettis Oper ›Lucrezia Borgia‹ (1833) im

Nachhinein zuschrieben, ist jedenfalls fraglich und nach dem heutigen Forschungsstand wohl eher zu bezweifeln.[301]

Dass Lucrezia ein ›böses Weib‹ war, wird man nicht sagen können. Zumindest ihre Verbindung mit Pietro Bembo war, dem Briefwechsel nach, von tiefer und zärtlicher Liebe bestimmt. Nicht bekannt freilich ist, welcher Art die Beziehung Pietro/Lucrezia in der letzten Lebensphase Lucrezias war. Vielleicht ließ die Leidenschaft nach. Vielleicht aber hoffte Bembo, mit seiner über Alles geliebten Lucrezia im Jenseits zusammengeführt und für immer vereint zu werden. Was ihn freilich nicht daran hinderte, eine andere, auf Erden lebbare Beziehung einzugehen: mit der jungen Faustina Morosina della Torre.

Auch später, nach seinem Eintritt in den Johanniterorden (Ende 1522), der das Gelübde der Keuschheit verlangte, hielt Pietro Bembo an seiner Paarbeziehung fest. Mit Faustina Morosina, die seit 1513 (also noch vor dem Tode Lucrezia Borgias) seine Geliebte war, lebte er auch weiterhin - ganz öffentlich - wie mit einer Ehefrau und hatte drei Kinder mit ihr.[302]

8. Weibliche Liebespoesie

Zum persönlichen und literarischen Umfeld des Kardinals Pietro Bembo gehörte die italienische Dichterin und Fürstin Veronica Gambara (1485 - 1550), die als junge Witwe nach dem Tod ihres 1518 verstorbenen Gatten Gilberto X. im Fürstentum Corregio (in der heutigen Provinz Emilia-Romagna) die Regierung selbst übernahm. Ihr Haus in Bologna war ein kulturelles Zentrum, ein Treffpunkt der größten Dichter, Künstler und Gelehrten ihrer Zeit. Mit

Pietro Bembo war sie innig befreundet, sie stand im regen Briefwechsel mit ihm.

Gambaras religiöse und politische Gedichte – meist Klagen über den Tod ihres Mannes – ahmen die Stilmittel Petrarcas und Bembos nach. Ihr 1547 verfasstes Gedicht ›Auf den Tod des Dichters Bembo‹ schließt mit den Versen:

(…) Vorbei sind Angst und schmerzliches Bemühn,
Da keinen Kummer mehr dein Herz umschließt.
Nein, selig schwebst du in des Himmels Auen,
Und dir zu Füßen siehst du goldne Sterne
Auf ihren vorgeschriebnen Bahnen kreisen.
Der Hirten Kräuteropfer kannst du schauen,
Dir dargebracht, hörst bitten sie von ferne:
Sei gnädig allen, die dich liebend preisen.[303]

Wie der geliebte Ehemann, so hat auch Pietro Bembo in den Augen der Dichterin die Seligkeit des Himmels erreicht (die in der ersten Gedichtstrophe in elysischen Bildern beschrieben wird). Ja, wie Gott, wie Christus oder ein Heiliger kann Pietro Bembo von den Irdischen angefleht werden um Erbarmen und Gnade!

In ähnlicher Form bekundet Veronica Gambara in ihrem Gedicht ›An Vittoria Colonna‹ den Glauben an die Ewigkeit als die wahre Erfüllung des menschlichen Sehnens nach Liebe. Emphatisch preist Gambara ihre verstorbene Dichterkollegin Colonna als »neue Göttin, anmutsvoll und weise«. Gambaras Lobgesang ›An Vittoria Colonna‹ endet mit dem Dreizeiler:

»Ihr allen Adels Zierde, ach, ich wollte,
es könnte so Euch preisen meine Leier,
wie Liebe und Verehrung Euch [im Himmel] umgeben.«

Die berühmte italienische Dichterin Vittoria Colonna (1492 – 1547) entstammte dem bedeutenden römischen Adelsgeschlecht der Colonna. Sie war eng befreundet mit Michelangelo Buonarroti und stand – wie auch Veronica Gambara – in Verbindung mit großen Dichtern und Künstlern der Epoche. Im Jahre 1509 heiratete sie Ferrante d' Avalos, den Marchese von Pescara, der im Dezember 1525 verstarb und den sie sehr betrauerte.

Wie Veronica Gambara schrieb auch Vittoria Colonna unter dem poetischen Einfluss Francesco Petrarcas. Ihre Lyrik bringt einerseits die Sehnsucht der Autorin nach *Gott* und andererseits ihre Sehnsucht nach dem verstorbenen *Gatten* zum Ausdruck. Die letzte Strophe ihres Gedichts ›Sehnsucht nach Gott‹ lautet so:

Ungeduldig reg' ich meine Flügel
Voll von innrer Liebe, daß ich selbst mich
Wie vergessend, nur bei Ihm, bei Ihm bin,
Ihn zu loben, Ihm zu danken.[304]

Nicht weniger groß freilich ist ihre Liebe zum toten Ehemann. In ihren Gedichten ›Auf den Tod des Gatten‹ heißt es:

Geliebter du, ja du bist meine Sonne,
Die mir des Frühlings blühend Wunder beut!
Des Geistes Balsam du, des Herzens Wonne,
Die strahlend jede Finsternis zerstreut!
Du, den ich ewig mir versprochen weiß,
Du, meiner Hoffnung immergrünes Reis!

Wir sehen: Die Sehnsucht nach *Gott* und nach dem geliebten *Mann*, ja die Hoffnung auf ein *ewiges* Leben mit Gott und zugleich mit dem irdischen Gatten, ist für Renaissance-Dichterinnen wie Veronica Gambara und Vittoria Colonna kein Widerspruch. Der innere Konflikt zwischen der mystischen Liebe zu Gott und der irdischen Liebe zum Partner, den wir bei mittelalterlichen Dichtern wie Dante oder Petrarca finden, wird in der Renaissance offensichtlich überwunden.

9. Ein Vorspiel für die Seligkeit

Speziell die Frauendichtung der Renaissance ist ein wichtiges Kapitel in der Literatur- und Kulturgeschichte Europas. Auch Autorinnen wie die französische Lyrikerin Louize Labé (um 1524 – 1566) oder die venezianische Dichterin und Kurtisane Gaspara Stampa (1523 – 1554) wären eine spezielle Besprechung wert. Gaspara Stampa, die in Venedig einen literarischen Salon gründete, hatte verschiedene Liebhaber. Sehr unglücklich verliebt war sie in den Grafen Collaltino di Collalto, der sie nach drei Jahren verließ. Als Dichterin war sie – ebenso wie Louize Labé – stark von der Liebeslyrik Francesco Petrarcas beeinflusst.

Im Blick auf die Partnerbeziehung der genannten Autorinnen möchte ich zusammenfassend herausstellen: Während sich Veronica Gambara und Vittoria Colonna nach der Wiedervereinigung mit dem *verstorbenen* Partner sehnten, geht es in den Sonetten Gaspara Stampas um die Sehnsucht nach dem *lebenden*, aber unerreichbaren Geliebten. Auch die Sonettdichtung Louize Labés kreist hauptsächlich um die eher unglückliche Liebe zu einem noch lebenden Mann.[305]

Im Ganzen bestätigen die Zeugnisse der Poesie und der bildenden Kunst: Renaissance-Menschen liebten die Erde und alles, was sie zu bieten hat. Sofern sie religiös waren, blieb ihr Verlangen nach erfülltem Leben und satter Glückseligkeit freilich nicht nur aufs Diesseits fixiert. Sie glaubten an Gott und verstanden auch das jenseitige Leben – die Fülle in der Herrlichkeit Gottes – als *leibhaftiges* Leben: in innigster Gemeinschaft mit den Menschen, die sie verehrten und liebten.

Zwar wirken Kunstwerke wie ›Die Geburt der Venus‹, ›Der Garten der Lüste‹, ›Die Erschaffung Adams‹ oder ›Der Jungbrunnen‹ in ihrer Sinnenfreude rein diesseitig. Aber wir dürfen nicht übersehen: In der großen, in der Renaissance weitergeführten Tradition der christlichen Antike und des Mittelalters wird das irdische Leben primär als Vorbereitungszeit für das ewige Leben verstanden. Folglich reicht in Dantes ›Divina Commedia‹, in Petrarcas ›Canzoniere‹ und im ›Ackermann‹ des Johannes von Tepl die Liebe des Mannes zur verstorbenen Geliebten oder Ehefrau über das diesseitige Leben hinaus. Auch in Boccaccios ›Il Decamerone‹ oder in Christine de Pizans ›Stadt der Frauen‹ wird die echte Liebe von Mann und Frau als Himmelsgeschenk betrachtet, das sich im Erdendasein keineswegs erschöpft.

Was in diesen Werken des Hoch- und Spätmittelalters freilich noch weitgehend fehlt, ist der Gedanke, die Freude am *Körper* und das erotische Spiel der *Sinne* könnten ihren Wert und ihre Bedeutung einerseits in sich selbst haben und zugleich ein beglückendes Vorspiel sein für die Seligkeit in der kommenden Welt. Umso auffälliger finden wir diese Idee eines leiblich-erotisch verstandenen ewigen Lebens in vielen Bildern und Schriften der Renaissancezeit – freilich nicht in den Lehrbüchern der Theologie, sondern in literarischen Texten am Rande der überlieferten Eschatologie.

Die auf Thomas von Aquin zurückgehende Vorherrschaft des Intellektualismus wird in solchen Texten gebrochen. Preisgegeben wird der mönchisch-asketische Vorbehalt gegenüber Eros und Sex: ein Vorbehalt, der schon in Teilen des Neuen Testaments begegnet (vgl. bes. 1 Kor 7), der aber – wie der Salzburger Theologe Gottfried Bachl bedauert – »nur eine sehr reduktive Beschreibung der Vollendung im Himmel«[306] zulässt. Während prüde Tendenzen in der mittelalterlichen Theologie die Freude am Auferstehungsglauben eher verringerten (wenn nicht sogar verhinderten), setzten Christen der Renaissance auf die produktive Entfaltung alles dessen, was schon jetzt in der Erdenzeit auf eine größere, himmlische, Zukunft hin anfängt.

10. Erotische Jenseitsbilder

Zu unterstreichen ist: Gerade in der Hochschätzung der Leiblichkeit, einschließlich der Eros-Liebe, sahen Christen der Renaissancezeit eine Konsequenz des kirchlichen Credo-Satzes, dass Gottes Wort Fleisch wurde. Im Renaissance-Himmel ist demnach, so Gottfried Bachl, »nicht weniger Welt, sondern mehr, nicht die Restbestände der Schöpfung feiern ihre Bewahrung, sondern ihre volle Potenz tritt heraus, übermäßig und reichlich«.[307]

Die »volle Potenz« des Lebens als endgültiges Geschenk des Himmels! In diese Richtung scheint sich – freilich fernab von der biblischen Offenbarung – der 1499 erschienene Roman ›Der Liebestraum des Polyphilus‹[308] zu entwickeln. Der Verfasser dieses sehr eigenartigen und literarisch einflussreichen Romans, Francesco Colonna, war Dominikanermönch. Erstaunlich unbefangen und ungewöhnlich freizügig schrieb Colonna über die erotische Liebe im Jenseits – mit ernüchterndem Ausgang allerdings. In Colonnas vielschichtiger Erzählung findet der Titelheld Polyphilus in einer imaginären Welt der Antike die sagenumwobene Liebesinsel Kythera – und dort, für einen Moment, den Einlass ins Paradies.

Der Held träumt von Polia, seiner Geliebten, die aber nicht zu fassen ist, die ihm ausweicht, aus seinem Blickfeld verschwindet. So macht er sich auf die Reise nach Kythera, zur jenseitigen Insel, um sich dort mit Polia zu vereinen. Unterwegs begegnet er zarten Nymphen und jungen Liebhabern, denen die Mädchen – in luxuriösen Bädern – bereitwillig »ihre ›nackten und vollen Brüste‹ reichen. Es dauert nicht lange, da macht Polyphilus in freudiger Erregung beim lockeren erotischen Vergnügen mit.«[309]

Sein weiterer Weg nach Kythera führt ihn zu erfrischenden Bächen, zu prächtigen Palästen und in paradiesische Gärten. Im späteren Traumgeschehen öffnet sich für den Helden die Türe zu Polia. Das Paar wird von Nymphen zu einem Tempel geleitet, wo sich die beiden ihre Liebe versprechen. Zuletzt werden sie von Cupido, dem Liebesgott, nach Kythera gebracht. Auf der Insel, die als kreisrunder Garten, als Symbol der göttlichen Vollkommenheit geschildert wird, möchte Polyphilus die Geliebte in seine Arme schließen. Doch – sie entschwebt wie ein Nebelhauch, und alles entpuppt sich als nichtiger Traum.

Andere Autoren der Renaissancezeit aber, der französische Dichter Pierre de Ronsard (1524 – 1585) zum Beispiel, ließen ihre Himmelsträume literarisch in Erfüllung gehen. Während Francesco Colonna das Verlangen nach jenseitiger Liebeserfüllung im Gewand eines zerplatzenden Traumes beschrieb, stellte Ronsard die Partnerliebe im Jenseits als reale Glückseligkeit dar: am schönsten in seiner Ode ›O pucelle plus tendre‹ (1550).

Der von den Zeitgenossen hoch geschätzte Lyriker Ronsard, der als Begründer der klassizistischen Dichtung in Frankreich gilt, ließ Mann und Frau den gemeinsamen Liebestod sterben – auf dass sie, sich umarmend und küssend, die Erfüllung in der anderen Welt finden sollten.[310] An die erotischen Jenseitsvorstellungen antiker Dichter wie Tibull oder Properz knüpften die Renaissance-Autoren Francesco Colonna und Pierre de Ronsard also in je unterschiedlicher Weise an.

11. ›Die Krönung der Seligen‹

Wie nicht anders zu erwarten, war das ›Hochzeitsfest‹ im Himmel ein Thema auch der bildenden Kunst. Wunderbar gestaltet hat die jenseitige Erotik der italienische Renaissance-Maler Luca Signorelli (ca. 1441 – 1523). In seinem für den Dom zu Orvieto geschaffenen Fresko ›Krönung der Seligen‹ wird – ähnlich wie später durch Michelangelo in der Sixtinischen Kapelle – die Schönheit des nackten menschlichen Körpers gewissermaßen zum Wahrzeichen des neu erstandenen Paradieses. Dass die Paarbeziehung von Mann und Frau dem Himmel nicht fremd sein muss, offenbart Signorellis Gemälde sehr plastisch.

Als ich vor Jahrzehnten zum ersten Mal den Dom in Orvieto besuchte, hatte mich vor allem Signorellis Wandfresko ›Die Verdammnis‹ berührt: speziell der geflügelte Satan, der eine nackte junge Frau, eine üppige Schönheit, auf seinem Rücken trägt – um sie mit hämischem Grinsen zur Hölle, zu den anderen Verdammten zu transportieren. Ein faszinierendes und wahrlich schelmisches Bild! Denn nebenbei gesagt ist das hübsche Gesicht der Ärmsten identisch mit dem Gesicht der Maria Magdalena und der beiden Madonnen, die Signorelli in früheren Jahren gemalt hatte. Man vermutete deshalb – wahrscheinlich zu Recht –, dass der Künstler seiner ehemaligen, ihm untreu gewordenen Geliebten ein rachsüchtiges Denkmal gesetzt hat.[311]

Doch mittlerweile interessiert mich noch mehr Signorellis Fresko ›Krönung der Seligen‹. Der deutsche Alttestamentler Bernhard Lang und die amerikanische Religionswissenschaftlerin Colleen McDannell haben dieses Bild in einer gemeinsam verfassten kulturgeschichtlichen Studie ausführlich beschrieben und kommentiert.[312] Das Kunstwerk zeigt selige Männer und selige Frauen mit schönen, ideal gestalteten Körpern. Dazu Lang/McDannell:

> Einige der Männer und Frauen sind geschürzt, die Mehrzahl ist jedoch völlig nackt. (…) Diese Körper sind nicht die verklärten leuchtenden Leiber, die Thomas von Aquin beschreibt. Vielmehr erinnern sie uns an den späten Augustinus, der von der ewigen Schönheit des himmlischen Leibes sprach und seine frühere Ablehnung von ›himmlischem Fleisch‹ nicht mehr aufrechterhielt. Die Seligen Signorellis stehen wie die Augustins in der Blüte ihrer Jugend und sind frei von allen Beeinträchtigungen, die das Alter mit sich bringt.

Irgendein Schamgefühl zwischen nackten Männern und nackten Frauen lässt Signorellis Gemälde nicht erkennen (wie es ja auch in den Paradieses-Darstellungen der bildenden Kunst, dem Schöpfungsbericht der Bibel entsprechend, keine Scheu zwischen Adam und Eva gibt). Denn für Luca Signorelli gehört der nackte Körper zur himmlischen Seligkeit, zum neu erstandenen Paradies.

Im Vordergrund des Freskos von Signorelli sind drei junge Paare zu sehen, die sich einander zuwenden. Bernhard Lang und Colleen McDannell erläutern in theologischer Kompetenz: »Wenn Gott das erste Paradies mit der

Partnerbeziehung ausgestattet hat, dann kann das erneuerte Paradies diese grundlegende Ausrichtung nicht ausschließen.«

Wie Lang und McDannell darüber hinaus erklären, werden durch die Kunst der Renaissance auch Freundschaften und Paarbeziehungen anerkannt, die von den Seligen selbst, zu irdischen Lebzeiten, initiiert wurden. Gott bestimmt jetzt – im Unterschied zur Auffassung vieler mittelalterlicher Theologen – »nicht mehr allein, wer neben wem einen Platz erhält«.

12. Die himmlische ›Nacktheit‹

Die geistliche Liebe zu Gott und die erotische Liebe zum menschlichen Partner war für das Empfinden der Renaissancezeit, auch im Blick auf die Ewigkeit, überhaupt kein Widerspruch:

In der Renaissance konnten sich Männer und Frauen darauf freuen, ihre Freunde und Partner im Paradies wiederzusehen, ohne ihre Rechtgläubigkeit aufs Spiel zu setzen. Petrarcas menschliche Herrin stünde zum göttlichen Herrn nicht mehr in Konkurrenz; er könnte in der ewigen Gegenwart beider leben. Daß Dante nach seinem Tod »zweifellos von den Armen seiner edlen Beatrice aufgenommen wurde« und »jetzt mit ihr im Angesicht dessen lebt, der sein höchstes Gut ist«, mußte nun nicht mehr als die kühne Bemerkung eines Außenseiters wie Boccaccio gelten. Die Gefilde der Seligen und das wiederhergestellte Paradies verschmolzen.[313]

Der hier zitierte Dichter und Humanist Giovanni Boccaccio, der – wie wir sahen – vor allem in der Novellen-Sammlung ›Il Decamerone‹ sehr sinnenfrohe Geschichten verfasste, hat auch eine Biographie über Dante Alighieri geschrieben. Dieser Biographie entstammt das obige Binnenzitat. Was ich mit diesem Hinweis bekunden will: Selbst die so keusche, fast unkörperliche Liebe zwischen Dante und Beatrice erhält in der Jenseitsauffassung Boccaccios – den man, ebenso wie den Dichter Petrarca, als Vorläufer der Renaissance bezeichnen könnte – einen sinnlich-erotischen Anstrich.

Die wachsende Öffnung für die sinnliche Seite des Himmels spiegelt sich, wie gesagt, besonders in der bildenden Kunst. Ganz wunderbar finde ich den ›Reigen der Seligen‹: einen um 1431 entstandenen Ausschnitt aus dem ›Jüngsten Gericht‹ von Fra Angelico (ca. 1395 – 1455).[314] Dieser Maler der Frührenaissance war ein kenntnisreicher Theologe des Dominikanerordens und zugleich ein berühmter Künstler, ein genialer Interpret von biblischen Szenen und christlichen Motiven. Fra Angelico – der von Papst Johannes Paul II. im Jahre 1982 selig gesprochen wurde – hat in das Himmelreich, mit seinem ›Reigen der Seligen‹, viel »Bewegung, Gefühl, Zuneigung und Menschlichkeit«[315] eingeführt. Ein *solcher* Himmel wird, wie ich meine, gewiss nie langweilig werden!

Fra Angelicos ›Reigen der Seligen‹ ist, typisch für die Kunst der Renaissance, in eine paradiesische Landschaft integriert. Während jedoch auf dem großartigen, in leuchtenden Farben gemalten Sakralwerk des Fra Angelico (mit dem Ordensnamen Fra Giovanni da Fiesole) die weiblichen und männlichen Himmelsbewohner in höchst anmutiger Zweisamkeit, beim angeregten Gespräch oder beim rhythmisch beschwingten Reigentanz mit den – eher weiblich wirkenden – Engeln noch vollständig bekleidet sind, überwiegt in späteren Werken der Renaissance die himmlische Nacktheit. In jedem Fall ist zu beachten: Die Auferstehung der Toten, das ewige Leben, die zwischenmenschliche Kommunikation im Himmel wurden in der Renaissance sehr konkret und sehr körperlich verstanden.

Eine mindestens ebenso große Sinnenfreude wie in Fra Angelicos ›Reigen der Seligen‹ oder in Signorellis ›Krönung der Seligen‹ können wir, wie oben erwähnt, in Michelangelos Auferstehungsfresko in der Sixtinischen Kapelle im Vatikan bestaunen. Dasselbe gilt, zum Teil noch deutlicher, für andere geistliche Kunstwerke der Renaissance, beispielsweise für die Darstellung des ›Aufstiegs der Seligen zum Paradies‹ durch Hans Memling, einen deutschen Maler der niederländischen Schule.

Dieses farbenprächtige Bild – der linke Flügel des Triptychons ›Das Jüngste Gericht‹ (1467 – 1471) in der Danziger Marienkirche[316] – zeigt weibliche und männliche Körper, schön geformt in wohlgestalteter Nacktheit, darunter auch Liebende, die sich traulich berühren. Sie alle werden vom Himmelspförtner Petrus empfangen und von Engeln in die Höhe geleitet – wo sie allerdings die Nacktheit verlieren und umhüllt werden mit prachtvollen Gewändern.

13. Ein theologischer Zwischenruf

Das künstlerische Motiv der Bekleidung von nackten, zur ewigen Seligkeit auferweckten Körpern mit auffällig schönen, hell leuchtenden Gewändern könnte auf die Bibel zurückgehen, auf Jesaia 61, 10 (»Denn er kleidet mich in Gewänder des Heils«) oder auf die Johannes-Apokalypse, wo es – mit Bezug auf die Märtyrer – heißt:

Als das fünfte Siegel geöffnet wurde, sah ich unter dem himmlischen Altar die stehen, die um des Wortes Gottes willen und wegen ihres

Zeugnisses ermordet worden waren. (...) Jeder von ihnen erhielt ein leuchtendes Gewand. (Offb 6, 9-11)[317]

Domínikos Theotokópoulos (1541 - 1614), der große Maler und Bildhauer der ausklingenden Renaissance, der wegen seiner griechischen Herkunft El Greco genannt wurde, hat diese Szene aus der Johannes-Apokalypse für einen Altar in der spanischen Erzbischofsstadt Toledo gemalt.[318] Obwohl es unvollendet blieb, gilt dieses Werk als »einzigartiges Zeugnis vom visionären Spätstil El Grecos«.[319] Das – fast surrealistisch anmutende – Gemälde zeigt sieben nackte Gestalten, Männer und Frauen, die sich ausstrecken wie lodernde Flammen, um »mit der Unsterblichkeit bekleidet« (1 Kor 15, 53) zu werden. Und sie empfangen farbig leuchtende Stoffe von kleinen Engeln, »die sich im Sturzflug nähern, so wie in den Himmelsbildern von Tizian und Tintoretto«.

El Grecos Darstellung wirkt sehr mystisch-geheimnisvoll, aber nicht übermäßig erotisch – zumal sich die Auferweckten, obwohl sie durchaus miteinander kommunizieren, doch viel eher nach oben, zur Vertikalen orientieren. Sie richten sich auf – den Gewändern und den weißen Flammen entgegen, die das Göttliche bzw. die Wiederkunft Christi am Ende der Zeit symbolisieren.

Umso sinnlicher, ja vielleicht noch erotischer als die Bilder Signorellis, Michelangelos oder Memlings wirkt die – um 1525 als Altarbild entstandene[320] – Himmelsdarstellung des niederländisch-französischen Malers Jehan Bellegambe. »Schon allein die große Zahl der nackten menschlichen Körper erinnert den Betrachter an das klassische Goldene Zeitalter oder die Inseln der Seligen.«[321] In Bellegambes Himmel, in seinem wiedererstandenen Paradies, sehen wir glückliche Menschen, Frauen und Männer, die ihre Liebesbeziehungen tanzend und spielend, völlig nackt und gänzlich unbeschwert miteinander genießen – schon deutlich über die Vorstellungen hinaus, wie sie Friedrich Schiller in seinem Frühwerksgedicht ›Elysium‹ illustriert hat.[322]

Was aber ist *theologisch* von einer solchen ins Jenseits projizierten Sinnlichkeit zu halten? Zunächst muss anerkannt und gewürdigt werden: Herausragende Dichter und bildende Künstler der Renaissance bekennen sehr ausdrucksstark – und dem Credo der christlichen Kirchen gemäß – den Glauben an die Auferstehung der Toten und an das ewige Leben. Freilich sind die Jenseitsbilder vieler Dichter und Maler der Renaissance sehr menschlich, oft allzu menschlich konzipiert.

Im Sinne der paulinischen Lehre (1 Kor 15, 35-54) und im Sinne der heutigen – katholischen wie evangelischen – Theologie müssen wir klarstellen: Die erhoffte ›Auferstehung des Leibes‹ meint nicht die Wiederherstellung des irdischen *Körpers*.[323] Nein, die ›Auferstehung der Toten‹ meint die personale Vollendung der jetzigen Lebensgeschichte. Sie meint ein neues, unvergängliches Leben in einem »himmlischen« (immateriellen?) »Leib«, dessen Beschaffenheit wir uns jetzt nur schwer – oder überhaupt nicht – vorstellen können.

Andererseits möchte ich zu bedenken geben: Die in der Renaissance sich durchsetzende Freude am menschlichen Körper – die dann auch die Jenseitsvorstellungen prägt – könnte in einem tieferen Sinne ja dennoch in die richtige Richtung weisen. Die leibliche Nacktheit in der Paarbeziehung steht ja ›realsymbolisch‹ für Intimität, für unbedingtes Vertrauen, für größtmögliche Nähe. Sofern das gemeinsame Nacktsein der wechselseitigen Partnerliebe entspringt, darf ich vor dem anderen so sein wie ich bin: unverhüllt, ohne Verkleidung, ohne jede Art von ›Schutzpanzerung‹.

Die große, den Leib und die Seele beflügelnde Sehnsucht, das körperliche Einssein als Ausdruck innigster Liebe, die Gipfelerlebnisse der Wärme und der Geborgenheit, die die ›nackte‹, die erotisch-sexuelle Geschlechterbeziehung schon auf Erden so schön machen – könnten sie nicht (wie ich an anderer Stelle erläutert habe)[324] auch jenseits des Todes als ›Energiefelder‹ erhalten bleiben? Könnten sie nicht im Himmelreich transformiert, von ihren irdischen Fesseln, ihren Engführungen befreit und zum vollkommenen Glück, zur bleibenden Schönheit, zum »Leben in Fülle« (Joh 10, 10) gebracht werden?

Anmerkungen

[1] Janne Teller: Nichts: Was im Leben wichtig ist. München 2010 (Erstausgabe 2000).

[2] Hermann Wohlgschaft: Die Sehnsucht des Menschen – eine Liebe, die nicht vergeht. Würzburg 2012; ders.: Für immer und ewig? Über Ehe, Zölibat und intime Freundschaften. Würzburg 2013.

[3] Johann Wolfgang von Goethe: Egmont (1788), 3. Aufzug.

[4] Vgl. Roland Kachler: Damit aus meiner Trauer Liebe wird. Stuttgart 2007.

[5] Vgl. Hermann Wohlgschaft: Erfülltes Leben. Was aber bleibt nach dem Tod? Würzburg 2011, passim.

[6] Christoph Wetzel: Symbole der Liebe. Darmstadt 2011, Klappentext.

[7] Ebd., S. 95; das folg. Zitat ebd.

[8] Vgl. Joey Horsley/Luise F. Pusch (Hg.): Berühmte Frauenpaare. Frankfurt a. M. 2005.

[9] Näheres in: Der Neue Pauly. Enzyklopädie der Antike. Hg. von H. Cancik u. H. Schneider. Bd. 5. Stuttgart/Weimar 1998, Sp. 703-707 (zur Homosexualität in der Antike); Der Neue Pauly Bd. 6, Sp. 468f. (zur Kindesaussetzung); Lexikon der alten Welt Bd. 1. Hg. von C. Andresen u.a. Zürich/München 1990, Sp. 999f. (zum Scheidungsrecht der Frau).

[10] Mehr bei Fritz Graf: Hera. In: Der Neue Pauly Bd. 5, wie Anm. 9, Sp. 357-360.

[11] Vgl. Gerhard Wehr: Heilige Hochzeit. Symbol und Erfahrung menschlicher Reifung. München 1997. – Die keltische Tradition kennt die Vereinigung des gehörnten Waldgottes oder des Sommerkönigs mit der dreigesichtigen Erdgöttin.

[12] Vgl. Gerhard Fink: Who's who in der antiken Mythologie. München 2007, Sp. 316.

[13] Zit. nach ebd.

[14] Die griechische Terrakotta-Gruppe befindet sich heute in den Staatlichen Antikensammlungen in München, das Tizian-Gemälde im Isabella Stewart Gardner Museum in Boston.

[15] Nach einer anderen Überlieferung stammt nur Pollux von Zeus.

[16] Johann Wolfgang von Goethe: Faust. Der Tragödie zweiter Teil. II. Akt, Szene ›Laboratorium‹; zit. nach Wetzel: Symbole der Liebe, wie Anm. 6, S. 39.

[17] Werner Kittstein in einem Brief vom 7.4.2013 an mich. – Die Episode findet sich im 14. Gesang und am Anfang des 15. Gesangs in Homers ›Ilias‹; vgl. Fink, wie Anm. 12, Sp. 127f.

[18] Vgl. Fink, wie Anm. 12, Sp. 315.

[19] Vgl. Karl Kerényi: Zeus und Hera. Urbild des Vaters, des Gatten und der Frau. Leiden 1972.

[20] Dazu ausführlich Wohlgschaft: Die Sehnsucht des Menschen, wie Anm. 2, S. 81-99; ders.: Für immer und ewig?, wie Anm. 2, S. 40.

[21] Lothar Kittstein in einem Brief vom 21.1.2014 an mich.

[22] Anicius Manlius Boethius: Trost der Philosophie. Hg. und übers. von E. Gegenschatz u. O. Gigon. München/Zürich 1990 (Tusculum-Ausgabe), S. 295 (Kommentar).

[23] Vgl. Patrick Süskind: Über Liebe und Tod. In: Tintenfass Nr. 29/2005, S. 9-51; Hans Jellouschek: Beziehung und Bezauberung. Freiburg 2010, S. 87-102; Gottfried Bachl: Spuren im Gesicht der Zeit. Ein wenig Eschatologie. Salzburg 2008, S. 20f. u. S. 48ff.; Paul Zulehner: Kirchenvisionen. Ostfildern 2012, S. 29-35.

[24] Homer: Odyssee. Griechisch und Deutsch. Nach der Übersetzung von J. H. Voss. Berlin/Darmstadt 1966, S. 4 (I 1).

[25] Vgl. Max Horkheimer/Theodor W. Adorno: Odysseus oder Mystik und Mythos. In: Dialektik und Aufklärung. Philosophische Fragmente. Frankfurt 1969 (2. Kapitel).

[26] Curt Hohoff: Besuch bei Kalypso. In: Süddeutsche Zeitung vom 6./7.7.1985; das folg. Zitat ebd.

[27] Homer: Odyssee, wie Anm. 24, S. 58 (IV 564f.).

[28] Werner Kittstein: Brief, wie Anm. 17.

[29] Vgl. Apollonios von Rhodos: Das Argonautenepos Bd. 1, V. 1063ff. Hg. u. übers. von R. Glei und S. Natzel-Glei. Darmstadt 1996.

[30] Heute im Museum antiker Kleinkunst in München; Abbildung des Innenbildes in: Erika Simon/Max u. Albert Hirmer: Die griechischen Vasen. München 1976, Tf. XLII.

[31] Zit. nach: Liebesleiden in der Antike. Die »Erotika Pathemata« des Parthenios. Hg. u. übersetzt von K. Brodersen. Darmstadt 2000, S. 83; das folg. Zitat ebd., S. 116.

[32] Rainer Nickel: Lexikon der antiken Literatur. Darmstadt 1999, S. 821f.

[33] Nach ebd., S. 737.

[34] Bernhard Lang/Colleen McDannell: Der Himmel. Eine Kulturgeschichte des ewigen Lebens. Frankfurt a.M. 1996, S. 489 (Anm. 27).

[35] Friedrich Schiller: An die Freude. In: Ders.: Werke in 12 Bänden. Hg. von G. Lachenmaier. Berlin/Leipzig o. J. Bd. 1, S. 63f.

[36] Friedrich Schiller: Elysium. In: Ders.: Werke, wie Anm. 35, S. 27.

[37] Vgl. Homer: Odyssee, wie Anm. 24, S. 58 (IV 564ff.); dazu: Der Neue Pauly, wie Anm. 9, Bd. 3. Stuttgart/Weimar 1997, Sp. 1004f.

[38] Anthologia Palatina 7, 260. In: Griechische Anthologie Bd. 2. Hg. von D. Ebener. Berlin 1991, S. 73.

[39] Werner Kittstein in einem Brief vom 4.2.2007 an mich.

[40] Properz – Tibull: Liebeselegien – Carmina. Hg. und übers. von G. Luck. Zürich/Düsseldorf 1996, S. 175 (Properz III, 11, 9-20).

[41] Nach Arnold Angenendt: Prostitution und Christentum. In: Christ in der Gegenwart. 66. Jg. 2014, S. 386. – Vgl. Sabine Grenz/Martin Lücke (Hg.): Verhandlungen im Zwielicht. Momente der Prostitution in Geschichte und Gegenwart. Bielefeld 2006; Udo Gerheim: Die Produktion des Freiers – Macht im Feld der Prostitution. Eine soziologische Studie. Bielefeld 2012.

[42] Vgl. Lexikon der alten Welt Bd. 1, wie Anm. 9, Sp. 999f.

[43] Zit. nach Catull: Gedichte. Lateinisch – deutsch. Hg. von W. Eisenhut. München 1993, S. 167.

[44] Zit. nach ebd., S. 67; das folg. Gedicht nach ebd., S. 13.

[45] Vgl. Hans Peter Syndicus: Catull. Eine Interpretation. 1. Teil: Einleitung. Die kleinen Gedichte (1-60). Darmstadt 1994, S. 17-33; speziell zu Carmen 5 vgl. ebd., S. 92-96.

[46] Vergil: Aeneis VI, 642ff.; zit. nach Lang/McDannell, wie Anm. 34, S. 35f.

[47] Vgl. Albrecht Dieterich: Nekyia. Beiträge zur Erklärung der neuentdeckten Petrusapokalypse. Leipzig 1893, S. 93.

[48] Vergil: Aeneis VI, 440-476; die folg. Zitate nach ebd. (Ausgabe: Die Aeneis. Verdeutscht von Th. von Scheffer. Limburg a.d. Lahn 1943).

[49] Vgl. Ovid: Amores III 9, 59-62.

[50] Katharina Volk: Ovid. Dichter des Exils. Aus dem Englischen von D. Prankel. Darmstadt 2012, S. 34.

[51] Ebd., S. 135; zum Folg. vgl. ebd., S.135-155.

[52] Publius Ovidius Naso: Liebesgedichte. Lateinisch und deutsch. Hg. von W. Marg und R. Harder. Darmstadt 1992, S. 17ff. (Amores I 5).

[53] Amores III 7, 25f.; zit. nach Ovid: Liebesgedichte, wie Anm. 52, S. 131.

[54] Publius Ovidius Naso: Liebeskunst. Lateinisch-deutsch. Hg. u. übersetzt von N. Holzberg. München/Zürich 1991, S. 169 (Ars Amatoria III 773ff.); die folg. Verse ebd., S. 169f.

[55] Volk, wie Anm. 50, S. 102.

[56] Vgl. ebd. S. 42-47.

[57] Nach Publius Ovidius Naso: Metamorphosen I, V. 545-556.

[58] Zit. nach Volk, wie Anm. 50, S. 145.

[59] Chariton: Chaireas und Kallirhoe. Hg. u. übers. von C. Meckelnborg u. K.-H. Schäfer. Darmstadt 2006, S. 251.

[60] Vgl. Albius Tibullus: Elegien I 3, 57-66; dazu Lang/McDannell, wie Anm. 34, S. 172f.

[61] Heute in der Alten Pinakothek in München.

[62] Zit. nach: Properz – Tibull, wie Anm. 40, S. 255.

[63] Lucius Apuleius: Metamorphosen IV, 28 – VI, 24; lat./dt., übersetzt von K. Steinmann. Stuttgart 1978; hier zit. nach Wetzel: Symbole der Liebe, wie Anm. 6, S. 74; die folg. Apuleius-Zitate nach ebd., S. 76.

[64] Werner Kittstein: Brief, wie Anm. 17.

[65] Wetzel: Symbole der Liebe, wie Anm. 6, S. 74; das folg. Zitat ebd., S. 72.

[66] Angelika Kauffmann »Eine Dichterin mit dem Pinsel«. Hg. von B. Baumgärtel. Stuttgart 1999, S. 374; das Bild ›Amor und Psyche‹ findet sich ebd., S. 375. – Der Kommentar zu diesem Bild enthält eine Reihe von Informationen zum historischen Hintergrund für die häufigen Gestaltungen des Motivs ›Amor und Psyche‹ im 18. Jhdt.

[67] Vgl. Der Neue Pauly, wie Anm. 9, Bd. 1. Stuttgart/Weimar 1996, Sp. 499.

[68] Seitenangaben in ( ) beziehen sich auf den lateinisch-deutschen Abdruck des Fragments in: Die römische Literatur in Text und Darstellung. Bd. 5: Kaiserzeit II. Von Tertullian bis Boethius. Hg. von H. A. Gärtner. Stuttgart 1988, S. 172-179.

[69] Vgl. unten Kap. III.8.

[70] Goethe: Faust II, wie Anm. 16, V. Akt.

[71] Musaios Grammatikos: Hero und Leander, V. 342f.; übers. von H. Färber (Tusculum Bücherei, München 1961).

[72] Ausgenommen das 2. Makkabäerbuch, das im 1. Jhdt. v. Chr. in griechischer Sprache verfasst wurde.

[73] Vgl. Eugen Drewermann/Ingritt Neuhaus: Voller Erbarmen rettet er uns. Die Tobit-Legende tiefenpsychologisch gedeutet. Freiburg 1990.

[74] Vgl. Hans-Otto Mühleisen/Hans Pörnbacher/Karl Pörnbacher (Hg.): Der heilige Josef. Theologie, Kunst, Volksfrömmigkeit. Lindenberg 2008.

[75] Vgl. Jan Assmann: Die Zeugung des Sohnes. In: Ders.: Ägyptische Geheimnisse. Paderborn 2004; dazu oben Kap. I.2.

[76] Vgl. z.B. Karl Rahner: Virginitas in partu. Ein Beitrag zum Problem der Dogmenentwicklung und Überlieferung. In: Ders.: Schriften zur Theologie IV. Einsiedeln/Zürich/Köln 1964, S. 173-205; Rudolf Kilian u.a.: Zum Thema Jungfrauengeburt. Stuttgart 1970.

[77] Vgl. Uwe-Karsten Plisch: Was nicht in der Bibel steht. Apokryphe Schriften des frühen Christentums. Stuttgart 2006.

[78] Nach Josef Neuner/Heinrich Roos (Hg.): Der Glaube der Kirche in den Urkunden der Lehrverkündigung. Neu bearbeitet von Karl Rahner und Harl-Heinz Weger. Regensburg 1971, Nr. 470.

[79] Von Anakin Skywalker behauptet seine Mutter, er habe unerklärlicherweise keinen Vater und sei nur von ihr ausgetragen worden. Es wird vermutet, er sei von der »Macht« empfangen worden. Mit dieser »Macht« könnte irgendwie Gott gemeint sein.

[80] Vgl. z.B. Paul Michael Zulehner: Ungehaltene Hirtenreden. Freiburg 1988, S. 97-101.

[81] Willigis Jäger in: Anselm Grün/Willigis Jäger: Das Geheimnis jenseits aller Wege. Was uns eint, was uns trennt. Hg. von W. Nonhoff. Münsterschwarzach 2013, S. 44.

[82] Dieses Krippenmotiv im Kloster Roggenburg wurde von Johann Hermann, Landsberg a. L., arrangiert.

[83] Vgl. Band 3 Kap. XXIII.3.

[84] Dazu ausführlich: Wohlgschaft: Erfülltes Leben, wie Anm. 5, S. 88-92.

[85] Dazu ausführlich: Wohlgschaft: Für immer und ewig?, wie Anm. 2, S. 110-120.

[86] Gerd Häfner: Ehelosigkeit »um des Himmelreiches willen« – der neutestamentliche Befund. In: Erich Garhammer (Hg.): Zölibat zwischen Charisma und Zwang. Würzburg 2011, S. 32.

[87] Hubertus Lutterbach: Der Pflichtzölibat. Mittelalterliche Religiosität in der Moderne? In: Garhammer (Hg.), wie Anm. 86, S. 36f. - Die Binnenzitate entstammen anderen Publikationen des Autors Lutterbach.

[88] Dazu Wohlgschaft: Für immer und ewig?, wie Anm. 2, S. 47f.

[89] Gabriel Marcel: Geheimnis des Seins. Wien 1952, S. 472

[90] Augustinus: Predigt 80, 7. Wiedergegeben in: Patrologia Latina Bd. 38. Hg. von Jacques-Paul Migne. Paris 1841, Sp. 497.

[91] Vgl. Lang/McDannell, wie Anm. 34, S. 100, mit Bezug auf Augustinus: Der Gottesstaat XX, 9. In: Patrologia Latina, wie Anm. 90, Bd. 41, Sp. 672-675.

[92] Zit. nach: Bibliothek der Kirchenväter Bd. 34: Des heiligen Kirchenvaters Caecilius Cyprianus sämtl. Schriften Bd. 1. Aus dem Lateinischen von J. Baer. Kempten/München 1918, S. 253.

[93] Vgl. Bibliothek der Kirchenväter Bd. 32: Des heiligen Kirchenvaters Ambrosius von Mailand ausgew. Schriften Bd. 3. Kempten/München 1917, S. 413f.

[94] Augustinus: Vom Gottesstaat. Vollständige Ausgabe. Aus dem Lateinischen übertragen von W. Thimme. Eingeleitet u. kommentiert von C. Andresen. München 2007, S. 791 (Buch XXII, Kap. 17); die folg. Zitate ebd.

[95] Vgl. unten Kap. VIII.4-5.

[96] Vgl. z.B. Irenäus von Lyon: Fragment Nr. 32; Quintus Tertullianus: De Cultu Feminorum, I. Buch, Kap. 1; Sophronius Eusebius Hieronymus: Brief an Pammachius; Augustinus: Über die Sinnlichkeit, I. Buch, Kap. 10. - Mehr dazu z.B. bei Georg Denzler: Die verbotene Lust. 2000 Jahre christliche Sexualmoral. München 1988, bes. S. 267-270.

[97] Zit. nach Alfons Heilmann/Heinrich Kraft (Hg.): Texte der Kirchenväter. Bd. III. München 1964, S. 614; vgl. Denzler, wie Anm. 96, S. 267.

[98] Dazu, sehr ausgewogen, Sabine Föllinger: Differenz und Gleichheit: Das Geschlechterverhältnis in der Sicht griechischer Philosophen des 4. bis 1. Jahrhunderts v. Chr. Stuttgart 1996, S. 118-226, bes. S. 137f.

[99] Vgl. z.B. Eberhard Schockenhoff: Chancen zur Versöhnung? Die Kirche und die wiederverheirateten Geschiedenen. Freiburg 2012, S. 144-151.

[100] Augustinus: Vom Gottesstaat, wie Anm. 94, S. 792.

[101] Vgl. die theologische Nachbemerkung in Band 3.

[102] Hannah Arendt: Der Liebesbegriff bei Augustin. Berlin 1929. – Vgl. Gott ist die Liebe. Die Predigten des hl. Augustinus über den 1. Johannesbrief. Freiburg 1954.

[103] Jostein Gaarder: Das Leben ist kurz. Vita brevis. München 2005.

[104] Hermann Endrös: Einführung. In: Augustinus: Bekenntnisse. München 1963, S. 11.

[105] Waltraud Wiethölter: Zur Deutung. In: Johann Wolfgang Goethe: Sämtliche Werke Bd. 8: Die Leiden des jungen Werthers u.a. In Zusammenarbeit mit Chr. Brecht hg. von W. Wiethölter. Frankfurt a.M 1994, S. 954.

[106] Augustinus: Bekenntnisse, wie Anm. 104, S. 195; die folg. Zitate ebd., S. 195-203.

[107] Hervorhebung von mir.

[108] Wiethölter, wie Anm. 105.

[109] Tilmann Moser: Ein schwieriger Patient. An meinen Feind Augustinus. In: Ders.: Von der Gottesvergiftung zu einem erträglichen Gott. Psychoanalytische Überlegungen zur Religion. Stuttgart 2003, S. 152-176.

[110] Vgl. Wilfried Hartmann: Karl der Große. Stuttgart 2010; Stefan Weinfurter: Karl der Große. Der heilige Barbar. München u.a. 2013; Johann Fried: Karl der Große. Gewalt und Glaube. Eine Biographie. München 2014.

[111] David Fraesdorff: Herrscher des Mittelalters. Von Karl dem Großen bis Isabella von Kastilien. Hildesheim 2008, S. 9f.; das folg. Zitat ebd., S. 10.

[112] Vgl. Michael Richter: Karl der Große und seine Ehefrauen. Zu einigen dunkleren Seiten Karls des Großen anhand von Quellen des ausgehenden 8. und beginnenden 9. Jahrhunderts. In: Franz-Reiner Erkens (Hg.): Karl der Große und das Erbe der Kulturen. Berlin 2001, S. 17-24.

[113] Fraesdorff, wie Anm. 111, S. 12.

[114] Monika van Koolwijk: Königin des Herzens und der Politik. In: Eigenwillig und couragiert. Wegweisende Frauen in Ulm und Neu-Ulm. Ulm 2009, S. 116.

[115] Ebd., S. 117.

[116] Vgl. z.B. Franz Josef Vonbun: Die Sagen Vorarlbergs. Mit Beiträgen aus Liechtenstein. Wien 1858, S. 171.- In verschiedenen Sagenbüchern, vor allem in den ›Deutschen Sagen‹ der Gebr. Grimm, wird diese Legende variiert und ausgeschmückt.

[117] Nach Klaus Schreiner: »Hildegardis regina«. Wirklichkeit und Legende einer karolingischen Herrscherin. In: Archiv für Kulturgeschichte. Hg. von K. Acham u.a. Nr. 57/1975, S. 10.

[118] Vgl. Fraesdorff, wie Anm. 111, S. 38-41.

[119] Mehr bei Helmut Beumann: Die Ottonen. Stuttgart 2000; Johannes Laudage: Otto der Große. Eine Biographie. Regensburg 2001.

[120] Fraesdorff, wie Anm. 111, S. 33.

[121] Monika von Koolwijk: Glanz und Elend einer Kaiserin. In: Eigenwillig und couragiert, wie Anm. 114, S. 115.

[122] Fraesdorff, wie Anm. 111, S. 37.

[123] Koolwijk: Glanz und Elend, wie Anm. 121, S. 115.

[124] Ebd.

[125] Fraesdorff, wie Anm. 111, S. 40.

[126] Vgl. Gerard Oesterle: Heiligsprechung. In: Lexikon für Theologie und Kirche Bd. V. Hg. von J. Höfer und K. Rahner. Freiburg 1960, Sp. 143.

[127] Wiedergegeben nach: Gotteslob. Katholisches Gebet- und Gesangbuch. Hg. von den Bischöfen Deutschlands und Österreichs u. den Bistümern Bozen-Brixen u. Lüttich. Stuttgart 2013, Nr. 666.

[128] Der Text steht im Gotteslob, wie Anm. 127, Nr. 566.

[129] Vgl. Leonardo Boff: Das mütterliche Antlitz Gottes. Ein interdisziplinärer Versuch über das Weibliche und seine religiöse Bedeutung. Düsseldorf 1985.

[130] Vgl. z.B. Wolfgang Beinert u.a.: Maria – eine ökumenische Herausforderung. Regensburg 1984; Christa Mulack: Maria. Die geheime Göttin im Christentum. Stuttgart 1986; Klaus Schreiner: Maria. Leben, Legenden, Symbole. München 2003.

[131] Vgl. Wohlgschaft: Die Sehnsucht des Menschen, wie Anm. 2, S. 138. – Zum Folg. vgl. Abaelard. Der Briefwechsel mit Heloisa. Übersetzt und mit einem Anhang hg. von H.-W. Krautz. Stuttgart 2001.

[132] Zit. nach Elke Pahud de Mortanges: Unheilige Paare? Liebesgeschichten, die keine sein durften. München 2011, S. 19f.

[133] Vgl. Krautz: Nachwort, wie Anm. 131, S. 392f.; Wohlgschaft: Für immer und ewig?, wie Anm. 2, S. 25ff.

[134] Zit. nach Pahud de Mortanges, wie Anm. 132, S. 23.

[135] Tomas Espedal: Wider die Natur. Aus dem Norwegischen von H. Schmidt-Henkel. Berlin 2014, S. 134f.; das folg. Zitat ebd., S. 135.

[136] Zit. nach Pahud de Mortanges, wie Anm. 132, S. 26.

[137] Pierre Abaelard in seinem »Trostbrief an seinen Freund«; zit. nach Krautz: Nachwort, wie Anm. 131, S. 17 u. 391.

[138] Sabine Anders/Katharina Maier (Hg.): Liebesbriefe großer Frauen. Wiesbaden 2011, S. 12.

[139] Nach Krautz: Nachwort, wie Anm. 131, S. 378.

[140] Vgl. Arthur M. Landgraf: Abaelard. In: Lexikon für Theologie und Kirche Bd. I, wie Anm. 126, Freiburg 1957, Sp. 5f.

[141] Pahud de Mortanges, wie Anm. 132, S. 27.

[142] Zit. nach Anders/Maier: Liebesbriefe großer Frauen, wie Anm. 138, S. 14; nach ebd., S. 14ff., auch die folg. Zitate.

[143] Zit. nach Abaelard, wie Anm. 131, S. 114f.

[144] Im Wortlaut wiedergegeben bei Krautz: Anhang, wie Anm. 131, S. 357.

[145] Pahud de Mortanges, wie Anm. 132, S. 35.

[146] Wolfgang Beinert: Die Geschichte des Himmels. In: Klaus Berger u. a.: Bilder des Himmels. Die Geschichte des Jenseits von der Bibel bis zur Gegenwart. Freiburg 2006, S. 99.

[147] Lang/McDannell, wie Anm. 34, S. 135; das folg. Zitat ebd., S. 135f.

[148] Andreas Capellanus: De Amore – Über die Liebe. Lateinisch-deutsche Textausgabe. Mainz 2003, S. 103f.

[149] Hartmann von Aue: Der arme Heinrich. Mittelhochdeutsch/Neuhochdeutsch. Hg. von U. Rautenberg. Stuttgart 2005, S. 90f.

[150] Hartmann von Aue: Erec, Verse 10124-10129.

[151] Dick Harrison: Verräter, Hure, Gralshüter. Düsseldorf 2007, S. 271.

[152] Ebd., S. 280.

[153] Vgl. Dieter Kühn: Der Parzival des Wolfram von Eschenbach. Frankfurt a.M. 1997.

[154] Peter Handke: Das Spiel vom Fragen oder Die Reise zum Sonoren Land. Frankfurt a. M. 1989; Adolf Muschg: Der Rote Ritter. Eine Geschichte von Parzival. Frankfurt a.M. 2002.

[155] Harrison, wie Anm. 151, S. 278; das folg. Zitat ebd.

[156] Vgl. Wetzel: Symbole der Liebe, wie Anm. 6, S. 47.

[157] Claudia Händl: Burkhard von Hohenfels. In: Deutsche Autoren. Vom Mittelalter bis zur Gegenwart. Bd. 1. Hg. von Walther Killy. Gütersloh/München 1994, S. 309.

[158] Horst Brunner: Neidhart. In: Deutsche Autoren Bd. 4, wie Anm. 157, S. 163f.

[159] Gerhard Hahn: Walther von der Vogelweide. In: Deutsche Autoren Bd. 5, wie Anm. 157, S. 270; vgl. Thomas Bein: Walther von der Vogelweide. Stuttgart 1997.

[160] dtv-Lexikon. Ein Konversationslexikon in 20 Bänden. Bd. 8. München 1976, S. 9.

[161] Zit. nach Heike Sievert: Walther von der Vogelweide: Under der linden. In: Gedichte und Interpretationen. Mittelalter. Stuttgart 1993, S. 129f.; die folg. Strophen nach ebd.

[162] Ebd., S. 132.

[163] Ebd., S. 133.

[164] Ebd., S. 136; das folg. Zitat ebd., S. 140.

[165] Hahn, wie Anm. 159, S. 271.

[166] Nach Otto Hermann Pesch: Was heißt Ehe als Sakrament? In: Christ in der Gegenwart. 66. Jg. 2014, S. 449.

[167] Christian Kiening: Wolfram von Eschenbach. In: Deutsche Autoren Bd. 5, wie Anm. 157, S. 374.- Vgl. Joachim Bumke: Wolfram von Eschenbach. Stuttgart 2004.

[168] dtv-Lexikon Bd. 8, wie Anm. 160, S. 186.

[169] Kiening, wie Anm. 167, S. 375.

[170] Zitiert wird nach Jürgen Kühnel: Wolfram von Eschenbach: Sîne klâwen. In: Gedichte und Interpretationen, wie Anm. 161, S. 145f.

[171] Ebd., S. 159.

[172] Nach: Tagelieder des deutschen Mittelalters. Ausgewählt, übersetzt u. kommentiert von Martina Backes. Stuttgart 1992, S. 95.

[173] Kühnel, wie Anm. 170, S. 160.

[174] Vgl. ebd., S. 153.

[175] Kiening, wie Anm. 167, S. 375.

[176] Hinweis bei Backes, wie Anm. 172, S. 245.

[177] Vgl. Christoph Huber: Gottfried von Straßburg. In: Deutsche Autoren Bd. 2, wie Anm. 157, S. 215f.

[178] Tristan und Isolde. Nach Gottfried von Straßburg neu erzählt von Günter de Bruyn. Berlin 1989, S. 132.

[179] Ebd., S. 133f. (Nachwort von de Bruyn).

[180] Wunibald Müller: Sich verlieben. Mainz 2001, S. 125.

[181] Günter Ott: Der Schlüssel zum Liebesglück. In: Augsburger Allgemeine Nr. 21 (27.1.2015), S. 15.

[182] Vgl. Deutsche Dichtung des Mittelalters Bd. I. Von den Anfängen bis zum hohen Mittelalter. Hg. von M. Curschmann und I. Glier. München 1980, S. 784 (Kommentar); Deutsche Lyrik des frühen und hohen Mittelalters. Ed. der Texte und Kommentare von I. Kasten. Frankfurt a. M. 1995, S. 576.

[183]Deutsche Gedichte des Mittelalters. Mittelhochdeutsch/Neuhochdeutsch. Ausgewählt, übersetzt und erläutert von U. Müller in Zusammenarbeit mit G. Weiss. Stuttgart 1993, S. 489.

[184] Vgl. Dietmar Rieger (Hg.): Mittelalterliche Lyrik Frankreichs I: Lieder der Trobadors. Provenzalisch/Deutsch. Stuttgart 1980, S. 180-187.

[185] Vgl. ebd., S. 176-180.

[186] Zit. nach Ulrich Kittstein (Hg.): »An Aphrodite«. Gedichte von Frauen von Sappho bis Sarah Kirsch. Darmstadt 2012, S. 44f.

[187] Vgl. z.B. Otfrid-Reinald Ehrismann: Das Nibelungenlied. München 2005.

[188] Jan-Dirk Müller: Das Nibelungenlied. In: Interpretationen. Mittelhochdeutsche Romane und Heldenepen. Hg. von H. Brunner. Stuttgart 1993, S. 151.

[189] Vgl. ebd., S. 12f. u. 48f.

[190] Vgl. Wolfgang Ullrich: Uta von Naumburg. Eine deutsche Ikone. Berlin 2005.

[191] Vgl. Pahud de Mortanges, wie Anm. 132, S. 41.

[192] Vgl. Wohlgschaft: Für immer und ewig?, wie Anm. 2, S. 106f.

[193] Ilse Schulz: Verwehte Spuren. Frauen in der Stadtgeschichte. Ulm 2005, S. 15; Hervorhebung von mir.

[194] Ebd. – Vgl. Herbert Grundmann. Religiöse Bewegungen im Mittelalter. Darmstadt 1961, S. 14f.

[195] Brigitte Nguyen-Duong: Selbstständige und fürsorgliche Frauen. In: Eigenwillig und couragiert, wie Anm. 114, S. 42.

[196] Amalie Fößel/Anette Hettinger: Klosterfrauen, Beginen, Ketzerinnen. Religiöse Lebensformen von Frauen im Mittelalter. Idstein 2000, S. 47.

[197] Ebd., S. 52.

[198] Nach Gertrud Hofmann/Werner Krebber: Die Beginen. Geschichte und Gegenwart. Kevelaer 2008, S. 77-84; vgl. auch Martina Wehrli-Johns/Claudia Opitz: Fromme Frauen oder Ketzerinnen? Leben und Verfolgung der Beginen im Mittelalter. Freiburg 1998.

[199] Vgl. Mechthild von Magdeburg: Das fließende Licht der Gottheit. Hg. u. übers. von Margot Schmidt. Stuttgart/Bad Canstatt 1995; Hildegund Keul. Mechthild von Magdeburg. Poetin – Begine – Mystikerin. Freiburg 2007.

[200] Stellenangaben in ( ) bezeichnen das jeweilige Buch und den Absatz; zitiert wird nach Margot Schmidt, wie Anm. 199.

[201] Dazu Wohlgschaft: Die Sehnsucht des Menschen, wie Anm. 2, S. 141-157.

[202] Vgl. ebd.

[203] Zit. nach Kittstein (Hg.): »An Aphrodite«, wie Anm. 186, S. 47.

[204] Vgl. 1 Kor 14, 34. – Aus heutiger Sicht ist völlig klar, dass es sich hier um eine zeitbedingte persönliche Meinung des Apostels handelt und keineswegs um ein göttliches Gebot.

[205] Mehr bei Kurt Ruh: Geschichte der abendländischen Mystik Bd. 2. München 1993, S. 158-232.

[206] Vgl. Wolfgang Beutin: Das mystische Liebeslied. Hadewijch: Ay, in welken soe verbaert die tijt. In: Gedichte und Interpretationen, wie Anm. 161, S. 87-107.

[207] Zit. nach ebd., S. 88; die folg. Zitate nach ebd., S. 88f.

[208] Ebd., S. 89.

[209] Weibliche Gottesbilder finden sich z.B. in Hosea 11, 4; Psalm 25, 6; Psalm 115, 5; Jesaia 49, 15; Jesaia 66, 13; Lukas 13, 34.

[210] Nach Thomas von Celano: Leben und Wunder des heiligen Franziskus. Einführung, Übersetzung, Anmerkungen von E. Grau. Werl/Westfalen 1980, S. 234.

[211] Pahud de Mortanges, wie Anm. 132, S. 44; das folg. Zitat ebd., S. 43.

[212] Celano: Franziskus, wie Anm. 210, S. 69.

[213] Thomas von Celano: Leben und Schriften der heiligen Klara. Einführung, Übersetzung und Anmerkungen von E. Grau. Werl/Westfalen 1980, S. 38f.

[214] Pahud de Mortanges, wie Anm. 132, S. 51; die Binnenzitate nach Celano: Franziskus, wie Anm. 210, S. 417-420.

[215] Pahud de Mortanges, wie Anm. 132, S. 51; das Binnenzitat nach Celano: Franziskus, wie Anm. 210, S. 334.

[216] Nach Pahud de Mortanges, wie Anm. 132, S. 58.

[217] Nach ebd.; das Binnenzitat nach Celano: Franziskus, wie Anm. 210, S. 339.

[218] Zit. nach Anton Rotzetter: Klara und Franziskus. Bilder einer Freundschaft. Freiburg i.Ue. 1999, S. 41f.

[219] Pahud de Mortanges, wie Anm. 132, S. 54; das folg. Zitat ebd., S. 60.

[220] Vgl. oben Kap. III.9.

[221] Horst Brunner: Konrad von Würzburg. In: Deutsche Autoren Bd. 3, wie Anm. 157, S. 302.

[222] Heinz Rölleke: Nachwort. In: Konrad von Würzburg: Heinrich von Kempten u.a. Mittelhochdeutsch/Neuhochdeutsch. Übers., mit Anmerkungen u. einem Nachwort versehen von H. Rölleke. Stuttgart 2013, S. 145.

[223] Zit. nach ebd., S. 67; auch alle weiteren Zitate sind dieser Ausgabe entnommen.

[224] Klaus Düwel: Herz. In: Enzyklopädie des Märchens Bd. 6. Hg. von R. W. Brednich. Berlin/New York 1990, Sp. 924.

[225] Nach Rölleke: Nachwort, wie Anm. 222, S. 161.

[226] Vgl. Ursula Schulze: Konrads von Würzburg novellistische Gestaltungskunst im ›Herzmaere‹. In: Mediaevalia litteraria. Festschrift für Helmut de Boor. Hg. von U. Henning u. H. Kolb. München 1971, S. 469.

[227] Vgl. Wohlgschaft: Für immer und ewig?, wie Anm. 2, S. 24f. u. 74.

[228] Rölleke: Nachwort, wie Anm. 222, S. 163f.

[229] Vgl. oben Kap. III.9.

[230] Thomas von Aquin: Summa theologica 1/92/1; zit. nach der ungekürzten deutsch-lateinischen Ausgabe. Hg. von H. M. Christmann. München/Heidelberg 1941. Bd. 7, S. 35f.; die folg. Zitate nach ebd., S. 38f.

[231] Thomas von Aquin: Summa theologica 1/93/4; zit. nach Christmann, wie Anm. 230, S. 60.

[232] Zit. nach Otto Betz: Der Name des Partners. In: Christ in der Gegenwart. 61. Jg. 2009, S. 433; vgl. Denzler, wie Anm. 96, S. 250ff.

[233] Thomas von Aquin: Summa theologica 3/Supplement, qu. 39/1. ###.

[234] Vgl. Denzler, wie Anm. 96, S. 242ff.

[235] Vgl. Arthur Utz/Brigitta von Galen: Die katholische Sozialdoktrin. Bd. II. Aalen 1976, S. 1217; dazu Denzler, wie Anm. 96, S. 263.

[236] Zweites Vatikanisches Konzil: Die pastorale Konstitution über die Kirche in der Welt von heute (»Gaudium et spes«), Art. 29; vgl. ebd., Art. 9, 52 u. 60.

[237] Vgl. z.B. Lyndal Roper: Hexenwahn. Geschichte einer Verfolgung. München 2007.

[238] Zitiert wird nach Dante Alighieri: Die göttliche Komödie. In: Dantes Werke. Hg. von E. Laaths. Berlin/Darmstadt/Wien 1963, S. 446ff.

[239] Ebd., S. 460f.

[240] Dante Alighieri: Das neue Leben. In: Dantes Werke, wie Anm. 238, S. 4.

[241] Ebd., S. 60.

[242] dtv-Lexikon Bd. 15, wie Anm. 160, S. 136 (Art. Renaissance).

[243] Johannes Thiele: Die mystische Liebe zur Erde. Stuttgart 1989, S. 128f.

[244] Vgl. Sieglinde Hartmann: Oswald von Wolkenstein: Es fügt sich, do ich was von zehen jaren alt. In: Gedichte und Interpretationen, wie Anm. 161, S. 299-318.

[245] Vgl. Karlheinz Stierle: Francesco Petrarca. Ein Intellektueller im Europa des 14. Jahrhunderts. München/Wien 2003; Inge Wild: »Auch ich trug einst der Liebe Müh' und Lasten«. Petrarkistisches Liebesideal und erotische Vielstimmigkeit – Mörikes Sonette an Luise Rau vor dem Hintergrund von Goethes Sonettzyklus. In: Ulrich Kittstein (Hg.): Die Poesie der Liebe. Aufsätze zur deutschen Liebeslyrik. Frankfurt a. M. 2006, bes. S. 208f.

[246] Vgl. Thiele, wie Anm. 243, S. 124-129.

[247] Zit. nach Francesco Petrarca: Canzoniere. Eine Auswahl. Italienisch/Deutsch. Übers. u. hg. von W. Tilmann. Stuttgart 2000 (Sonett Nr. 349); das folg. Zitat nach ebd. (Sonett Nr. 362).

[248] Lang/McDannell, wie Anm. 34, S. 139 (mit Bezug auf Petrarcas Sonett Nr. 349).

[249] Vgl. Thomas von Aquin: Summa theologica II. Buch, Teil 1 qu. 4/8; vgl. Suppl. III. Buch qu. 88-99; dazu Lang/McDannell, wie Anm. 34, S. 128-133.

[250] Vgl. Peter Brockmeier: Nachwort. In: Giovanni Boccaccio: Das Decameron. Mit den Holzschnitten der venezianischen Ausgabe von 1492. Aus dem Italienischen übersetzt, mit Kommentar und Nachwort von P. Brockmeier. Stuttgart 2012, S. 1023-1069.

[251] Ebd., S. 1026.

[252] Nach ebd.

[253] Ebd.

[254] Ebd., S. 1054, mit Bezug auf Aristoteles: Nikomachische Ethik II 2.

[255] Seitenangaben in ( ) beziehen sich auf Boccaccio: Das Decameron, wie Anm. 250.

[256] Brockmeier: Nachwort, wie Anm. 250, S. 1056.

[257] Ebd., S. 1059.

[258] Nach Peter Brockmeier: Kommentar. In: Boccaccio: Das Decameron, wie Anm. 250, S. 930f.

[259] Ebd., S. 930.

[260] Vgl. oben Kap. VIII.1-3.

[261] Hervorhebung von mir.

[262] Vgl. Fraesdorff, wie Anm. 111, S. 204; Josef Riedmann: Margarete Maultasch. In: Neue Deutsche Biographie Bd. 16. Berlin 1990, S. 163f.

[263] Fraesdorff, wie Anm. 111, S. 204.

[264] Ebd., S. 207.

[265] Nach ebd., S. 204.

[266] Laut Canon 1013 des, von 1917 bis 1983 gültigen, kirchlichen Gesetzbuches ist der »Zweck« der Ehe primär die Zeugung und Erziehung von Nachkommenschaft und sekundär die Regelung des Geschlechtstriebs. - Vgl. Wohlgschaft: Für immer und ewig?, wie Anm. 2, S. 25f.

[267] Nach Johannes von Tepl: Der Ackermann. Frühneuhochdeutsch/Neuhochdeutsch. Hg. von Chr. Kiening. Stuttgart 2002, S. 166ff. (Nachwort des Herausgebers).

[268] Johannes von Tepl, wie Anm. 267, S. 81 (34. Kapitel).

[269] Vgl. oben Kap. VIII.4-5.

[270] Näheres bei Régine Pernoud: Christine de Pizan. München 1990; Margarete Zimmermann: Christine de Pizan. Reinbek 2002.

[271] Vgl. oben Kap. VII.2-4.

[272] Christine de Pizan: Oeuvres poétiques, Bd. I, S. 12 (11. Ballade); zit. nach Margarete Zimmermann: Einleitung. In: Christine de Pizan: Das Buch von der Stadt der Frauen. Aus dem Mittelfranzösischen übertragen, mit einem Kommentar und einer Einleitung versehen von M. Zimmermann. München 1990, S. 12.

[273] Zimmermann: Einleitung, wie Anm. 272, S. 16.

[274] Ebd., S. 9.

[275] Zit. nach ebd., S. 14.

[276] Ebd., S. 17.

[277] Ebd., S. 23.

[278] Seitenangaben in ( ) beziehen sich auf Christine de Pizan: Das Buch von der Stadt der Frauen, wie Anm. 272.

[279] Dieses und das folgende Zitat auch bei Denzler, wie Anm. 96, S. 253f.

[280] Wetzel: Symbole der Liebe, wie Anm. 6, S. 64.

[281] Vgl. oben Kap. II.5 (zu den ›Carmina Burana‹) u. Kap. V.5 (zu ›De amore‹).

[282] Frank Otto: Der Weg ins Licht. In: Geo. Epoche. Edition. Renaissance. Nr. 3/2011, S. 6.

[283] Vgl. Marita Slavuljica: Der Garten der Lüste. In: Geo, wie Anm. 282, S. 68-73; Stefan Fischer: Hieronymus Bosch. Das vollständige Werk. Köln 2013.

[284] Thomas von Aquin als Seelsorger. Drei kleine Werke. Hg. u. übers. von F. Hoffmann u. A. Kulok. Leipzig 1998, S. 113; dazu Thomas von Aquin, wie oben Anm. 249.

[285] Bachl, wie Anm. 23, S. 100.

[286] Zit. nach Helmut Weidhase: Imperia. Konstanzer Hafenfigur. Konstanz 1997, S. 11.

[287] Peter Lenk, interviewt durch Jasmin Hummel: 20 Jahre Imperia. … und sie dreht sich immer noch. In: Labhards Bodensee Magazin 2013, S. 44f.

[288] Vgl. Remigius Bäumer: Konstanzer Dekrete. In: Lexikon für Theologie und Kirche Bd. VI, wie Anm. 126, Sp. 503ff.

[289] Vgl. Monica Kurzel-Runtscheiner: Töchter der Venus: die Kurtisanen Roms im 16. Jahrhundert. München 1995.

[290] ›Die Geburt der Venus‹, heute in den Uffizien in Florenz.

[291] Nach ›Das große Lexikon der Malerei‹. Braunschweig 1982, S. 79.

[292] Heute im Palazzo Titti in Florenz.

[293] Vgl. Band 3 Kap. XXIII.3.

[294] Lexikon der Malerei, wie Anm. 291, S. 74.- Vgl. Werner Trutwin: Der Maler der Visionen. In: Christ in der Gegenwart. 66. Jg. 2014; S. 565f.

[295] Heute in den Staatlichen Museen in Berlin.

[296] Jutta Laroche: Die Tigerin. Caterina Sforza von Forlì. Hamburg 2014.

[297] Heute in der Pinacoteca Civica di Forlì.

[298] Magdalena Soest: Caterina Sforza ist Mona Lisa. Die Geschichte einer Entdeckung. Baden-Baden 2011.

[299] Vgl. zum Folgenden Fritz Gesing: Die Madonna von Forlì. Berlin 2002; ders.: La Tigressa. Berlin 2004.

[300] Zit. nach Sabine Anders/Katharina Maier (Hg.): Liebesbriefe großer Männer. Wiesbaden 2011, S. 10ff.

[301] Vgl. Ferdinand Gregorovius: Lucretia Borgia und ihre Zeit. Neu-Isenburg 2009 (Erstausgabe 1874); Alois Uhl: Lucrezia Borgia: Biographie. Düsseldorf 2008.

[302] Vgl. Peter Walter: Art. Bembo, Pietro. In: Lexikon für Theologie und Kirche. Bd. 2. Hg. von W. Kasper u.a. Freiburg 2006, Sp. 195.

[303] Zit. nach Kittstein (Hg.): »An Aphrodite«, wie Anm. 186, S. 52; das folg. Zitat ebd., S. 53.

[304] Zit. nach ebd., S. 54; das folg. Zitat nach ebd., S. 56.

[305] Vgl. ebd., S. 61-64 (zu Gaspara Stampa) u. S. 64-67 (zu Louize Labé).

[306] Bachl, wie Anm. 23, S. 117.

[307] Ebd.

[308] Francesco Colonna: Hypnerotomachia Poliphili. Intr. by J. Godwin. London 2003.

[309] Beinert: Die Geschichte des Himmels, wie Anm. 146, S. 100.

[310] Vgl. Lang/McDannell, wie Anm. 34, S. 174f.

[311] Nach Eckart Peterich: Italien Bd. I. München 1968, S. 798.

[312] Lang/McDannell, wie Anm. 34, S. 189-192; die folg. Zitate sind diesem Passus entnommen.

[313] Ebd., S. 194 (mit Bezug auf Petrarcas Liebe zu Laura und auf Boccaccios Dante-Biographie).

[314] Heute im Museo di San Marco in Florenz.

[315] Lang/McDannell, wie Anm. 34, S. 181.

[316] Vgl. Christoph Wetzel: Ikonographie des Himmels. In: Berger u.a., wie Anm. 146, S. 166.

[317] Nach der Übersetzung des Neutestamentlers Klaus Berger; dazu Peter B. Steiner: »Die Mystik erwacht in den Seelen und mit ihr uralte Elemente der Kunst«. In: Christ in der Gegenwart. 64. Jg. 2012, S. 303.

[318] Heute im Metropolitan Museum in New York.

[319] Zit. nach Steiner, wie Anm. 317, S. 303; das folg. Zitat ebd.

[320] Heute in den Staatlichen Museen in Berlin.

[321] Lang/McDannell, wie Anm. 34, S. 192.

[322] Vgl. oben Kap. I.11-12.

[323] Vgl. Wohlgschaft: Erfülltes Leben, wie Anm. 5, S. 129f. u. 158-173.

[324] Wohlgschaft: Für immer und ewig?, wie Anm. 2, S. 145-155.

Personenregister